Why Choose the Mode of
PUBLIC-PRIVATE
PARTNERSHIP

Based on the Case of China National Chemistry
Southern Construction & Investment Co.,Ltd

为什么要选择政企
合作（PPP）模式

基于中化学南方建设投资有限公司的案例分析

宋　勇　高　毅　罗宇文◎主　编

董　娟　李良君　周洪坤　王馨悦　康仪婷◎副主编

中国财经出版传媒集团

经济科学出版社
Economic Science Press

图书在版编目（CIP）数据

为什么要选择政企合作（PPP）模式？：基于中化学南方建设投资有限公司的案例分析/宋勇，高毅，罗宇文主编；董娟等副主编．—北京：经济科学出版社，2022.10

ISBN 978 - 7 - 5218 - 4176 - 3

Ⅰ．①为… Ⅱ．①宋…②高…③罗…④董… Ⅲ．①政府投资 - 合作 - 社会资本 - 案例 - 中国 Ⅳ．①F832.48

中国版本图书馆 CIP 数据核字（2022）第 203780 号

责任编辑：杨 洋 杨金月
责任校对：王肖楠
责任印制：范 艳

为什么要选择政企合作（PPP）模式？
——基于中化学南方建设投资有限公司的案例分析

主 编：宋 勇 高 毅 罗宇文
副主编：董 娟 李良君 周洪坤
王馨悦 康仪婷

经济科学出版社出版、发行 新华书店经销
社址：北京市海淀区阜成路甲 28 号 邮编：100142
总编部电话：010 - 88191217 发行部电话：010 - 88191522
网址：www. esp. com. cn
电子邮箱：esp@ esp. com. cn
天猫网店：经济科学出版社旗舰店
网址：http：//jjkxcbs. tmall. com
北京季蜂印刷有限公司印装
710 × 1000 16 开 22 印张 370000 字
2022 年 11 月第 1 版 2022 年 11 月第 1 次印刷
ISBN 978 - 7 - 5218 - 4176 - 3 定价：85. 00 元
（图书出现印装问题，本社负责调换。电话：010 - 88191545）
（版权所有 侵权必究 打击盗版 举报热线：010 - 88191661
QQ：2242791300 营销中心电话：010 - 88191537
电子邮箱：dbts@ esp. com. cn）

为什么要选择政企合作（PPP）模式？
——基于中化学南方建设投资有限公司的案例分析

项目组织单位：赣州市南康区拓康工程项目建设有限责任公司

项目参与单位：江西理工大学、中化学南方建设投资有限公司

本书撰写组主要成员：（以下按姓名拼音首字母排序）

董　娟	高　毅	顾东明	黄　馨	康仪婷
李良君	李　期	刘　冲	刘　健	罗宇文
宋　勇	王剑锋	王馨悦	尤碧莹	曾健林
张　方	郑明贵	郑舒情	郑雯芳	周洪坤

前　言
PREFACE

政企合作（public-private partnership，PPP）模式起源于西方国家，最早可以追溯到 18 世纪。中国第一个具有现代意义的 PPP 项目——深圳沙角 B 电厂项目始于 1984 年。但是，受国内经济发展阶段和政府政策的影响，PPP 模式在随后的 30 年间发展动力始终不足。直到 2014 年，政府对社会资本融资需求高涨，PPP 模式快速在全国范围内推广，并被各行各业广泛熟知和运用，具有中国特色的政企合作模式才正式兴起。在发展巅峰时期（2016～2017年），中国 PPP 综合信息平台收录管理库和储备清单 PPP 项目数由 6997 个增长到 14424 个，投资总额由 8.1 万亿元增长到 18.2万亿元，增幅分别为 106.1% 和 124.7%，中国一跃成为全球最大的 PPP 市场。2018 年，受财政部对入库项目进行清理并制定严格合作细则的影响，我国 PPP 项目入库总数和投资总额出现了短暂下降。而随着监管环境的逐步稳定，国家各部委对 PPP 模式的不断规范和完善，PPP 模式已经成为政府基建投融资的常态化工具之一。截至 2021 年底，我国在库 PPP 项目总数 13784 个、投资额20.2 万亿元。

相比传统政府购买模式的公共服务提供机制，PPP 模式既将市场竞争机制有效地引入公共服务领域，又在一定程度上实现了风险转移和共担、资源和利益共享等一系列改革目标，具有显著的优势。未来，随着人口老龄化趋势明显，政府财政压力不断攀升，PPP模式通过引进社会资本，将原本需要由政府出资、承建的公共服务项目转嫁给社会企业，可以有效减轻政府债务压力。同时，我国基础设施建设空间广阔，PPP模式能为社会资本投资公共基础设施提供重要渠道和优质资产标的，是稳定宏观经济的重要途径。随着"两新一重"等基础设施加快推进，建设工程投资建设模式、项目生产组织模式加速变革，投资多元化、投建营一体化趋势显现，PPP模式将在中国基础设施和公共服务领域扮演重要角色。

在高质量发展阶段，PPP模式呈现出了新的发展特征。一是PPP发展走向稳健规范，市场由快速增长的"提量"阶段转变为规范发展的"提质"阶段，PPP项目退库工作常态化开展，项目实施更加理性和慎重。二是PPP助力新兴领域社会投资，当前"两新一重"、生态环保成为PPP投资热点，PPP模式在稳投资和基础设施领域项目供给方面还大有可为。三是PPP运营管理走向精细化，大量PPP项目进入运营期，运营相关的绩效管理、投资变更、争议解决和中期评估等制度管理措施得以重视并有效开展起来。四是PPP二级市场交易走向活跃，当前大量PPP项目落地及建设完成，项目的流动性需求激增，国内多方都在积极探索发展PPP二级市场，相关政策也在陆续出台。五是PPP资产成长为优质投资品，当前PPP资产证券化（ABS）发行和公募不动产投资信托基金（REITs）均吸引大量投资机构加入，截至2020年末，大概有20多单PPP资产证券化产品成功发行。

可以预期，在坚持新发展理念，遵循可持续高质量发展的时代背景下，PPP模式将对国家治理结构、公共服务供给和政企关系发展形成深远且广泛的影响。但是，从目前国内PPP推广情况来看，实现PPP高质量发展还有很多工作要完成。从理论层面看，现有理论来源于西方，尚未形成具有中国特色的PPP理论体系，对已有理论的总结和拓展是当前奠定 PPP 发展基础的重要工作。从实践层面看，PPP 模式是基础设施投资建设的模式之一，但不能说是优选模式，继续推行 PPP 模式，需要总结和借鉴成功项目的经验，需要尊重历史、立足现实、适度超前。从制度体系看，PPP 项目涉及政府、企业、公众等多元化主体，涉及策划、规划、设计、融资、施工、建设、运营、维护等各个实施阶段，特别需要相对稳定的法律政策环境，需要结合国情、行业和项目的特征量身定制实施模式、交易结构、合同体系和规制机制。本书尝试在这些领域有所建树。

　　总体结构上，本书分为三个篇章：第一篇章为理论篇，包括第一章至第五章。该篇从理论层面对 PPP 进行概述，梳理国内外 PPP 的历史演进，溯源 PPP 的理论基础和核心理念，客观剖析了 PPP 的价值认同和现实困境。第二篇章为案例篇，包括第六章至第十章。该篇以中化学南方建设投资有限公司与南康区政府采用 PPP 模式运作的江西赣州南康区公共服务（三期）工程作为典型项目案例，对项目实施全过程进行详细分析，总结 PPP 模式的最新实践经验。第三篇章为政策建议篇，包括第十一章至第十五章。该篇聚焦 PPP 的政策法规建设，通过梳理国内外 PPP 的政策规范，总结典型经验，指出存在问题，重点就政府和企业两个合作主体提出政策建议。

　　本书是在借鉴吸收国内外相关著作、论文和案例资料的基础上，结合多位 PPP 模式实践者和 PPP 理论研究工作者的科研和工作成果编写而成的。全书共 15 章，其中第一、第二章由康仪婷负责编写，第三、第四、第五章由宋勇、高毅、康仪婷共同负责编写，第六、第七章由王馨悦负责编写，第八、第九、第十章由罗宇文、宋勇、王馨悦共同负责编写，第十一、第十二章由董娟负责编写，第十三、第十四、第十五章由李良君、周洪坤、董娟共同负责编写。

　　我们期待本书的出版发行能够帮助各级政府部门、PPP 理论研究工作者及 PPP 模式实践者更好地了解和认识 PPP 的现有理论体系、最新经验做法及政策发展方向，从而助力于推进 PPP 模式的高质量发展。当然，PPP 发展更新较快，涉及理论和实践问题较为复杂，对相关研究的前瞻性和系统性要求较高，由于笔者水平有限，书中不足之处在所难免，恳请广大读者予以批评指正。

编写组

2022 年 9 月 10 日

目　录
CONTENTS

理　论　篇

案　例　篇

政策建议篇

理 论 篇

为什么要选择政企合作（PPP）模式？首先，需要从理论上给出答案。PPP作为舶来品，其理论起源于西方国家，但中国的PPP实践进一步丰富和完善了PPP理论体系。本篇首先从PPP的概念出发，梳理国内外关于PPP的理论认知，详细介绍PPP的核心要素、运作模式和运作流程，形成PPP模式的基本内容框架。其次，分析PPP在国内外的历史发展过程，从历史演进中窥探PPP的理论变化，进一步提炼PPP的理论基础，挖掘支撑公私之间、政企之间实现伙伴式平等友好合作，需要认同并自觉遵守的共同理念。最后，总结和分析PPP模式在经济、管理、文化等方面带来的价值认同，并对PPP模式面临的实践困境进行了探讨。

| 第一章 |

PPP 概论

公共产品在一国经济社会发展和民众生活中起着非常重要的作用。在传统模式中，因为存在市场失灵，通常由政府部门提供公共产品，但从世界各国发展现实来看，公共产品采用政府单一供给模式会出现诸多问题和弊端。于是各国开始积极探索供给主体多元化的发展模式，公共产品供给市场化改革已成为各国关注的焦点。其中，带有半行政化和半市场化特色、兼顾公平与效率的 PPP 模式逐步成为越来越多国家的重要发展方向。当下，PPP 快速发展使得精准解读 PPP 概念及其核心要素、深刻了解 PPP 的规范运作模式和运作流程具有重要现实意义。

第一节　PPP 的概念界定

因 PPP 具有实践属性强及不同国家和地区 PPP 发展水平参差不齐的特点，国内外对 PPP 的概念并没有完全公认的说法。

一、国外对 PPP 的概念界定

（一）世界银行对 PPP 的定义

PPP 是指政府和私营部门就公共产品和服务的提供签订长期合同并确定合作关系，其中社会资本承担实质风险和管理责任，政府根据项目的绩效考核结果向社会资本支付费用。

（二）亚洲开发银行对 PPP 的定义

PPP 是指政府和私营部门为提供资产设施或服务，如电力、供水、交通、教育和医疗而形成的合同关系。与传统采购合同不同的是，PPP 在合作伙伴间分配风险，并通过设置具体的绩效考核付费机制以激励服务供应商提高供应效率。

（三）欧盟委员会对 PPP 的定义

PPP 是指公共部门和私营部门之间的一种合作关系，其目的是提供传统上由公共部门提供的公共项目或服务。

（四）英国财政部对 PPP 的定义

PPP 是指以公共部门和私营部门共同协作为特征的一种安排。从广义上讲，PPP 可以包含公共部门和私营部门在制定政策、提供公共服务及基础设施方面的所有合作。

（五）美国 PPP 国家委员会对 PPP 的定义

PPP 是指（联邦、州或地方）公共部门和私营部门之间的协议。这个协议可以使公共部门和私营部门在为公众提供服务的过程中实现技术、资产等资源的共享。此外，双方还可以共担风险、共享收益。

（六）加拿大 PPP 国家委员会对 PPP 的定义

PPP 是指公共部门和私营部门基于各自的专长建立起的一种合作经营关系，通过适当的资源分配、风险分担和利益共享机制最大限度地满足事先清晰界定的公共需求。加拿大 PPP 国家委员会认为，PPP 主要具备以下两个特点：第一，涉及公共服务或基础设施的提供；第二，合作伙伴间进行风险分担是必要的。

二、国内对 PPP 的概念界定

（一）中国政策法规中对 PPP 的定义

1. 《关于推广运用政府和社会资本合作模式通知》

政府和社会资本合作模式是在基础设施及公共服务领域建立的一种长期合作关系。通常模式是由社会资本承担设计、建设、运营、维护基础设施的大部分工作，并通过"使用者付费"及必要的"政府付费"获得合理的投资回报；政府部门负责基础设施及公共服务的价格和质量监管，以保证公共利益最大化。

2.《关于印发〈政府和社会资本合作模式操作指南（试行）〉的通知》

PPP 模式是政府和社会资本在基础设施和公共服务领域基于合同建立的一种合作关系。"按合同办事"不仅是 PPP 模式的精神实质，也是依法治国、依法行政的内在要求。加强对 PPP 合同的起草、谈判、履行、变更、解除、转让、终止直至失效的全过程管理，通过合同正确表达意愿、合理分配风险、妥善履行义务、有效主张权利，是政府和社会资本长期友好合作的重要基础，也是 PPP 项目顺利实施的重要保障。

3.《关于在公共服务领域推广政府和社会资本合作模式指导意见的通知》

政府和社会资本合作模式是公共服务供给机制的重大创新，即政府采取竞争性方式择优选择具有投资、运营管理能力的社会资本，双方按照平等协商原则订立合同，明确责权关系。由社会资本提供公共服务，政府依据公共服务绩效评价结果向社会资本支付相应对价，保证社会资本获得合理收益。政府和社会资本合作模式有利于充分发挥市场机制作用，提升公共服务的供给质量和效率，实现公共利益最大化。

（二）中国学术界对 PPP 的定义

清华大学 PPP 研究中心首席专家王守清（2017）教授认为，虽然 PPP 通常被直译为公私合作或者公私伙伴关系，但在过去一二十年中我国的"公"都是以独立法人形式的央企或国企参与 PPP 的。因此，PPP 表述为"政企合作或者政企合伙"应该更为准确。此外，对 PPP 的理解还有一个重要问题需要澄清。由于我国存在国有、集体、私营等多种经济主体，PPP 中的"私"并不单指私营经济主体。经济主体的外在形式只是资本性质的载体，"公"与"私"更应强调的是资本目的的"公"与"私"，在我国，"公"指追求社会公益性，"私"指追求经济利益。两者的根本区别并非经济主体性质的差异，而是追求公共利益与追求经济利益的区别。

从上述众多机构和学者基于不同视角给出的 PPP 概念可看出，PPP 尚无公认的统一定义，但也可发现 PPP 的一些共同特征：一是公共部门与私营部门的合作；二是以提供基础设施在内的公共产品或服务为合作目的；三是强调风险共担、利益共享。

而中国关于 PPP 的官方定义有着独有的特征：一是该定义明确政府为 PPP 项目责任主体，并限定其行为合规的路径，相比西方的"公共部门"内涵更为狭窄；二是该定义采用"社会资本"来界定合作伙伴，相比西方的"私营部门"内涵更为宽泛，它不仅包含私营组织，还可以是国有属性的组织，如国有企业、国有银行、国有基金等；三是该定义实际上对伙伴设置了准入条件，要求伙伴应具备投资、运营管理能力。本书采用《关于推广运用政府和社会资本合作模式通知》中对 PPP 的官方定义，即 PPP 是指政府和社会资本在基础设施及公共服务领域建立的一种长期合作关系。

第二节　PPP 的核心要素

从上述概念界定和 PPP 的内涵来看，PPP 主要包含以下三大要素：合作主体、合作内容和合作关系。

一、合作主体

根据《关于规范政府和社会资本合作合同管理工作的通知》（以下简称《通知》），其中附件《PPP 项目合同指南（试行）》明确规定 PPP 项目的参与方通常包括政府、社会资本方、融资方、承包商和分包商、原料供应商、专业运营商、保险公司以及专业机构等多个主体。从 PPP 项目基本合同体系中选取政府、社会资本方两个主要主体，对其在合同关系中所承担的职责进行阐述。

（一）政府

PPP 中第一个 P（public）指政府。政府是参与 PPP 项目的核心主体之一。《通知》认为，根据 PPP 项目运作方式和社会资本参与程度不同，政府在 PPP 项目中所承担的具体职责也不同。总体来讲，在 PPP 项目中，政府需要同时扮演以下两种角色。

（1）作为公共事务的管理者，政府有向公众提供优质且价格合理的公共产品和服务的义务，承担 PPP 项目的规划、采购、管理、监督等行政管理职能，并在行使上述行政管理职能时形成与项目公司（或社会资本）之间的行政法律关系。

（2）作为公共产品或服务的购买者（或者购买者的代理人），政府基于 PPP 项目合同与项目公司（或社会资本）之间形成的平等民事主体关系，按照 PPP 项目合同的约定行使权利、履行义务。

（二）社会资本方

PPP 中第二个 P（private）指私营部门。在我国，由于传统国有企业在基础设施和公共服务领域占据主导地位，私营部门提供公共产品或服务的潜力尚未得到充分发掘。因此，财政部将我国的私营部门演绎为社会资本。

在《通知》中，社会资本方是指与政府方签署 PPP 项目合同的社会资本或项目公司，是依法设立且有效存续的具有法人资格的企业，包括民营企业、国有企业、外国企业和外商投资企业。但本级人民政府下属的政府融资平台公司及其控股的其他国有企业（上市公司除外）不得作为社会资本方参与本级政府辖区内的 PPP 项目。

社会资本是 PPP 项目的实际投资人，但在 PPP 实践中社会资本通常不会直接作为 PPP 项目的实施主体，而会专门针对该项目成立项目公司作为 PPP 项目合同及项目其他相关合同的签约主体，负责项目具体实施。项目公司是依法设立的自主运营、自负盈亏的具有独立法人资格的经营实体。项目公司可以由社会资本（可以是一家企业，也可以是多家企业组成的联合体）出资设立，也可以由政府和社会资本共同出资设立。但政府在项目公司中的持股比例应低于 50% 且不具有实际控制力及管理权。

二、合作内容

根据项目行业、付费机制、运作方式等具体情况的不同，PPP 项目合作内容可能千差万别，但总体来说是围绕公共产品的提供展开的。换言之，如果政企合作提供的是私人产品，那么这种合作关系就不能称之为 PPP 关系。

在当今世界范围内，各国的公共产品的提供方式大致有三种：公立、私立、公私合立。公立是指由政府或公共部门单独提供公共产品，如公立学校、公立医院等。私立是指由私人部门单独提供公共产品，如私立学校、私立医院等。对于私立公共产品，政府往往要进行必要的价格管制。公私合立即PPP模式，是指公共产品在政府和社会资本合作下共同提供。

目前，公共产品多在PPP模式下由政府和社会资本共同提供，是因为任何一方单独提供公共产品都存在较大的困难。对于政府而言，公共产品交由政府提供存在是否具有效率的问题。而对于社会资本而言，在公共产品的供给中，由于公共产品的提供成本高、回报周期长等问题，社会资本不愿意投资或不主张社会资本进行投资。而PPP模式将政府与社会资本结合在一起，把政府主导的公平与企业追求的效率结合在一起，同时解决了市场失灵和政府失灵，提高了公共产品的供给效率和服务质量。

三、合作关系

PPP中第三个P（partnership）指政府机构和社会资本以长期契约建立起来的合作关系。这不仅是简单的政府向私人融资的关系，更是以公私双方共担风险的契约机制为基础的伙伴关系。因PPP模式主要由社会资本承担经营风险和管理责任，具有周期长、投资大、参与方多、影响面广以及风险不确定等特点，所以其涉及的合作关系既不同于管理契约关系，也不同于融资租赁契约关系：管理契约关系一般期限较短且通常不涉及社会资本的大额投资；而融资租赁契约虽然是长期合同，即其合作关系也是长期合作关系，但社会资本承担的风险较低。

PPP合同是典型的长期合同，期限往往长达数十年，也就是说PPP合作方的关系是长期的。在这长期的合作关系中，PPP项目的投资成本又多为"沉没成本"，其资产具有典型的专用性，这意味着只有在当事人间建立更为持续、稳定的关系，才能实现各方利益的最大化。但是在PPP合作关系中，社会资本方希望通过参与基础设施建设获得经济回报，而政府则更加关注公共产品与服务的供给效率和社会价值，即政府与社会资本方有着不同的价值目标和利益追求，但是PPP的本质是合作而非对抗。合作是一种互助、一种包容，合作的成功必须以不同目标的权衡与妥协为基础。因此，要在政府和社会资本方之间构建互利互惠、合作共赢、长久稳定的合作关系，必须树立一种深植于双方的合作理念和合作精神。

（一）双方要树立合作治理的理念

这表现为政府与社会资本双方对共同提供公共产品与服务运作模式的认可。这种认可既是一种合作资格与能力的彼此认可，更应是对治理目标和价值判断的共同认知。

（二）双方要有平等独立的主体观念

PPP 的核心在于"伙伴关系"，只有双方处于平等地位才可以成为伙伴关系，实现真正的合作。政府与社会资本合作关系的建立，是社会治理从"政府中心"的一元统摄向"多中心"共治进化的时代产物。政府不再是公共产品的唯一提供者和垄断者。政府应放下强权式的控制身份，改变"支配与被支配、控制与被控制"的传统垄断思维，重新定位，平等地与社会资本开展合作。双方以法律规范、合同事先约定各自权利，承担各自义务。

（三）双方要有彼此信任和包容的文化

合作过程的长期性以及风险的不确定性往往会阻碍合作的有效开展。合作双方应正视并接受差异，通过不断地互动和协商达到利益调整和平衡，以信任化解矛盾。信任文化将导向政府与社会资本合作关系的成功，不信任文化将导向政府与社会资本合作关系的破裂，只有信任的文化足以抵抗和消减长期合作的不确定性风险。

第三节　PPP 的运作模式

一、PPP 模式适用范围

（一）《关于推进政府和社会资本合作规范发展的实施意见》的规定

近年来，各级财政部门会同有关方面大力推进 PPP 工作，在稳增长、促改革、惠民生方面发挥了积极作用，但也存在超出自身财力、固化政府支出责任、泛化运用范围等问题。因此，财政部在《关于推进政府和社会资本合作规范发展的实施意见》中对 PPP 的规范发展提出了几点要求。

（1）属于公共服务领域的公益性项目，合作期限原则上在 10 年以上，按规定履行物有所值评价、财政承受能力论证程序；

（2）社会资本负责项目投资、建设、运营并承担相应风险，政府承担政策、法律等风险；

（3）建立完全与项目产出绩效相挂钩的付费机制，不得通过降低考核标准的方式，提前锁定、固化政府支出责任；

（4）项目资本金符合国家规定比例，项目公司股东以自有资金按时足额缴纳本金；

（5）政府方签约主体应为县级及县级以上人民政府或其授权的机关或事业单位；

（6）按规定纳入全国 PPP 综合信息平台项目库，及时充分披露项目信息，主动接受社会监督。

（二）其他文件对 PPP 适用范围的规定

1. 《关于在公共服务领域推广政府和社会资本合作模式指导意见的通知》

2015 年 5 月 22 日国务院办公厅转发《财政部、发展改革委、人民银行关于在公共服务领域推广政府和社会资本合作模式指导意见的通知》中明确规定了 PPP 的适用范围。该文件指出：在能源、交通运输、水利、环境保护、农业、林业、科技、保障性安居工程、医疗、卫生、养老、教育、文化等公共服务领域广泛采用政府和社会资本合作模式。同时，在财税、价格、土地、金融等方面加大支持力度，保证社会资本和公众共同受益。

2. 《关于印发〈政府和社会资本合作模式操作指南（试行）〉的通知》

在《关于印发〈政府和社会资本合作模式操作指南（试行）〉的通知》中明确规定：投资规模较大、需求长期稳定、价格调整机制灵活、市场化程度较高的基础设施及公共服务类项目，适宜采用政府和社会资本合作模式。政府和社会资本合作项目由政府或社会资本发起，以政府发起为主。

3. 《关于推广运用政府和社会资本合作模式有关问题的通知》

在《关于推广运用政府和社会资本合作模式有关问题的通知》中明确指出，适宜采用政府和社会资本合作模式的项目，具有价格调整机制相对灵活、市场化程度相对较高、投资规模相对较大、需求长期稳定等特点。各级财政部门要重点关注城市基础设施及公共服务领域，如城市供水、供暖、供气、污水和垃圾处理、保障性安居工程、地下综合管廊、轨道交通、医疗和养老服务设施等，优先选择收费定价机制透明、有稳定现金流的项目。

通过以上规范性文件所涉及的领域、行业、类型可以看出对 PPP 适用范围的规定采用的是"列举＋概括"的模式。PPP 模式的主要适用范围如表 1－1 所示。

表 1－1　　　　　　　　　　　PPP 模式的主要适用范围

项目领域	项目行业	主要项目类型
基础设施领域	市政设施	供水、供电、供暖、供气、污水、垃圾处理及地下综合管廊等
	交通设施	公路、铁路、机场、港口、城市轨道交通等
公共服务交通类		医疗、旅游、教育、养老、文化、保障性安居工程等
其他		水利、农业、林业、资源环境和生态保护等

（三）适用 PPP 模式的项目应具备的属性

《关于在公共服务领域推广政府和社会资本合作模式指导意见的通知》中虽规定在多个公共服务领域广泛采用 PPP 模式提供公共服务，但从《关于印发〈政府和社会资本合作模式操作指南（试行）〉的通知》中规定的适宜采用 PPP 模式应具备的特征可得知，并非所有的项目均适宜采用 PPP 模式。在结合具体项目实践情况的基础上，采用 PPP 模式的项目应具备以下属性。

1. 项目应具备公共属性且适宜市场化提供

项目本身应具备公共属性即拟采用 PPP 模式的项目应处于公共产品或公共服务领域，向社会公众提供如市政设施、公共交通、公共医疗卫生等产品或服务。而应适宜市场化提供则意味着拟采用 PPP 模式的项目本应是属于政府基于公共管理职能而向社会公众提供的产品或服务，但是出于政府行政职能的转变、构建现代财政制度、控制地方债务总量、高效利用社会资金等综合因素，对适宜由市场提供的转由社会资本代政府履行相关义务。而不适合通过市场化方式提供的如涉及国家安全、国家秘密、公共安全的项目则应由政府直接提供。

2. 项目合作周期长、投资规模大

PPP 模式是一个需要考虑全生命周期范畴的项目运作方式，从项目遴选识别到项目移交，是一个长期的合作过程，与传统政府提供公共产品单纯一个阶段的采购行为相区分。因此，拟采用 PPP 模式的合作双方需要建立一个长期稳定的合作关系。公共产品或服务项目存在投资体量相对较大且较为复杂、谈判耗时长、前期费用高等特点，为了避免前期费用占项目总投资比例过大，有悖政府和社会资本合作模式优化资源、提高效率的目的，所以对投资规模有一定的要求。

二、现行立法对 PPP 模式的分类

根据财政部颁布的《关于印发〈政府和社会资本合作模式操作指南（试行）〉的通知》规定，项目运作方式主要包括委托运营、管理合同、转让—运营—移交、改建—运营—移交、建设—运营—移交和建设—拥有—运营等，如表 1－2 所示。具体运作方式的选择主要是由收费定价机制、项目投资收益水平、风险分配基本框架、融资需求、改扩建需求和期满处置等因素决定。

表 1－2 现行立法对 PPP 模式的分类

方式	类型		定义	合同期限	项目种类	主要目的
购买服务	O&M	委托运营	政府保留存量公共资产所有权，而仅将公共资产的运营维护职责委托给社会资本或项目公司，并向社会资本或项目公司支付委托运营费用。其中，社会资本或项目公司不负责用户服务	≤8 年	存量资产	引入管理技术
	MC	管理合同	政府保留存量公共资产所有权，将公共资产的运营、维护及用户职责授权给社会资本或项目公司。政府向社会资本或项目公司支付相应管理费用	≤3 年		

方式	类型		定义	合同期限	项目种类	主要目的
特许经营	TOT	转让－运营－移交	政府将存量资产所有权有偿转让给社会资本或项目公司，并由其负责运营、维护和用户服务，合同期满后，资产及其所有权等移交给政府	20～30 年	存量资产	引入资金，化解地方政府性债务风险
	ROT	改建－运营－移交	政府在 TOT 模式的基础上，增加改扩建内容	20～30 年		
	BOT	建设－运营－移交	由社会资本和项目公司承担新建项目设计、融资、建造、运营、维护和用户服务职责，在合同期限内，它有权向用户收取费用。合同期满后，项目资产及相关权力移交给政府	20～30 年		
股权合作	BOO	建设－拥有－运营	BOO 是社会资本或项目公司依据特许权投资兴建公共项目，并拥有这些项目设施的所有权，同时负责项目的经营管理，但是这种特许权受政府在定价和运营方面的限制	长期	增量资产	引入资金和技术，提升效率

第四节　PPP 的运作流程

我国政府相关部门从各自职能出发对 PPP 项目操作流程作出了规定。本书以《关于印发〈政府和社会资本合作模式操作指南（试行）〉的通知》为蓝本，介绍我国 PPP 项目的操作流程。总体来看，该文件从项目识别、项目准备、项目采购、项目执行和项目移交五个阶段对我国 PPP 项目的操作流程作出了详细说明。

一、PPP 项目识别

根据《关于印发〈政府和社会资本合作模式操作指南（试行）〉的通

知》，PPP 项目识别操作流程如图 1-1 所示。

图 1-1　PPP 项目识别操作流程

（一）项目发起

政府和社会资本合作项目由政府或社会资本发起，以政府发起为主。

1. 政府发起

政府部门（政府和社会资本合作中心）应负责向交通、住建、环保、能源、教育、医疗、体育健身和文化设施等行业主管部门征集潜在政府和社会资本合作项目。行业主管部门可从国民经济和社会发展规划及行业专项规划中的新建、改建项目或存量公共资产中遴选潜在项目。

2. 社会资本发起

社会资本应以项目建议书的方式向财政部门（政府和社会资本合作中心）推荐潜在政府和社会资本合作项目。

（二）项目遴选

1. 遴选主体

财政部门（政府和社会资本合作中心）会同行业主管部门，对潜在政府和社会资本合作项目进行评估筛选，确定备选项目。财政部门（政府和社会资本合作中心）应根据筛选结果制定项目年度和中期开发计划。

2. 遴选依据

对于列入年度开发计划的项目，项目发起方应按财政部门（政府和社会资本合作中心）的要求提交相关资料。新建、改建项目应提交可行性研究报告、项目产出说明和初步实施方案；存量项目应提交存量公共资产的历史资料、项目产出说明和初步实施方案。

（三）物有所值评价

财政部门（政府和社会资本合作中心）会同行业主管部门，从定性和定量两方面开展物有所值评价工作。定量评价工作由各地根据实际情况开展。

1. 定性评价

定性评价重点关注项目采用政府和社会资本合作模式与采用政府传统采购模式相比能否增加供给、优化风险分配、提高运营效率、促进创新和公平竞争等。

2. 定量评价

定量评价主要通过对政府和社会资本合作项目全生命周期内政府支出成本现值与公共部门比较值进行比较，计算项目的物有所值量值，判断政府和社会资本合作模式是否降低项目全生命周期成本。

（四）财政承受能力论证

为确保财政中长期可持续性，财政部门应根据项目全生命周期内的财政支出、政府债务等因素，对部分政府付费或政府补贴的项目开展财政承受能力论证，每年政府付费或政府补贴等财政支出不得超出当年财政收入的一定比例。通过物有所值评价和财政承受能力论证的项目，可进行项目准备。

二、PPP 项目准备

根据《关于印发〈政府和社会资本合作模式操作指南（试行）〉的通知》，PPP 项目准备操作流程如图 1 - 2 所示。

图 1 - 2　PPP 项目准备操作流程

（一）管理架构组建

1. 组建专门协调机构

县级（含）以上地方人民政府可组建专门协调机构，主要负责项目评审、组织协调和检查督导等工作，实现简化审批流程、提高工作效率的目的。

2. 组建项目实施机构

政府或其指定的有关职能部门或事业单位可作为项目实施机构，负责项目准备、采购、监管和移交等工作。

（二）实施方案编制

1. 项目概况

项目概况主要包括基本情况、经济技术指标和项目公司股权情况等。基本情况主要明确项目提供的公共产品和服务内容、项目采用 PPP 模式运作的必要性和可行性，以及项目运作的目标和意义。经济技术指标主要明确项目区位、占地面积、建设内容或资产范围、投资规模或资产价值、主要产出说明和资金来源等。项目公司股权情况主要明确是否要设立项目公司及公司股权结构。

2. 风险分配基本框架

按照风险分配优化、风险收益对等和风险可控等原则，综合考虑政府风险管理能力、项目回报机制和市场风险管理能力等要素，在政府和社会资本间合理分配项目风险。原则上，项目设计、建造、财务和运营维护等商业风险由社会资本承担，法律、政策和最低需求等风险由政府承担，不可抗力等风险由政府和社会资本合理共担。

3. 项目运作方式

项目运作方式主要包括委托运营、管理合同、建设—运营—移交、建设—拥有—运营、转让—运营—移交和改建—运营—移交等。具体运作方式的选择主要由收费定价机制、项目投资收益水平、风险分配基本框架、融资需求、改扩建需求和期满处置等因素决定。

4. 交易结构

交易结构主要包括项目投融资结构、回报机制和相关配套安排。项目投融资结构主要说明项目资本性支出的资金来源、性质和用途，项目资产的形成和转移等。项目回报机制主要说明社会资本取得投资回报的资金来源，包括使用者付费、可行性缺口补助和政府付费等支付方式。相关配套安排主要说明由项目以外相关机构提供的土地、水、电、气和道路等配套设施和项目所需的上下游服务。

5. 合同体系

合同体系主要包括项目合同、股东合同、融资合同、工程承包合同、运营服务合同、原料供应合同、产品采购合同和保险合同等。项目合同是其中最核心的法律文件。项目边界条件是项目合同的核心内容，主要包括权利义务、交易条件、履约保障和调整衔接等边界。权利义务边界主要明确项目资产权属、社会资本承担的公共责任、政府支付方式和风险分配结果等。交易条件边界主要明确项目合同期限、项目回报机制、收费定价调整机制和产出说明等。履约保障边界主要明确强制保险方案及由投资竞争保函、建设履约保函、运营维护保函和移交维修保函组成的履约保函体系。调整衔接边界主要明确应急处置、临时接管和提前终止、合同变更、合同展期、项目新增改扩建需求等应对措施。

6. 监管架构

监管架构主要包括授权关系和监管方式。授权关系主要是政府对项目实施机构的授权，以及政府直接或通过项目实施机构对社会资本的授权；监管方式主要包括履约管理、行政监管和公众监督等。

7. 采购方式选择

项目采购应根据《中华人民共和国政府采购法》及相关规章制度执行，采购方式包括公开招标、竞争性谈判、邀请招标、竞争性磋商和单一来源采购。项目实施机构应根据项目采购需求特点，依法选择适当采购方式。其中，公开招标主要适用于核心边界条件和技术经济参数明确、完整、符合国家法律法规和政府采购政策，且采购中不作更改的项目。

（三）实施方案审核

财政部门（政府和社会资本合作中心）应对项目实施方案进行物有所值和财政承受能力验证。通过验证的，由项目实施机构报政府审核；未通过验证的，可在实施方案调整后重新验证；经重新验证仍不能通过的，不再采用政府和社会资本合作模式。

三、PPP 项目采购

根据《关于印发〈政府和社会资本合作模式操作指南（试行）〉的通知》，PPP 项目采购操作流程如图 1－3 所示。

图 1-3 PPP 项目采购操作流程

（一）资格预审

1. 资格预审程序

项目实施机构应根据项目需要准备资格预审文件，发布资格预审公告，邀请社会资本和与其合作的金融机构参与资格预审，验证项目能否获得社会资本响应和实现充分竞争，并将资格预审的评审报告提交财政部门（政府和社会资本合作中心）备案。

2. 资格预审依据

项目有 3 家以上社会资本通过资格预审的，项目实施机构可以继续开展采购文件准备工作；项目通过资格预审的社会资本不足 3 家的，项目实施机构应在实施方案调整后重新组织资格预审；项目经重新资格预审，合格社会资本仍不够 3 家的，可依法调整实施方案选择的采购方式。

（二）采购文件编制

1. 公开招标、邀请招标、竞争性谈判、单一来源采购文件的编制

项目采用公开招标、邀请招标、竞争性谈判、单一来源采购方式开展采购的，按照政府采购法律法规及有关规定执行。项目采购文件应包括采购邀请、竞争者须知（包括密封、签署、盖章要求等）、竞争者应提供的资格、资信及业绩证明文件、采购方式、政府对项目实施机构的授权、实施方案的批复和项目相关审批文件、采购程序、响应文件编制要求、提交响应文件截止时间、开启时间及地点、强制担保的保证金交纳数额和形式、评审方法、评审标准、政府采购政策要求、项目合同草案及其他法律文本等。

2. 竞争性磋商采购文件的编制

采用竞争性谈判或竞争性磋商采购方式的，项目采购文件除上款规定的内容外，还应明确评审小组根据与社会资本谈判情况可能实质性变动的内容，包括采购需求中的技术、服务要求及合同草案条款。

（三）响应文件评审

1. 评审小组对响应文件进行两阶段评审

第一阶段：确定最终采购需求方案。评审小组可以与社会资本进行多轮谈判，谈判过程中可实质性修订采购文件的技术、服务要求及合同草案条款，但不得修订采购文件中规定的不可谈判核心条件。实质性变动的内容需经项目实施机构确认，并通知所有参与谈判的社会资本。具体程序按照《政府采购非招标方式管理办法》及有关规定执行。

第二阶段：综合评分。最终采购需求方案确定后，由评审小组对社会资本提交的最终响应文件进行综合评分，编写评审报告并向项目实施机构提交候选社会资本的排序名单。具体程序按照《政府采购货物和服务招标投标管理办法》及有关规定执行。

2. 竞争性磋商采购方式对响应文件的评审

评审小组由项目实施机构代表和评审专家共 5 人以上单数组成，其中评审专家人数不得少于评审小组成员总数的 2/3。评审专家可以由项目实施机构自行选定，但评审专家中应至少包含 1 名财务专家和 1 名法律专家。项目实施机构代表不得以评审专家身份参加项目的评审。评审程序如下所示。

（1）采购公告发布及报名。

竞争性磋商公告应在省级以上人民政府财政部门指定的媒体上发布。竞争性磋商公告应包括项目实施机构和项目名称、项目结构和核心边界条件、是否允许未进行资格预审的社会资本参与采购活动，以及审查原则、项目产出说明、对社会资本提供的响应文件要求、获取采购文件的时间、地点、方式及采购文件的售价、提交响应文件截止时间、开启时间及地点。提交响应文件的时间自公告发布之日起不得少于 10 日。

（2）资格审查及采购文件发售。

已进行资格预审的评审小组在评审阶段不再对社会资本的资格进行审查。允许进行资格后审的，由评审小组在响应文件评审环节对社会资本进行资格审查。项目实施机构可以视项目的具体情况，对符合条件的社会资本组织资格条件的考察核实。

采购文件售价应按照弥补采购文件印制成本费用的原则确定，不得以营利为目的，不得以项目采购金额作为确定采购文件售价依据。采购文件的发售期限自开始之日起不得少于 5 个工作日。

（3）采购文件的澄清或修改。

提交首次响应文件截止之日前，项目实施机构可以对已发出的采购文件进行必要的澄清或修改，澄清或修改的内容应作为采购文件的组成部分。澄清或修改的内容可能影响响应文件编制的，项目实施机构应至少在提交首次响应文件截止时间 5 日前，以书面形式通知所有获取采购文件的社会资本；不足 5 日的，项目实施机构应顺延提交响应文件的截止时间。项目实施机构应按照采购文件规定组织响应文件的接收和开启。

（四）谈判与合同签署

1. 谈判

（1）确认谈判工作组。

项目实施机构应成立专门的采购结果确认谈判工作组。

（2）合同签署的确认谈判。

按照候选社会资本的排名，依次与候选社会资本及与其合作的金融机构就合同中可变的细节问题进行合同签署前的确认谈判，率先达成一致的即为中选者。确认谈判不得涉及合同中不可谈判的核心条款，不得与排序在前但已终止谈判的社会资本进行再次谈判。

2. 合同签署

（1）签署确认谈判备忘录。

确认谈判完成后，项目实施机构应与中选社会资本签署确认谈判备忘录。

（2）公示采购结果和合同文本。

将采购结果和根据采购文件、响应文件、补遗文件和确认谈判备忘录拟定的合同文本进行公示，公示期不得少于 5 个工作日。合同文本应将中选社会资本响应文件中的重要承诺和技术文件等作为附件。合同文本中涉及国家秘密、商业秘密的内容可以不公示。

（3）合同签署。

公示期满无异议的项目合同应在政府审核同意后，由项目实施机构与中选社会资本签署。需要为项目设立专门项目公司的，待项目公司成立后，由项目公司与项目实施机构重新签署项目合同，或签署关于承继项目合同的补充合同。

四、PPP 项目执行

根据《关于印发〈政府和社会资本合作模式操作指南（试行）〉的通知》，PPP 项目执行操作流程如图 1 - 4 所示。

图 1 - 4　PPP 项目执行操作流程

（一）项目公司设立

社会资本可依法设立项目公司。政府可指定相关机构依法参股项目公司。项目实施机构和财政部门（政府和社会资本合作中心）应监督社会资本按照采购文件和项目合同约定，按时足额出资设立项目公司。

（二）融资管理

项目融资由社会资本或项目公司负责。社会资本或项目公司应及时开展融资方案设计、机构接洽、合同签订和融资交割等工作。社会资本或项目公司未按照项目合同约定完成融资的，政府可提取履约保函直至终止项目合同。遇系统性金融风险或不可抗力的，政府、社会资本或项目公司可根据项目合同约定协商修订合同中相关融资条款。当项目出现重大经营或财务风险，威胁或侵害债权人利益时，债权人可依据与政府、社会资本或项目公司签订的直接介入协议或条款，要求社会资本或项目公司改善管理等。在直接介入协议或条款约定期限内，重大风险已解除的，债权人应停止介入。财政部门（政府和社会资本合作中心）和项目实施机构应做好监督管理工作，防止企业债务向政府转移。

（三）绩效监测与支付

1. 绩效监测

项目实施机构应根据项目合同约定，监督社会资本或项目公司履行合同义务，定期监测项目产出绩效指标，编制季报和年报，并报财政部门（政府和社会资本合作中心）备案。

2. 绩效付费

政府有支付义务的，项目实施机构应根据项目合同约定的产出说明，按照实际绩效直接或通知财政部门向社会资本或项目公司及时足额支付。设置超额收益分享机制的，社会资本或项目公司应根据项目合同约定向政府及时足额支付应享有的超额收益。项目实际绩效优于约定标准的，项目实施机构应执行项目合同约定的奖励条款，并可将其作为项目期满合同能否展期的依据；未达到约定标准的，项目实施机构应执行项目合同约定的惩处条款或救济措施。

（四）中期评估

1. 评估主体与评估周期

项目实施机构应每 3~5 年对项目进行中期评估。

2. 评估内容

政府相关职能部门应根据国家相关法律法规对项目履行行政监管职责，重点分析项目运行状况和项目合同的合规性、适应性和合理性；重点关注公共产品和服务质量、价格和收费机制、安全生产、环境保护和劳动者权益等，及时评估已发现问题的风险，制订应对措施，并报财政部门（政府和社会资本合作中心）备案。

五、PPP 项目移交

根据《关于印发〈政府和社会资本合作模式操作指南（试行）〉的通知》，PPP 项目移交操作流程如图 1-5 所示。

图 1-5　PPP 项目移交操作流程

项目移交时，项目实施机构或政府指定的其他机构代表政府收回项目合同约定的项目资产。

（一）移交准备

1. 组建项目移交工作组

项目实施机构或政府指定的其他机构应组建项目移交工作组。项目工作组需要根据项目合同约定与社会资本或项目公司确认移交情形和补偿方式，制订资产评估和性能测试方案。因此，通常情况下需要具有相关财务、法律等专业背景的外部专家参与。

2. 移交前的协商

移交前的协商主要是明确约定移交形式、补偿方式、移交内容和移交标准。移交形式包括期满终止移交和提前终止移交；补偿方式包括无偿移交和有偿移交；移交内容包括项目资产、人员、文档和知识产权等；移交标准包括设备完好率和最短可使用年限等指标。其中，采用有偿移交的，项目合同中应明确约定补偿方案；没有约定或约定不明的，项目实施机构应按照"恢复相同经济地位"原则拟定补偿方案，报政府审核同意后实施。

3. 资产评估方案

项目移交工作组应委托具有相关资质的资产评估机构，按照项目合同约定的评估方式，对移交资产进行资产评估，以此作为确定补偿金额的依据。

（二）性能测试

项目移交工作组应严格按照性能测试方案和移交标准对移交资产进行性能测试。性能测试结果不达标的，移交工作组应要求社会资本或项目公司进行恢复性修理、更新重置或提取移交维修保函。

（三）资产交割

社会资本或项目公司应将满足性能测试要求的项目资产、知识产权和技术法律文件，连同资产清单移交项目实施机构或政府指定的其他机构，办妥法律过户和管理权移交手续。社会资本或项目公司应配合做好项目运营平稳过渡工作。

（四）绩效评价

项目移交完成后，财政部门（政府和社会资本合作中心）应组织有关部门对项目产出、成本效益、监管成效、可持续性、政府和社会资本合作模式应用等进行绩效评价，并按相关规定公开评价结果。评价结果作为政府开展政府和社会资本合作管理工作的决策参考依据。

| 第二章 |

PPP 的历史演进

目前，公共基础设施或服务领域采用 PPP 模式已成为推动现代经济发展的重要手段之一，私营部门的参与对公共基础设施供给状况的改善作出了巨大贡献。本章对国内外 PPP 的兴起背景及历史演进进行了重点阐述，并重点对我国 PPP 实践发展过程中的经验进行了总结。

第一节　国外 PPP 的历史演进

一、PPP 的兴起背景

作为一项制度变革，PPP 在西方国家的兴起和全面推行是对经济社会发展的适应，有着广泛的经济、政治及社会背景。

（一）高质量公共服务需求

随着各国经济快速发展，人们生活水平逐渐提升。生活水平的提升使人们从实现温饱的困境中解放出来，转向寻求更高水平的生活环境，而这很大程度上取决于公共产品的供给和质量。因此，人们在教育、养老、医疗、健身等方面有了更高质量的公共服务需求。

（二）低效率公共服务供给

自 20 世纪 30 年代开始，西方国家受经济大萧条的影响推行凯恩斯主义，实施政府干预。大部分西方国家实行有限的经济干预措施，许多公共服务供给由政府或者国有企业完成。但政府或国有企业供给的模式面临以下问题：国有企业提供公共服务面临严重亏损，财政补助不断增多，财政压力增大；人员冗杂、政府垄断等原因导致公共服务的供给效率不高；政府部门寻租活动导致非生产性浪费，妨碍正常市场竞争，影响社会公平。因此，政府或国有企业提供公共服务很难满足公民的现实需求，亟须寻找一种新的公共服务供给模式解决上述问题。

（三）公共服务供给市场化改革

现代意义上的 PPP 模式的形成和发展，主要来源于新公共管理运动中以引入企业积极参与公共基础设施或服务的提供为核心的公共服务供给市场化改革。这场运动主张通过采用企业管理办法，加强竞争和市场导向来改善政府效率，主要措施包括：借鉴企业的管理方法、公共服务供给市场化、公共服务的顾客取向、进行绩效评估、政府政策职能与管理职能分离等。

新公共管理运动为 PPP 的出现奠定了基础。一方面，新公共管理运动打破了公共基础设施或服务的政府垄断，拓宽了企业参与公共项目的渠道。通过在公共部门引入市场机制，使公共部门和企业之间、公共部门之间形成竞争，以提高公共服务供给效率。另一方面，新公共管理运动创新了 PPP 实践模式。在新公共管理运动中出现的合同外包、付费购买制度、凭单制度等都是现有 PPP 模式的原型。

二、PPP 的发展历程

总体来说，PPP 的发展经历了自发化、民营化、现代化三个阶段。每一阶段的背景、PPP 所呈现的特点及所带来的影响都各不相同。在各国实践发展中，PPP 的运用也呈现出一定的差异性。

（一）自发化阶段

1. 背景

私营部门参与公共基础设施供给历史悠久，最早体现在 18 世纪欧洲的收费公路建设计划和水利工程上。收费公路是由通行者在收费站全部或部分付费的公路，是现代建设—运营—移交（BOT）体系的前身。

2. 特点

这种自发实践过程易受国家政治环境及经济发展状况的影响，比如，社会主义国家的社会主义改造等，但其自发趋势并未发生变化。此时，PPP模式的运用主要集中在交通和供水系统领域，PPP模式较为单一。其中，特许经营是较为广泛采用的方式，BOT等合作模式初具雏形。

3. 各国发展状况

由于各个国家具体国情差异较大，各国自发化阶段的开始和结束时间也并不相同，可能某一国家第一阶段还未开始，另一国家第二阶段已经结束，甚至第三阶段都已发展得较为成熟。一般而言，发达国家这一阶段结束于20世纪70年代末80年代初。一些发展中国家如巴西、印度、俄罗斯、中国及一些东欧国家，这一阶段的开始晚至20世纪八九十年代。

4. 影响

虽然多个国家都经历过PPP的自发化阶段，但对于不同的国家，实际效果也是有差异的，并且一定程度上影响了各国的民营化阶段、PPP发展进程等。总体来说，PPP的自发化阶段使人们在自发实践历史中认识到公共服务市场化的优越性，为政府引入市场力量进行民营化打下了良好的基础。

（二）民营化阶段

1. 背景

尽管私营部门参与公共基础设施供给优势明显，但20世纪30年代西方国家的经济大萧条打破了这一格局。"市场失灵"为政府干预提供了正当性，受凯恩斯"全能政府"干预主义的影响，人们开始接受政府对市场的有限干预，政府成为提供公共产品和公共服务的主体。社会主义阵营国家政府主导战后大规模经济建设的示范作用，也使得包括公用事业在内的一些重要行业实现了不同程度的国有化。如英国在1945~1951年和1974~1979年先后两次经历国有化浪潮；法国自20世纪30年代中期至80年代初，先后三次经历国有化运动。

公用事业国有化给公共财政带来了巨大压力，同时也产生了缺乏竞争、效率低下、投资浪费、服务质量差等问题。因此，国有化及政府主导的公共管理和服务模式受到了学者和公众的质疑。在这种情形下，公共选择理论、新自由主义思潮和新管理思想的兴起成为民营化有力的思想武器。在这些思想的指导下，新公共管理运动逐渐兴起、自由市场经济理念开始回归，推动了公共产品供给模式的创新。

2. 特点

民营化所涉及的 PPP 模式较为多样，包括政府出售、合同承包、特许经营、补助和凭单制等。与合作方式越来越多样化一样，民营化阶段 PPP 模式的运用不再局限于传统交通、供水、电力和电话电报行业，它几乎涉及所有政府垄断部门，即使在相同行业其发展程度也较自发化阶段大为加深。公共部门与企业的合作到 20 世纪 80 年代末 90 年代初以后发展势头愈趋迅猛，涉及的国家已达到 100 多个。

3. 各国发展状况

英国、美国等主要发达国家在 20 世纪七八十年代率先掀起了国有企业改革和民营化浪潮，代表事件是玛格丽特·撒切尔和罗纳德·里根分别于1979 年和 1980 年当选英国首相和美国总统，他们在民营化阶段发挥了重要作用。

英国、苏联东欧国家和民主德国等大多数国家均采用了政府出售的方式来实现民营化。英国政府在 1979～1994 年出台了 50 多个私有化方案，国有企业产值从国有化顶峰时期占国内生产总值的 11% 降到 4%，国有企业雇员人数占雇员总数比例由 7% 降低至 1.7%[①]。虽然苏联东欧国家民营化起步较晚，但通过公开拍卖、租赁、出售等方式进行的"休克式疗法"在民营化数量上取得了可观成就。其中，起步于 1992 年的俄罗斯，到 1993 年底就约有85% 的中小企业实现了私有化，而到 1994 年上半年，这一数字已上升到96%[②]。民主德国截至民营化阶段结束时，被私有化的大中型国有企业约 1.4万家[③]。

而美国等国家主要采取合同外包的形式实现民营化。1987 年的一项调查

① 梁宝华. 探析英美民营化浪潮——兼论对我国行政改革的启示 [J]. 四川行政学院学报，2003（4）：21－24.

② 李建民. 原苏联东欧国家的私有化及国有企业改革 [J]. 东欧中亚研究，1995（3）：8－11，88.

③ 许新. 转型国家私有化模式比较 [J]. 俄罗斯中亚东欧研究，2003（4）：34－43，95.

表明，在人口超过 5000 人的市镇和人口超过 2500 人的县政府中，有 99% 的政府采用过合同外包这一形式①。

随后，这股旋风又先后刮向其他一些起步较晚的后进国家，如拉丁美洲、中欧、东欧、非洲和亚太地区。由此，许多发展中国家的民营化也渐趋活跃起来。

4. 影响

民营化浪潮是一次打破政府垄断和直接生产的有益尝试，它为政府治理模式的变革、市场多元主体参与协同治理提供了新愿景。新公共管理运动重塑了政府与市场之间的关系。寻求与私营部门合作的市场化、社会化模式成为政府缓解现实财政压力、提升公共服务供给效率和满足公众多样化需求的重要选择。

（三）现代化阶段

1. 背景

虽然民营化在一定程度上缓解了政府财政压力，优化了市场结构，增强了经济发展效率，提高了公共产品质量，但是全盘民营化并不是提高经济效率的万能药方，它同时损害了社会公平，造成国有资产流失，还存在私人垄断风险。在这样的背景下，英国政府于 1989 年废除了严格限制引入私营资本投资公用事业领域的规定，并于 1992 年率先提出私人融资计划（private finance initiative，PFI）的概念。这标志着英国激进民营化阶段的结束，也昭示 PPP 的发展进入了理性思考阶段。

2. 特点

在这一阶段，PPP 的合作形式越来越多样。除了常见的 BOT/BOO，合资、租赁、合同外包、管理式合约等形式也逐渐普及，BLT（建设—租赁—移交）、BLTM（建设—租赁—移交—维护）、BTO（建设—移交—运营）、BOOR（建设—运营—拥有—拆除）等形式也在实践中被广泛运用。此外，PPP 模式的运用范围也得到了极大的扩展。根据各国的实践案例，PPP 模式已经运用到公路、桥梁、铁路、隧道、机场、通信、电力、医院、学校、供水、污水处理、监狱、特色小镇、养老院等多个领域。各国 PPP 模式在实践

---

① 萨瓦斯. 民营化与公私部门的伙伴关系 [M]. 北京：中国人民大学出版社，2002.

中逐渐优化和完善，其理论也逐渐成熟。

3. 各国发展状况

2012 年，伙伴关系公报（partnerships bulletin）和世界四大会计师事务所之一的德勤对 70 多家国际领先的 PPP 企业进行调查，评选出了全球五大最活跃的 PPP 市场，依次为加拿大、美国、法国、比荷卢经济联盟和英国。

世界银行与公共和私营基础设施咨询基金（PPIAF）的 PPI 项目数据库统计了中低收入国家的基础设施行业私人参与状况。PPI 这一概念是由世界银行提出的，与 PPP 可以互换，只不过前者多用于开发性融资领域。如果以投资额来衡量的话，中低收入国家的 PPP 起步于 20 世纪 90 年代，在 1998 年达到峰值，之后从 2004 年起再次上升，在 2012 年再次达到峰值。但 2012 年的峰值仅为 1998 年峰值的一半左右。

德勤在 2007 年提出了 PPP 的市场成熟度理论，在对各国影响 PPP 发展的 9 个要素进行评估的基础上，将各国 PPP 发展划分为由低到高三个阶段：发展中的 PPP 市场、活跃的 PPP 市场及成熟的 PPP 市场。在此基础上，他们对不同国家和地区的发展情况进行了评估，认为目前英国和加拿大在 PPP 领域相对领先，处于成熟阶段。

三、典型国家的 PPP 发展现状

由于各国经济水平、行政体制、文化传统、社会结构的差异，每个国家 PPP 的发展状况及所呈现出来的特点都各不相同。在国外 PPP 的发展历程中，英国是最早采用 PPP 模式的国家；加拿大是国际公认的 PPP 模式运用最好的国家之一；澳大利亚在运用 PPP 模式建设大型基础设施项目处于世界领先地位；印度受历史因素影响，较早地吸收了英国的先进经验，成为最早引进和发展 PPP 模式的亚洲国家之一。因此，本节将以这四个国家为典型介绍 PPP 的国际发展现状。

（一）英国：PPP 模式的先行者

1. 发展概况

根据英国基础设施局（infrastructure UK，IUK）公布的统计数据，截至 2012 年 3 月 16 日，PFI 存量项目数量为 717 个，其中在运营项目数量 648

个，总投资额 547 亿英镑。717 个存量项目中，从项目运作模式看，有 311 个项目成立了特殊目的企业（special purpose vehicle，SPV）；从与政府合作部门看，教育部、卫生部、交通运输部、国防部分别占了 166 个、118 个、62 个和 46 个项目；从应用领域看，涉及最多的是学校、医院、市政建设、司法公共安全、交通、垃圾和污水处理。除了以上领域，PFI 还广泛用于国防领域，如空中加油机采购、海岸防务项目、空中交通管制等。2011～2012 年，私人部门支付的资金为 18 亿英镑；2012～2013 年为 24 亿英镑。PFI 融资方式占英国全部基础设施融资建设的 10%～13%[①]。根据 IUK 2014 年 12 月发布的报告，截至 2014 年 3 月，英国共有 728 个 PFI 项目，资本总额达 566 亿英镑[②]。根据欧洲投资银行发布的 2018 年欧洲 PPP 市场报告，2014～2018 年，英国 PPP 市场累计规模达 150.058 亿欧元，位居欧洲第一。2018 年英国 PPP 市场规模接近 5.7 亿欧元，低于土耳其、法国、荷兰和德国，位列欧洲第五，但项目总数量仅低于法国，位列欧洲第二[③]。

目前，英国 PPP 面临在政治上前景未明、绝大部分新项目尚未发布、公共资金不足等挑战，但同时政府也发出了继续挖掘 PPP 模式价值的信号，如改组相关机构、财政部设立新的 PPP 中心、集中开展 PPP 管理工作、组织评估"私人融资倡议"并公布结果、研究采用升级版模式、制订国家基础设施计划等。

2. 模式特点

（1）成立专业机构规范管理，实施三级管理。

财政部负责制定政策和批准纲领；英国合伙经营机关向公共部门提供私营机构专门知识及资源，并协助公共部门落实 PPP 重要项目；公私营机构合作署（由地方政府拨款成立的机构）向由地方政府协会委任的董事局问责，并为发展公私合营机构合作地方机关提供支持。

（2）提供数量分析工具，确立完善评价制度。

在总结大量项目经验的基础上，2004 年英国财政部公布了《资金价值评

---

① 金融界.李洁，刘小平：知己知彼——国外 PPP 发展现状及对中国的借鉴［EB/OL］.2015-03-09.

② PPP 政策解读.PPP 的全球现状与国别经验［EB/OL］.2016-08-04.

③ 孙祈祥，岳鸿飞.全球 PPP 的历史沿革与发展：基于国际比较的视角［M］.北京：经济科学出版社，2020.

估指南》和《定量评价用户指南》，其意义在于为政府部门提供了一个数量分析工具，帮助政府部门通过对项目资金价值的评价，作出相关决策。

（3）价格较为固定，运营周期长。

公共部门与私营部门达成长达 15～30 年乃至更久的长期合同关系，约定由私营部门参与提供传统上应当由政府提供的公共物品。

（4）较少采用特许经营，多数情况下选择 PFI。

基于英国在教育、医疗等领域全民免费的国情，采用政府付费的 PFI 模式比需要使用者付费的特许经营项目更加合适。

（5）PPP 项目覆盖范围广，规模庞大。

常见于需要大量资金和复杂建设技术的道路、桥梁、地铁、监狱、学校、医院等基础设施。

（二）加拿大：PPP 模式的领头羊

1. 发展概况

1991～2013 年，加拿大累计启动 PPP 项目 206 个，项目总价值超过 630 亿美元，项目涉及交通、医疗、司法、教育、文化、住房、环境和国防等行业。目前加拿大的 PPP 项目大约占所有公共领域项目的 15%～20%，涵盖全国 10 个省份。其中，2003～2012 年，加拿大共有 121 个 PPP 项目完成了融资方案，这 121 个 PPP 项目在建设过程中的资本投入共计 384 亿美元，其中医疗保健行业直接吸引了资本投入 178 亿美元；运营与维护投入共计 128 亿美元，医疗保健行业的运营维护投入 49 亿美元[①]。

根据加拿大理事会统计的 PPP 数据显示，截至 2017 年底，加拿大 PPP 项目达到 248 个，总价值达 1197 亿加元，主要集中在交通运输、健康医疗、废水处理等行业。这些项目中，处于运行阶段的项目 155 个，占总项目数的 62.5%；在建项目 47 个，占 19%；处于征求意见阶段的项目为 15 个，占 6%。完成全部融资的项目为 212 个，占 PPP 项目的 85%，PPP 项目的落地率较高[②]。

---

① Inter Vistas Consulting. 10 – Year Economic Impact Assessment of Public – Private Partnerships in Canada（2003 – 2012）［R/OL］. 2014 – 06 – 10.

② 王天义，杨斌. 加拿大政府与社会资本合作（PPP）模式研究［M］. 北京：清华大学出版社，2018.

与此同时，加拿大 PPP 的实施创造带动了就业，促进了经济发展。截至 2013 年底，累计创造 52 万个工作岗位，带动国民收入增加 322 亿加元，对加拿大 GDP 累计贡献超 480 亿加元，为联邦政府和省级政府带来超过 75 亿加元的税收收入，与传统模式相比节约成本约 99 亿加元①。

2. 模式特点

（1）设立专门的 PPP 发展组织。

设立联邦 PPP 中心和各省级 PPP 发展中心，承担审核项目的职能。

（2）注重新领域、新行业和新方式的发展。

其支持领域包括交通、供水、污水处理和固体废弃物处理等传统领域以及医疗、住房等新领域。

（3）优先考虑 DBFOM（设计—建设—融资—运营—管理）模式。

加拿大第一个污泥处理 PPP 项目——萨德伯里市污泥处理项目采用的便是 DBFOM 模式。

（4）成立 PPP 基金。

2007 年，加拿大政府设立"PPP 基金"和加拿大 PPP 局，由后者负责协调基金的使用。通过五轮项目征集，该局将全部基金 12.5 亿加元投资于 20 个项目，并撬动 60 多亿加元的私人资金，使 PPP 在全国 6 个省、13 个市得到了推广。这也部分解释了为何金融危机以来加拿大 PPP 市场仍然相当活跃。2013 年，联邦政府设立新的"建设加拿大基金"，计划在未来 10 年调动 140 亿加元用于支持各级政府的基础设施建设，以促进经济增长、创造就业和提高生产率②。

（三）澳大利亚：PPP 模式的千里马

1. 发展概况

20 世纪 80 年代，澳大利亚政府为了解决基础建设带来的资金不足问题开始引入并探索 PPP 模式。澳大利亚 PPP 模式发展早期主要归功于维多利亚州的引领和推动。基于英国 PFI 模式，维多利亚州于 1998 年开始在公共基础设施建设中运用 PPP 模式。最早采用 PPP 模式的两个项目是州法院（county

---

① PPP 政策解读. PPP 的全球现状与国别经验［EB/OL］. 2016 – 08 – 04.

② Inter Vistas Consulting. 10 – Year Economic Impact Assessment of Public – Private Partnerships in Canada（2003 – 2012）［R/OL］. 2014 – 06 – 10.

court）和坎帕斯皮河水资源回收计划（campaspe water reclamation scheme）（合同金额分别为 1.95 亿美元和 4 千万美元，合同期分别为 20 年和 25 年）[1]。随后澳大利亚各州和领地都逐步开始探索和实践 PPP 在不同领域的应用。但大量引入的私人资本导致了私营部门资本负担过重，难以为继。2000 年以来，澳大利亚吸取经验教训，制定特别法律，充分发挥政府和私营部门的各自优势，实现共赢，发展成为 PPP 模式领先国家。澳大利亚 PPP 项目多集中在基础设施和公益事业领域，具有代表性的项目是悉尼奥运会主体育场、主体育馆和奥运村，其中 84.2% 的资金来源于社会资本。而截至 2013 年底发展最成熟的维多利亚州共签署 23 个项目合同，总投资 156.4 亿美元。其中 2 个已终结，14 个开始提供服务，7 个完成合同签订[2]。经过 40 多年发展，澳大利亚已成为具有高效、标准、权责分明、风险管理健全等突出优点的 PPP 模式发展成熟的国家。

2. 模式特点

（1）建立专门管理部门或机构。

澳大利亚基础设施管理局为联邦政府的 PPP 管理机构，负责对全国 PPP 项目进行管理，并审批所有 PPP 建设项目。州政府设立 PPP 指导委员会，由财政、交通、医疗、教育等相关部门人员及专家担任委员。

（2）确定严格的项目标准。

该标准包括项目具有一定的价值和规模、技术具有复杂性和新颖性、能够帮助政府实现一定的风险分散和转移、项目具有很大的设计和技术创新空间、项目所有者具有较高的 PPP 项目实施能力、配套设施及副业经营等辅助项目可使私营部门从中受益。

（3）明确公共部门和私营部门的角色和责任。

一般来说，公共部门承担土地风险，私营部门承担建设风险，同时，政府还担任监督者的身份，对建设和服务是否达标进行监管。

（4）有效的风险管理，确保私营部门利益。

确定合理的风险分配原则和承担机制，制定有效的风险防范措施，政府

① 王天义，杨斌. 加拿大政府与社会资本合作（PPP）模式研究［M］. 北京：清华大学出版社，2018.
② 中国政府采购网. 国外 PPP 中心概览［EB/OL］. 2015 - 06 - 11.

是风险的最后承担者。

（5）建立严格的审计和绩效评价机制。

一方面，完善法律法规和会计核算及审计制度，以法律制度保障 PPP 的良好运行。另一方面，在 PPP 项目中，政府和社会资本以标准合同形式确定各自的权利义务并拟定良好的绩效指标，保证合同的公正合理。

（四）印度：PPP 模式的潜力股

1. 发展概况

20 世纪 90 年代，印度基础设施行业向私营参与者开放。印度首批通过 PPP 模式实施的项目之一是德里诺伊达收费桥项目。而印度 PPP 项目的真正推动力出现在 2004 年之后。

据世界银行 2005 年对印度 13 个州的研究数据表明，截至 2004 年，印度政府仅批准了 86 个 PPP 项目，价值 57 亿美元。2004 年之后，有利的政策改革和创新的 PPP 结构使得印度政府对 PPP 模式的热情有所上升。截至 2013 年底，印度已完成联邦和州层面的 PPP 项目 700 余个，项目价值近 300 亿美元，涵盖不同行业。此外，正在实施中的 PPP 项目约 800 个，且根据行业预测，另外有 1000 余个 PPP 项目正在筹备当中。在第十一个五年计划中，基础设施领域总投资的 37% 由私营部门出资。印度规划委员会预计，在第十二个五年计划（2012～2017 年）中，印度基础设施领域投资的 48% 将由私营部门出资完成[1]。

在发展中国家，印度仍然是 PPP 项目的最大市场，但基础设施部门的 PPP 发展已呈现下降趋势，这在第十二个五年计划的前两年数据中表现非常明显。这主要是由于 PPP 项目在印度通常会面对以下挑战：获得土地难度大，获得政府批准尤其是与环境相关的批准和许可常常遭到延迟，基础设施领域的大额贷款给银行带来了巨大的压力。

2. 模式特点

（1）独立的监管机制。

印度政府通过建立维杰·凯尔卡（Vijay Kelkar）委员会，建立了专门的

---

[1] 荷兰威科集团，走出去智库. PPP 模式承接境外投资互联互通建设领域的投资合作指南 [R]. 2016.

监管机构，在发挥政府监督职能上做出了很好的成效。在独立的监管机构下，PPP 项目能够实现规范管理，改善了项目确认缓慢，项目投招标阶段存在私下交易，特别是在项目建设阶段以及项目经营阶段信息不对称、资源浪费、效率低下等情况。不仅如此，通过监管，利益相关者的风险分配更加合理，建立起了平衡的合作关系。

（2）创新的发展方式。

通过大力推广优质项目的示范计划，印度政府希望从各个领域中提炼出好的使用规则，并最终形成各个领域的一套独特的操作指南，便于未来项目运行借鉴。尽管印度在 PPP 发展的某些行业领域还不够成熟，但通过实践经验总结出了符合印度国情的一套行动指南。同时，印度政府通过设立印度基础设施金融有限公司，采用 PPP 项目适应性缺口补偿基金、基础设施投资信托、印度基础设施债务基金等金融工具来完善融资方式，保障 PPP 项目运行过程中的资金链相对稳定。

第二节　中国 PPP 的历史演进

自 20 世纪 80 年代开始应用 PPP 起，我国 PPP 发展大致经历了四个历史阶段：PPP 探索阶段（1978~1993 年）、PPP 试点阶段（1994~2002 年）、PPP 推广阶段（2003~2013 年）、PPP 规范化管理阶段（2014 年至今）。

一、PPP 探索阶段（1978~1993 年）

在这一阶段，政府并没有推进建设公共基础设施的明确措施，而是外资在参与其他行业时主动尝试进入该领域。此外，在公共基础设施领域中，无论是社会资本的数量，还是社会资本进入的行业，都十分有限，资本仅限于外资，国内资本并未大规模地被引入。政府也没有出台相关的鼓励和规范措施。

（一）发展背景

世界背景下的 20 世纪 70 年代末，中等发达国家相继出现债务危机，为缓解财政压力，解决公共产品供给低效等问题，BOT 作为一种全新的模式为各国所接受。在其显著效果的影响下，各国纷纷效仿这种模式。而党的十一届三中全会作出的改革开放的伟大战略决策中，提倡引进并利用外资以弥补改革开放之初的资金短缺。其中，有部分资金就尝试性地进入了政府主导的基础设施领域。自此，BOT 运营模式被引入中国。

（二）阶段特征

总体来看，这一阶段的特征有：（1）项目运营模式以 BOT 为主；（2）前期以外商投资为主，外商的参与和运作模式在一定程度上发挥了技术引进的作用，并促进 PPP 模式本土化；（3）项目前期策划与招商阶段周期长、成本高、技术壁垒强，限制了 PPP 模式的大规模推广与应用；（4）项目的开展往往是地方政府临时向中央政府报批，获得允许后直接执行，因此，该阶段也称为地方政府实践阶段。

（三）典型项目

该阶段出现了深圳沙角 B 电厂 BOT 项目、广州白天鹅饭店和北京国际饭店等 PPP 项目，其中深圳沙角 B 电厂 BOT 项目于 1999 年 8 月在十年运营期满后正式移交，被认为是中国最早的有限追索项目融资案例，也是在中国第一次使用 BOT 融资概念兴建的基础设施项目。

1980 年，深圳经济特区建立之初，便已经出现电力供应严重不足的问题。虽然当时广东省对深圳给予特别照顾，但仍然没能满足深圳当时的用电需求。当时深圳没有发电厂，香港合和实业有限公司便提出用 BOT 模式和深圳市合作建立火力发电厂。该电厂于 1984 年签署合资协议，1986 年完成融资后便开始动工，并于 1988 年投入使用，总投资额为 42 亿港币，采用中外合作经营方式，合作期为 10 年，合资双方分别是深圳特区电力开发公司（中方）和合和电力（中国）有限公司（一家在香港注册，专门为该项目成立的公司）①。合作期内，外方负责提供项目的全部外汇资金，组织项目建设，并且负责经营电厂 10 年。外方获得在扣除项目经营成本、煤炭成本和付给中方的管理费后的全部项目收益。合作期满后，外方将电厂的资产所有权和控制权无偿地转让给中方，并退出该项目。

① 赵福军，汪海. 中国 PPP 理论与实践研究［M］. 北京：中国财政经济出版社，2015.

（四）经验总结

该阶段的项目是通过投资人发起并和政府谈判达成双方一致，没有独立的竞争性招标过程，意味着项目尚未在竞争环境中达到公平与效率的统一。此外，该阶段的项目主要由地方政府推进，在推进过程中风险较大，其中大部分风险由地方政府和项目方承担。

二、PPP 试点阶段（1994～2002 年）

这一阶段被称为试点阶段，主要原因是社会资本进入公共基础设施领域已经由地方政府实践阶段的社会推进转变为以原国家计委（现为国家发展和改革委员会）为主等政府部门有计划、有组织地推动。在这个过程中，通过选择试点项目、制定相关法规和支持性政策，增加社会资本进入公共基础设施建设的项目和领域，双方合作的方式也在不断丰富。

（一）发展背景

党的十四大和分税制改革以后，中国政府开始注意到 PPP 在基础设施市场化投融资改革中的作用。一方面，1992 年党的十四大确立了"社会主义市场经济体制"的改革目标，为以市场化的方式改革基础设施投融资模式提供了可能性；另一方面，在分税制改革中，中央上收了地方大量财权，但基础设施建设、提供公共服务等事权却层层下放地方。财权与事权不匹配，使地方政府不得不积极寻求民间力量的帮助，吸引社会资本进入基础设施建设领域有着现实的迫切需求。

受 1997 年亚洲金融危机的影响，PPP 在中国的发展经历了一次向下调整。一方面，为应对亚洲金融危机中国政府开始实行积极的财政政策，将大量国债资金投放于基础设施建设领域，这削弱了地方政府与社会资本合作的动机。另一方面，金融危机暴露了地方政府在推出 PPP 项目时出现的一些违规乱象，迫使中央政府开始对违规项目进行清理整顿。经历了三年的向下调整，从 2000 年开始，PPP 模式在中国逐步复苏。

（二）阶段特征

随着试点推广的深入，国家对 PPP 模式已有初步了解，逐步放宽了投资领域。这一阶段主要特征有：（1）除国家特殊规定的领域，凡是鼓励和允许外商投资进入的领域，均鼓励和允许民间投资进入；（2）鼓励和引导民间投资以独资、合作、联营、参股、特许经营等方式，参与经营性的基础设施和公益事业项目建设；（3）各级政府积极创造条件，通过财政贴息、设立担保基金和投资补贴等形式，引导民间资本投向高新技术、基础设施和公益事业；（4）各投资主体在供水、供热、供气、污水处理、垃圾处理等经营性市政公用设施的建设中公平竞争，形成多元化投资结构；（5）支持民间投资者到西部投资。

此外，该阶段的主要特色为"外商投资特许权项目"，是指外商建设—运营—移交的基础设施项目。政府部门通过特许权协议，在规定的时间内，将项目授予外商为特许权项目成立的项目公司，由项目公司负责该项目的投融资、建设、运营和维护。特许期满，项目公司将特许权项目的设施无偿移交给政府部门。

（三）典型项目

1994 年是 BOT 试点项目的起点，可以称为中国 PPP 元年。5 个 BOT 试点项目（广西来宾 B 电厂、成都自来水六厂、长沙望城电厂、武汉军山长江大桥、广东电白高速公路）在原国家计委主导下得以推行。2002 年，北京市政府发起并实施了北京市第十水厂 BOT 项目。这些项目虽然不是 PPP 模式与中国的第一次亲密接触，而且未竟全功，但因其规格之高、规模之大、影响之广而在中国 PPP 发展史上留下了浓墨重彩的一笔。

广西来宾 B 电厂项目是我国第一个国家正式批准的 BOT 试点项目，也是我国第一个规范化吸引外资发展基础设施建设的 BOT 项目。该项目总投资额 6.16 亿美元，特许经营期 18 年，其中建设期为 2 年 9 个月，运营期为 15 年 3 个月。从项目的融资结构来看，股本资金与债务资金之比为 25∶75，其中总投资的 25%（1.54 亿美元）为广西来宾法资发电有限公司的注册资本，由股东法国电力国际和通用电气阿尔斯通公司分别投入 60% 和 40%①；其余的 75% 通过有限追索的项目贷款方式筹措。其中项目贷款由法国东方汇理银行、英国汇丰银行及英国巴克莱银行组成的银团联合承销，贷款中约 3.12 亿美元由法国进出口信贷机构——法国对外贸易保险公司提供出口信贷保险。另外，

---

① 赵福军，汪海. 中国 PPP 理论与实践研究［M］. 北京：中国财政经济出版社，2015.

地方政府给予了大量支持，包括给予税收优惠、土地供水、道路等配套设施，并在整个项目特许经营期内提供各方协调和协助。2015 年 9 月，广西来宾 B 电厂结束特许经营期，如期交给广西政府。这一项目是当时国家批准的 5 个 BOT 试点项目之一，是唯一一个坚持到期的项目，也是目前为数甚少的至今依然运行良好的 PPP 项目。

（四）经验总结

这一阶段出乎意料的规律是外国资本投资项目相比由国内资本主导的项目更加成功，其原因主要在于以下四点。

首先，外国资本使用的竞争性招标更加高效、公平、经济，使得项目得以更加有效地实施。其次，政府强有力的支持是项目长久运行的关键。在广西来宾 B 电厂项目中，中央和广西政府就提供了担保和激励。再次，合同项目的完整性至关重要。这一阶段国内社会资本主导的 PPP 项目通常缺乏完整的项目合同，而外国资本主导的项目一般采用高标准的合同文件，明确规定了特许经营方式以及政策优惠等具体相关内容。最后，合理的风险分担和利益共享机制是项目持续的保障。在这些项目中，成功项目都以每种风险应该分配给最能够影响风险结果的那方，以使得该风险对项目的负面影响最小化为标准划分风险承担主体。同时，利益则应当由承担风险的大小等诸多因素共同决定。

三、PPP 推广阶段（2003～2013 年）

随着社会主义市场经济改革的加快，国家大力推进公共产品和服务供给模式改革，不仅加大了引入社会资本的力度，开放了更多的行业，还完善了相关公共事业管理的法律法规，使得 PPP 实践进入了第二波发展高潮。

（一）发展背景

党的十六届三中全会和中国经济持续高速增长的大背景下，中国政府开始推广 PPP 在基础设施建设领域的应用，PPP 在中国迎来了一段较快的发展时期。一方面，2003～2007 年，中国经济连续五年保持 10% 以上的增长[①]，

---

① 中华人民共和国中央人民政府. 2008 年国务院政府工作报告 [EB/OL]. 2008 - 03 - 19.

经济的高速增长凸显了中国在能源、交通等基础设施方面面临的瓶颈。另一方面，党的十六届三中全会提出"允许非公有资本进入法律法规未禁入的基础设施、公用事业及其他行业和领域"，为我国开展广泛的 PPP 实践提供了政策支持。为填补经济发展所需的巨额基础设施投资缺口，各地政府纷纷开始调动当地民间资本的积极性。而 PPP 作为民间资本进入基础设施领域的重要途径，由于有了上一阶段的经验积累，开始被政府大力推广。

（二）阶段特征

该阶段主要特征有：（1）民营资本全面进入基础设施和公用事业领域。包括供水、污水处理、垃圾处理、供热等项目，尤其是污水处理项目占据主导地位。（2）投资人类型中，外企比重下降，民企和国企占主导地位。（3）大规模采用公开招标方式选择投资人。有效降低了费用、提高效益、运作规范有效，同时地方政府更有主动权，避免暗箱操作，维护了公共利益。（4）形成了相对成熟的 PPP 项目实施流程、合同文本和运作方式，促进了PPP 项目的推广实施。

（三）典型项目

这一阶段的 PPP 项目多集中在基础设施领域，并且已经出现公开透明的招标程序，外资企业、民营企业、国有企业、上市公司等多种投资主体参与竞争。其中北京地铁四号线被列为典型在全国推广。该项目是中国第一个社会投资者参与投资的地铁项目，也是京港两地在基础设施领域投资额最大的合作项目。

该项目由香港地铁公司、首创集团以及京投公司三方共同出资，共计金额达 153 亿元，于 2004 年 8 月开工，2009 年 9 月 28 日全线通车，计划于2039 年完成移交。其中，建设内容分为 A、B 两部分，A 部分投资额约为107 亿元，由北京市政府出资设立的平台公司开发建设，B 部分投资额约为46 亿元。同时，在中央政策的鼓励下，地方政府也积极跟进。以北京为例，2003 年 8 月，北京市政府发布了《北京市城市基础设施特许经营办法》，在2008 年奥运会筹办过程中，约 30 个奥运场馆中至少有一半是以特许经营方式建设的[①]。

---

① 赵福军，汪海 . 中国 PPP 理论与实践研究［M］. 北京：中国财政经济出版社，2015.

（四）经验总结

从这一阶段众多成功和失败的案例，能够得出如下经验教训：首先，政府角色至关重要。在这一阶段，政府由单一的监管者角色转变为既监管又合作的双重角色，提高了政府的服务意识和行政效率。其次，竞争机制有利于构建合理有序的市场环境。该阶段的 PPP 模式全面引入竞争机制，通过适度竞争不断完善市场秩序，提高项目整体的建设和运营水平。最后，随着国内资本不断积累，应该挖掘国内资本巨大的投资潜力，引导国内资本积极参与 PPP 项目。

四、PPP 规范化管理阶段（2014 年至今）

（一）发展背景

当前，经济中低速增长成为我国经济发展常态。经济决定财政，财政收入高速增长成为历史。而我国财政支出具有刚性，这无疑加大了财政收支压力，迫切需要深化财税领域改革，其中就包括要加快推进 PPP 在稳增长、促改革、惠民生方面发挥积极作用。

（二）阶段特征

该阶段全国对 PPP 的推广与应用力度之大、范围之广、政策出台之密集都是前所未有的。该阶段主要特征有：（1）PPP 项目的落地得到最大力度的鼓励与推进；（2）PPP 相关政策不断完善，一系列政策文件为 PPP 行业的规范化提供了制度保障，助力 PPP 模式稳健发展；（3）"一刀切"地推广 PPP 导致项目数量过多，出现了变相融资、虚假 PPP 项目等问题，并没有很好实现政府减债、提高效率的目标。

（三）典型项目

在这一阶段，PPP 模式逐渐成熟。赣州市南康区公共服务三期 PPP 项目位于赣州市南康区，是江西省重点培育和发展的三大都市区之一，是珠江三角洲、闽东南三角区的腹地，也是内地通向东南沿海的重要通道之一和连接长江经济区与华南经济区的纽带。该项目包含五个子项目，分别为：赣州港至机场快速路连接线工程项目、和谐大道西延（南康区段）工程项目、南康区城区背街小巷提升改造及城区道路"白改黑"工程项目、南康区 2018 年农村公路拓宽改造提升工程项目、南康经济开发区工业园基础设施项目。

该项目通过政府采购的方式确定社会投资人，政府授权下属机构出资和社会资本成立项目公司，负责本项目整体开发建设。由实施机构进行 PPP 建设招标，中化建工程集团南方建设投资公司联合中国化学工程第七建设有限公司及国化投资控股有限公司组成联合体，与赣州市南康区城市建设发展集团有限公司共同组建项目公司，按 9∶1 的股权比例参与利润分配，由项目公司负责资金筹措及组织实施。

该项目的实施不仅带来了可观的经济效益，而且具有重大的社会效益。在总体上，有利于改善路网主干路的通行能力，适应交通运输发展的形势需要，解决镜坝产业园原料及产品运输，连通南康区与赣州新能源汽车科技城、职教园区；在区域经济上，有利于对社会经济发展产生巨大的拉动作用，充分发挥道路的使用效益；对于周边人民群众，有利于通过改善项目所在地交通状况便利人民群众出行；在文化信息上，有利于加强周边乡镇及周边地区的交通联系，促进文化信息的传播交流。

（四）经验总结

各级财政部门在鼓励支持 PPP 模式发展的同时，存在超出自身财力、固化政府支出责任、泛化运用范围等问题。因此，各级财政部门要进一步提高认识，遵循"规范运行、严格监管、公开透明、诚信履约"的原则，切实防控地方政府隐性债务风险，坚决打好防范化解重大风险攻坚战，扎实推进 PPP 规范发展。

| 第三章 |

PPP 的理论基础

PPP 模式作为公共产品供给市场化探索的路径和制度安排，在公共产品理论、交易成本理论和契约理论等经济学相关理论中均有过系统的研究和阐述，这些理论是界定 PPP 概念、运用范围和程度等相关问题的重要依据。本章总结了 PPP 的理论基础，并重点介绍这些理论与 PPP 的关系。理论基础部分与 PPP 中的合作内容、合作主体和合作关系有着密不可分的关系。PPP 模式的合作内容多为公共产品或准公共产品的提供，公共产品理论的阐述围绕公共产品的有效供给展开，解释了 PPP 模式下准公共产品有效供给的合理边界；PPP 模式中主要合作主体分为政府和社会资本两方，交易成本理论的阐述解释了合作主体双方都赞成并支持 PPP 模式的原因；PPP 模式的合作关系是风险共担、利益共享，契约理论的阐述以不完全契约视角下的 PPP 效率为核心，解释了 PPP 合作关系的本质。

第一节　公共产品理论

一、私人产品、纯公共产品和准公共产品

1954 年，萨缪尔森（Samuelson）在《公共支出的纯理论》和《公共支出纯理论的图解》中给出了纯公共产品应该具有的两个物品特性。这两个物品特性构成了区分公共产品和私人产品的两个重要维度，即消费的非竞争性和非排他性。但是，现实生活中的许多物品介于两者之间。这种处于尴尬境

地、介于纯公共产品和纯私人产品这两种极端产品之间的各色混合产品，被称为"准公共产品"。因此，社会产品根据其物品特性可分为纯私人产品、纯公共产品和准公共产品三类（见表3−1）。

表3−1   社会产品的分类

	竞争性	非竞争性
排他性	纯私人产品	准公共产品
非排他性	准公共产品	纯公共产品

（一）私人产品

1. 私人产品的定义

私人产品是指消费者支付了一定费用就取得其所有权，并排斥他人同时消费的物品与服务，具有可分割性、排他性和竞争性。

2. 私人产品的性质

（1）可分割性。

可分割性是产品的自然属性，从效用上说，私人产品可以被分割为能在市场上交易的单位，通过市场规则实现等价交换。例如，电视信号是大家共享的公共产品，人们可以免费收看节目，但是技术进步带来了有线电视，这种有线电视能将未付费的消费者排除在外。

（2）竞争性。

竞争性主要体现在消费方式和生产方式中，如"一条裤子在某个时间只能为一个人穿着""一辆汽车不能同时朝两个不同的方向行驶"。这说明，一方面，私人产品的消费是具有对抗性的，如果个体单位消费了单位产品，其他个体就不能再消费该产品。另一方面，市场以特定的价格提供不同的竞争性产品，成本收益的差异引发供给主体的竞争，从而实现经济效率的不断提高。

（3）排他性。

排他性是指物品所有权属于特定的个人，排除未付费的个体消费该产品的能力，即个人应该拥有物品的"充分所有权"。

3. 私人产品的分类

根据私人产品的性质，可以将其划分为纯私人产品和准公共产品。同时具备竞争性和排他性的私人产品即纯私人产品，此类产品由市场提供将能获得较高的经济效益和市场效率，因此也被称为"市场产品"；有排他性无竞争性的产品将列入准公共产品范围。

4. 私人产品的有效供给

经济学中的有效供给是指产品供给与产品需求相一致，既不能出现供给不足，也不能出现供给过剩。根据西方微观经济学理论，供给和需求共同决定了产品的均衡产量及均衡价格。需求曲线表示边际效用，也可用消费者愿意支付的边际价格来表示；供给曲线表示边际成本，即生产该产品必须付出的机会成本。市场需求曲线表示边际社会收益，市场供给曲线代表边际社会成本，供求曲线较量的结果形成市场均衡。

因此，经济学论述的有效供给问题，可以归结为需求偏好显示问题。倘若消费者作为理性经济人毫无隐瞒地显示自己的偏好动机，即自己的需求，生产者有获得利润的供给动机且能满足这种需求，将这种动机变为现实，则该产品的供给就是有效的。

私人产品在资源配置上使得产量最大化，且个人在市场上通过价格体系传达信息，其产量应完全满足人们偏好需求的生产与交换的一般均衡条件，即帕累托效率条件即：$MRS_{XY}^{A} = MRS_{XY}^{B} = MRT_{XY}$。私人产品实现有效供给的条件是完全竞争市场，在完全竞争市场条件下，消费者能够充分显示自己的偏好。因此，需求上升时，需求曲线向上移动，价格上升，生产者扩大产量；反之，如果私人产品的生产成本下降，供给曲线向下移动，价格降低，消费需求增加。因此，厂商能够通过市场竞争降低成本，并获得相应利润即生产者剩余。同时，社会福利即生产者剩余和消费者剩余之和最大，故不存在效率损失。

由此可见，私人产品交易符合市场化运行规律。或者说，由于私人产品同时具有排他性和竞争性，必然产生充分的需求和供给，产品数量、质量和价格可以在市场竞争机制下达到均衡。

（二）公共产品

1. 公共产品的定义

公共产品是指那种"不论个人是否愿意购买，都能使整个社会每一成员获益的物品。"即在使用和消费上不具有个人排他性的物品。该类物品"一旦产生出来，生产者就无法决定谁得到它。"不论是否有人愿意购买它们，它们带来的好处都会散布在整个社区。公共产品不限于实物类产品，如公路、公园、水利、公益设施等，政府提供的一些非实物类产品和服务也属于公共产品，如公共教育、公共医疗、公共安全、社会福利、国防、外交等社会类公共产品；法律、交通规则、行政法规等制度类公共产品；文化、艺术、宗教等文化类公共产品。

2. 公共产品的性质

公共产品的非竞争性是指一个人对公共物品的消费不减少或不影响其他人对该物品的消费，即增加一个人消费公共物品的边际成本或机会成本等于零。非排他性是指产品在消费过程中所产生的利益不为某个人或某些人专有，无论个人对该产品是否支付了价格，要排除他人消费这种公共物品是不可能的或交易费用是很高的。

3. 公共产品的分类

根据公共产品的性质，可以将其划分为纯公共产品和准公共产品。同时具备非竞争性和非排他性的公共产品即纯公共产品；有竞争性无排他性的产品则列入准公共产品的范围。

4. 公共产品的有效供给

公共产品的有效供给存在着源于供给和需求两个方面的难题，一方面是需求方的"消费者偏好"显示难题和"搭便车"问题，另一方面是供给方是否引入竞争机制，降低成本，节约社会资源问题。

对于需求方的消费者来说，由于不存在公共产品的价格体系，没有生产者和消费者之间的信息传导机制，也没有相应的刺激机制诱导个人显示自己的偏好，所以个人无论是否付费、付费多少，都能享用公共产品，即存在偏好显示难题。公共产品的非竞争性和非排他性使得公共产品在消费过程中无法遵循等价交换的原则，人们在消费过程中认为付费与否不影响其对公共产品的享用，因而存在"搭便车"问题。

对于供给方的政府来说，公共产品交由政府提供存在是否具有效率的问题。1996 年，塔洛克（Tullock）对政府垄断公共产品的提供所造成的效率损失问题提出了质疑；1998 年，希乐弗（Hillover）的研究认为，通过合同外包的形式由私人生产代替政府生产可以提高公共产品供给效率。

因此，实现公共产品有效供给有两个途径：一是建立合理偏好显示机制，诱发消费者显示其真实偏好；二是引入竞争机制，降低其供给成本，激发供给动力。

（三）准公共产品

1. 准公共产品的定义

1965 年，布坎南（Buchanan）在《俱乐部的经济理论》一文中指出，俱乐部可以通过接受愿意支付价格的新成员而达到规模最优。这意味着现实中存在着大量介于公共物品和私人物品之间的"准公共产品"，兼具私人产品和公共产品的特征，如市场化的教育、卫生服务、拥挤的桥梁等。这些具有中间性质的物品也被布坎南称为"俱乐部产品"。如果俱乐部的规模为一个人，俱乐部产品实际上就是私人产品；如果俱乐部的规模是全体人，那俱乐部产品就是公共产品；如果俱乐部的规模为部分人，那么俱乐部产品就是准公共产品，只有俱乐部成员才能消费，其他人则被排除在外。这表明公共产品可通过技术手段实现排他，这显然与公共产品非竞争性和非排他性的双重属性发生冲突。

2. 准公共产品的性质

西方经济学者对纯公共产品的物品属性论述较多，而且将之归结为非竞争性和非排他性，但却没有对"准公共产品"的属性作更多论述。根据一些学者对准公共产品的研究可以看出，准公共产品具有以下一般特征。

（1）不完全竞争性和不完全排他性。

这类经济属性与萨缪尔森论述的非竞争性和非排他性存在量上的差异的，这种差异虽然难以精确测量，但还是显而易见，且包括拥挤型产品和公共资源。

（2）正外部性。

公共产品一般是由政府提供并能提高社会福利的产品，因此，公共产品是具有正外部性的产品，即它是正效用的外溢性产品。和纯公共产品一样，准公共产品的这种正外部性或外溢性不能通过市场交易来实现其价值，每个社会成员都能无偿享用或部分无偿享用该产品。

（3）时空相对性。

产品属于哪种类型，取决于两大特征——排他性和竞争性，这种排他性和竞争性并非一成不变，而是会随着时间和空间的变化而变化。因此，私人产品、准公共产品、纯公共产品在一定的时间和空间内其产品属性会相互转化。这种转化的动力可以归结为科技进步、财力强弱、产品的外部性和规模经济。

3. 准公共产品的分类

美国经济学家曼昆（Mankiw）以产品的两大经济属性，即竞争性和排他性作为划分产品类别的两大基本维度，将现实中的所有产品按照产品在两大维度坐标轴上所处的位置，划分为公共产品、私人产品、共有资源和自然垄断性产品，其中后两类属于准公共产品。

二、PPP 模式下准公共产品的有效供给

由于公共产品、准公共产品和私人产品在属性维度上是连续统一体，即随时空的变迁具有相互转化的可能性。根据这一属性，在时间序列上可以为准公共产品找到次优乃至最优的提供主体。而最优提供主体的选择，则取决于此种产品所属的类别或所反映出的经济属性，如纯公共产品的非排他性和非竞争性使得市场机制和自愿合作机制在其提供问题上都存在难以回避的缺陷，故纯公共产品的提供重任就责无旁贷地落在了政府身上。于准公共物品而言，其不完全竞争性、不完全排他性、正外部性、时空相对性都影响着它的有效供给问题。

（一）准公共产品的政府供给

准公共产品的提供主体不同，其导致的效率结果也不同，同时造成的公平结果亦不同。传统经济学理论认为，由于准公共产品具有纯公共产品的某些属性，所以准公共产品若由市场机制提供，必将出现市场机制的失灵。而准公共产品之所以由政府来提供，是因为政府机制在提供公共产品方面比市场机制具有更多优势，如克服"搭便车"问题、特权优势、节约交易成本和

组织成本、融资优势。

市场机制因准公共产品的公共产品属性而存在市场失灵，政府机制在提供公共产品方面具有诸多优势。但是，经济学家并不因此认为准公共产品的有效提供可以完全交予政府，究其原因主要有以下 3 个方面。

（1）产品的竞争关系。

社会资源的稀缺使政府和市场两种机制存在着替代关系，准公共产品和私人产品存在资源争夺关系，若政府无节制地拓展准公共产品的外延，会导致"挤出效应"，即公共产品挤占私人产品应占有的资源份额。

（2）有失效率和公平。

如果政府机制包揽全部准公共产品的提供和生产，而将私人部门赖以生存的市场机制排除在外。不仅会因政府垄断、缺乏市场竞争导致效率损失，同时政府机制也会导致社会的不公平，即只有部分人受益于准公共产品，而非社会全部，对其他不能受益的成员有失公平。

（3）财政条件的限制。

正如财政学家瓦格纳（Wagner）所提出的"瓦格纳定律"表述的那样，政府职能不断扩张危及国家财政安全，如公共产品提供种类的增加导致财政支出呈逐年扩张趋势。因此，应根据国家财政条件适当控制公共产品的供给范围。

由于政府供给公共产品存在以上缺陷，学者们对此提出了促进效率的两种方式。第一，引入市场竞争。历史经验表明，市场竞争越充分，生产者迫于竞争压力，将努力降低生产成本，提高产品质量，促进技术革新，满足消费者的需求，进而提高供给效率。第二，建立激励约束机制。公共选择学派代表人物布坎南从经济人的假设出发，阐述了对官僚机构实施约束的必要性。他以经济人假设为基础对官僚行为进行了分析，认为现实社会中无私奉献、一心为公的"官僚"确实存在，但不能认为所有人都是大公无私的。如果百分之一的人做了百分之一的错事，其对社会的危害也不可小觑。因此，有必要建立防范错误和纠正偏差的制度。这便是 PPP 模式理论依据的一方面。

（二）准公共产品的市场供给

政府部门承担着指导和管理经济社会的职能。管理机制不健全、工作人员的局限性等问题导致政府部门在提供公共物品时出现"政府失灵"，具体表现为资源浪费、资源滥用和公共支出过大等现象。政府失灵为其他供给主体的介入提供了可能，经济学家对此进行了研究，并获得一些有价值的结论。

以科斯（Coase）为代表的现代产权理论认为，市场机制提供公共产品也存在低效问题，其根本原因在于其产权不够明晰。只要产权完全明晰，并确保不会受到任何侵犯，某些市场失灵则可以完全避免。对此，科斯有过精辟的论述，如果产权是明晰的，并且交易成本为零，则无论将物品的初始产权赋予谁，通过市场交易达成的结果都是具有"帕累托效率"的。因此，产权明晰成为准公共产品由市场机制提供的前提。

公共选择学派的代表人物布坎南也对此进行了探讨，他利用俱乐部理论全新地解释了如何通过市场机制提供公共产品的问题。布坎南认为，在以纯公共产品与纯私人产品为两极的连续谱系中，存在着具有拥挤性特征的俱乐部产品，该产品具有局部非排他性和拥挤性的特征。为了实现俱乐部产品的有效供给，可以通过收费实现局部排他，这种排他性的收费制度既可以实现俱乐部的最优规模，同时也能实现俱乐部成员的效用最大化。

（三）PPP模式提供准公共产品的合理边界

准公共产品一般有三种供给模式，即政府模式、市场模式、第三部门模式。其中市场参与下形成的准公共产品供给方式主要有PPP模式和第三部门模式两种。其中，准公共产品政府机制提供失灵存在财政条件限制等问题；准公共产品市场机制提供失灵的原因涉及准公共产品的基本属性，那么由政府与企业合作提供公共产品就成为合乎逻辑的选择与尝试。对于准公共产品的供给来讲，政府和市场这两种配置资源的方式都有其优势和不足。即二者都有自己的合理边界。

准公共产品所具有的不同程度的非排他性和非竞争性在时空上是可变的。随着经济技术条件的变化和排他性技术的提高，纯公共产品、准公共产品以及私人产品的外延也会发生变化，这种变化为准公共产品的市场化提供了条件。从历史经验来看，在排他手段发展的前提下，依据产品属性维度坐标，公共产品沿着纯公共产品——准公共产品——私人产品的路径演进。反之，则相反。

准公共产品是否由市场来提供，取决于准公共产品的排他性程度。一般来讲，只有那些投入成本相对较低、私人部门具有该产品的投资实力、且无须跨区合作的项目才是市场机制提供的合理边界。此外，由市场还是政府提供准公共产品，不仅取决于效率条件，还取决于诸多其他社会目标。市场机制虽然可以通过竞争提高供给效率，但市场机制却不能实现自由、健康、公平和公正。当公平目标比效率目标更重要时，即使该产品可以实现排他，此时也应该由政府提供。

综上所述，首先，对于具有排他性的准公共产品来说，如果现有技术具有排他性，则该产品既可由政府提供，也可由市场提供。若由政府提供，则公众可免费使用，其提供成本可以税收的方式取得；若由市场或私人部门提供，则其成本通过收费的方式取得。若两者都可以提供，则提供方式取决于两者成本收益的大小。其次，对于具有竞争性的准公共产品来说，该产品一般实行公私合作的供给方式，由谁提供则取决于两者净收益的比较。最后，对于具有正外部性的准公共产品来说，政府通过向私人部门发放财政补贴，为正外部性给社会带来的收益提供激励，是一种有效率的方式。

第二节　交易成本理论

一、交易成本理论概述

交易成本理论是科斯在对新古典经济学进行反思的基础上提出的用以研究组织制度的理论。交易成本理论的主要观点是市场交易存在成本，因此我们必须对不同交易特征进行分析，区分不同特征的交易应该选择怎样的组织机制进行协调，从而达到节约交易成本的目的。

科斯最早使用市场价格机制下交易成本的分析方法来研究企业存在的合理性及企业的性质。他认为，政府存在的理由是为了节约交易成本，企业是对市场的替代，同样，政府为了有效提供公共产品而替代了市场。科斯解释说，市场和企业是两种资源配置可相互替代的手段，他们之间的不同在于：市场上的资源配置通过非人格化的价格机制来实现，企业内的资源配置则通过权威关系来完成。对企业和市场的选择依赖于对市场定价的成本和企业内官僚组织成本的权衡，但政府和一般企业相比则是一个超大型集团，能够通过强制命令来配置公共资源。在这个超大型集团内部通过交易内部化以达到节约交易成本的目的，即政府提供公共产品可以节约交易成本。

威廉姆森（Williamson）为科斯的交易成本理论提供了可度量的维度和标准，使得交易成本理论得以更广泛地用于研究之中。他认为交易成本的发生，来自人性因素与交易环境因素交互影响下产生的市场失灵现象所造成的交易困难。他指出了六项交易成本的来源：有限理性、投机主义、不确定性与复杂性、少数交易、资讯不对称、气氛。

威廉姆森认为企业是节约交易成本的交易模式，资产专用性及机会主义是决定交易成本的主要因素。如果交易中包含有关系专用性投资，则事前的充分竞争将被事后垄断或买方独家垄断替代，从而导致将专用性资产的准租金据为己有的机会主义行为。机会主义行为使得契约双方相关的专用性投资不能达到最优，导致契约的签订与执行变得更加困难，造成即期市场交易成本提高。当关系专用性投资变得更为重要时，用即期市场去处理纵向关系的交易成本就会上升。因此纵向一体化可以用来替代即期市场，在纵向一体化组织内可以通过权威来监督机会主义行为。后来他开始考虑用长期契约来替代纵向一体化，因为即使在纵向一体化组织内部，交易成本也并非无足轻重。而 PPP 合同正是长期契约的重要体现。

二、交易成本理论与 PPP 物有所值评价

近年来，交易成本理论被广泛用于分析政府应该用何种方式提供公共服务，即政府是选择直接提供公共服务还是通过建立契约的方式与私人部门合作。基于交易成本理论，学者们对 PPP 进行了深入研究，签订契约各方之间的信任程度是 PPP 模式实现的重要保障，私人部门参与公共产品的供给可能导致交易成本的增加，而交易成本过高是私人部门不愿意参与 PPP 项目的一个重要原因。

公共部门提供公共产品的过程中产生的项目成本通常由以下几部分构成：建设成本、运营成本、维修和更新成本、管理成本及留存风险等。而在政府与私人部门合作的 PPP 模式下，项目的建设成本、运营成本、维修和更新成本及融资成本统称为"PPP 合同约定成本"。由于私人部门在设计、施工、

技术、运营管理等方面存在着比较优势，PPP 合同约定成本通常会小于公共部门单独提供公共产品所产生的总成本。当然，由于 PPP 需要协调更多参与方的利益，通常情况下，项目管理成本会略高于公共部门单独提供公共产品所产生的成本。PPP 模式可能导致合同成本的增加，但在项目建设期和运营期，多方监管可有效减少资源浪费、缓解成本超支的问题。

扎托和胡登（Zato & Huden）构建了针对 PPP 基础设施项目的规范化的管理框架，包括合同安排和决策过程两方面，然后将渥太华地区的两个 PPP 项目：罗伯特·盖尔廷体育馆（robert guertin arena）和兰斯顿公园（lans-downe park）对照该框架进行分析，发现两个项目在采购和决策过程中存在管理缺陷，如决策缺乏透明度和公众参与等。他们认为 PPP 模式可能带来效率和服务质量的提高，但也可能导致巨大的政治和民主成本产生。因此，交易成本的大小将决定公共产品的供给应该由政府直接提供还是采用 PPP 模式，两者的比较就产生了 PPP 物有所值（value for money，VFM）的概念。

物有所值是基于全生命周期理论，综合考虑项目的成本、风险和收益，项目采用 PPP 模式相比于政府传统采购模式可能获得的增值。物有所值是决策采购是否选用 PPP 模式的重要指标，它包括定性和定量评价，涵盖采购计划中的所有方面。在国际上实现物有所值的方法主要有两种：一种是采用公共部门比较基准（public sector comparator，PSC）为核心的物有所值评价；另一种是竞争性投标。在我国，PPP 项目以竞争性投标方式为主辅助简单的定性评价，虽然因不估算公共部门比较基准而节约了成本，但是决策过程无法公开透明，而且较长的谈判期使得招投标过程很容易产生串标、围标等问题，投标报价缺乏真实性和客观性，会产生较高的社会交易成本。这不仅很难实现公平竞争和因竞争而作用在报价上的优势，并且 PPP 项目存在典型的领导决策特点，未通过有效的数据和决策评估就作出决定，直接进行针对性招标，很难做到真正的物有所值。建立以公共部门比较基准为核心的物有所值评估体系来判断是否采用 PPP 模式是目前最主要和应用最广的评价方法，澳大利亚、中国香港、德国、南非、英国、美国等国家和地区都采用此方法。

第三节　契约理论

一、契约与契约理论

"契约"一词来源于拉丁语 *Contractus*，是双方或者多方当事人之间的一种协议、约定，通俗地说就是合同，但是比合同的意义更广泛。在狭义上，所有的商品或劳务交易都是一种契约关系。比如，一个消费者购买了一张机票，消费者和航空公司之间就有一个隐性契约：消费者支付费用，航空公司在规定时间内将消费者安全送到目的地。在广义上，所有的法律、制度都是一种契约关系。

契约理论作为一个经济学分支，是对博弈论的应用。它用一种契约关系来分析现实中各类产品和劳务的交易行为，然后设计一种约束人们行为的机制或制度，以便实现社会福利最大化。在信息不对称条件下，缔约过程中当事人会出现四种问题：道德风险、逆向选择、敲竹杠和承诺问题。一般来说，逆向选择问题属于机制设计理论的范畴，道德风险、敲竹杠和承诺问题是契约理论的核心问题。

经济学领域的契约理论肇始于科斯1937年的经典论文《企业的性质》。科斯指出，"由于预测的困难，关于商品或劳务供给的契约期限越长，那么对买方来说，明确规定对方该干什么就越不可能，也越不合适"①。这说明两点：第一，科斯已经从契约的角度来理解交易行为了；第二，科斯暗示了如果契约越不完全，那么企业就越可能替代市场。此后，契约理论开始朝完全契约理论和不完全契约理论两个不同方向演进。

（一）完全契约理论

完全契约理论认为：企业和市场没有本质区别，都是一种契约，委托人和代理人能够预见到未来所有的或然状况，并制定最优的风险分担和收入转

---

① 科斯. 企业的性质［M］. 北京：商务印书馆，2010.

移机制来实现约束条件下的次优效率。科斯提出了"企业的本质是对市场的替代"这一论断之后,阿尔钦和德姆塞茨(Alchian & Demsets)不同意这一观点,认为企业和市场都是一种契约,两者没有本质区别。他们认为,企业的本质是一种团队生产,而团队生产的核心问题是对代理人努力的测度问题和代理人的搭便车问题,即单个代理人和多个代理人的道德风险问题。

完全契约理论的主要目标便是解决信息不对称条件下代理人的道德风险问题。其关键假设是:(1)契约当事人是完全理性的,能预期到未来的各种或然情况;(2)委托人和代理人之间是信息不对称的,代理人拥有关于自己行动的私人信息;(3)契约的关键变量是可证实的。

在上述假设下,委托人对代理人的主要激励工具是工资机制和风险分担机制,以便实现激励相容,减少代理人的道德风险行为。但是,在信息不对称条件下,通常只能实现次优效率(second best),社会最优(social best)是无法实现的。因为委托人要在激励和保险之间权衡取舍,或者是因为代理人的产出总是存在一些噪声,从而无法完全消除代理人承担的风险成本。

(二)不完全契约理论

不完全契约理论认为,契约是不完全的,当事人的有限理性和资产专用性会导致敲竹杠问题,可以采取产权安排来实现次优效率;当产权形式发生变化时,企业的边界就发生了变化,因此企业和市场是有区别的。按照科斯的推理,期限越长,契约越不完全,即契约无法规定详细的条款。如果契约是不完全的,当存在专用性投资时,当事人就面临投资导致的准租金被另一方当事人攫取的风险,此即敲竹杠问题。

不完全契约理论的主要目标是通过产权安排解决敲竹杠问题。不完全契约理论的关键假设是:(1)当事人至少具有一定程度的有限理性,无法预期到未来的各种或然情况;(2)当事人具有机会主义(opportunistic)行为;(3)存在关系专用性投资。

因为当事人无法预见到未来所有情况,或者即便预见到也无法用双方都同意的语言写进契约,或者一些变量存在"双方可观察但无法向第三方证实"的特征,所以契约通常是不完全的。在上述假设下,一旦当事人做出了事前专用性投资,在事后就会遭遇对方的敲竹杠行为。预见到这种情况,当事人就会缺乏足够的投资激励,这损害了社会总福利。为此,不完全契约理论认为，通过事前的产权安排，可以减少敲竹杠带来的成本，从而实现次优效率。

根据完全契约理论，如果委托人和代理人之间是信息对称的，那么委托人就可以直接监督代理人的行为，从而实现最优的投入和产出。但是，根据不完全契约理论，即便委托人和代理人之间是信息对称的，如果信息难以向第三方证实，并且存在关系专用性投资时，就会出现敲竹杠问题，从而社会最优的投资和产出不能实现。这是两种相反的结论。

不完全契约与完全契约的根本区别在于：完全契约假设当事人具有完全理性，可以预知未来发生的所有情况，可以在事前对未来各种情况发生时当事人拥有的权利和承担的责任进行完美缔约，因此完全契约的重点就是事后监督；而在不完全契约下，由于存在当事人的有限理性，无法事前规定在未来各种情况发生时当事人的权利和责任，因此如果缔约双方发生争议和纠纷，就只能借助于后来的再谈判来解决。由此可见，不完全契约的关键就在于对事前的权利进行机制设计和安排。

二、契约理念与契约关系

契约理念是"初民"之间为超越"自然状态"、获得公民意义上的自由与平等而彼此缔结契约时所遵循的基本精神，显示了法、规则的重要功能和社会效应，体现了人类追求理性、平等、自由和文明的美好愿望。同时，由于契约是商品经济条件下根本的交往范式，是基于合意产生的新型"权、责、利"关系，是降低社会交易成本的重要途径，因此，契约理念在现代社会中体现为市场和经济发展的自由、平等、秩序和诚信精神，体现了社会发展的理性原则。可见，作为价值理性和工具理性的统一，由"社会契约"生成的契约理念和方法实际上已经成为市场经济的共识，逐步渗透到社会生活的各个领域，成为世界性的实践课题，在全球化日趋强劲发展的今天具有重要的实践意义和探索价值。

契约关系是社会关系的一种存在样式，是调整社会关系的一种必要手段，是社会、个人或市场主体建立在明确的目标指向、协调措施、行为规范基础上的一种根本的交往规范。它具有整合、规范和协调功能，以形成良好的社会环境和稳定的市场秩序。同时，契约方式是约定，是指契约双方依照一定的条件以独立人的身份所达成的协议关系，具有合意性、自愿性和互利性等特点。它以双方普遍接受和认同的规约为基础，把双方的平衡点和契合点作为彼此联结的纽带，以最大限度地体现双方的基本利益，实现理性意义上的契约精神，这实质上是对独立、自主、自由的理性精神的充分发扬。近百年来，它一直作为一种富有成效的理性方式，成为人们政治和经济生活的重要组成部分，用于建构各种政治和经济体制、协调各种社会关系、化解各种社会矛盾。

就当代社会的经济生活而言，契约关系是现代市场经济的必然要求。在现代社会中，契约理念作为市场经济与市民社会交往主体之间意志自律和自由公正的产物，反映了市民社会的基本精神，构成了市民社会的运作逻辑。实际上，市场经济就是某种意义上的契约经济，市民社会就是某种意义上的契约社会。因为市民社会正是以各种契约的形式规范着交往主体的行为，实现着经济活动的理性与公平。随着社会的发展和市场经济的不断成熟，契约已经广泛进入社会经济生活的各个领域，成为现代经济秩序的基础。大到国际经济的交流与合作、WTO 与经济政策的制定与执行，小到市民社会的需求与满足、经济或经营主体的发展与运行，契约作为处理和协调国家与公民、个人与社会及国与国之间合作与发展的最有效的方式，逐渐为人们所公认。它不仅可以用法律手段保障经济过程的公正，维护契约双方基本利益，而且可以使人们自觉寻求和依赖契约规则，培养人们的合作和诚信意识。可见，当代契约精神从侧面反映了现代市场经济的自由、公平和效率的时代特点，也反映了经济或经营主体追求诚信、自主和公正的善良愿望，这是市场经济良性运转的重要标志。

三、不完全契约视角下的 PPP 效率

从契约角度来看，PPP 是公私双方基于契约实现的，但是由于 PPP 过程持续时间长、所处环境复杂多变等原因，该契约具有天然的不完全性，契约不完全会导致敲竹杠行为，进而可能会造成投资效率的损失。为此，本书从不完全契约的视角出发，将导致 PPP 契约不完全的影响因素逐一找出，并试图进一步分析各个因素对 PPP 最终效率的影响。从整体过程来看，影响 PPP 契约不完全和 PPP 效率的因素主要有以下两个。

（一）项目持续时间长，环境复杂多变

由于 PPP 整个过程持续时间长，PPP 在长期内所处周围环境具有复杂性和多变性，这会导致公私双方无法准确预见未来可能发生的所有情况，进而会对 PPP 的缔约、建设和运营产生影响，这同时也是导致 PPP 契约不完全的第一个原因。复杂多变的环境主要包括政治、经济和法律环境。政治环境的变化主要体现在政府政策的变化和政治承诺的改变。例如，政府官员的换届往往会伴随着政策的变化，可能会导致某些在建项目的中断，造成投资和 PPP 效率的损失；再如，某些地方政府官员为了提升政绩或者想凭借其权力地位从项目中攫取暴利，作出与提升社会福利水平相背离的决策，盲目建设项目，当有关部门进行审查发现时，项目就会被中断，这也会造成投资和 PPP 效率的损失。经济环境的复杂多变主要来自市场，需求的增减、经济结构的变化、经济危机的爆发都会对经济环境造成很大的冲击。法律环境的改变主要来自法律的不断修改和完善，我国目前还没有针对 PPP 的特定法律，相信随着时间的推移，针对 PPP 的法律会建立并逐步完善。

（二）公私关系社会化，最终效益的多样化

我国是一个非常重视关系的国家，公私合作也不例外，因此在 PPP 中公私部门之间的合作不仅是经济合作，也是一种社会合作。在 PPP 持续过程中，公私双方会形成一系列契约之外的行为规范，包括正式的和非正式的，双方共同遵守，这种由关系的社会化产生的行为规范会对 PPP 最终效率产生正面还是负面的影响无法估计也无法准确缔约。此外，PPP 的最终效益不仅是用收益来衡量的，还包括对社会产生的各种外部性，如某一基础设施的建设与运营虽然带来了可观的经济收益，但是对周围环境造成了一定的破坏；再如，某设施的建设虽然在短期内并未获得预期内收益，但成了城市的标志性建筑，提高了城市的知名度。因此政府部门衡量 PPP 效益的方式是多样化的。

从契约的角度来看，PPP 是公共部门和私人部门基于契约的长期合作关系。双方通过签订设计、建设和运营等多项合同，以实现对公共产品的有效供给。由于合作的长期性，所以要求政企双方要信守合同。政府希望企业要信守合同，始终提供合格产品，始终满足合理回报；企业也希望政府能信守合约，及时付费，维护企业的合法权益。因此，PPP 很大程度上是在考验第一个 P（政府）对第三个 P（伙伴关系与契约精神）的落实和执行。

| 第四章 |

PPP 的核心理念

　　PPP 是道而不是术，PPP 的核心是理念而非具体模式。PPP 的核心内涵在于有效积聚整合各方面的优势资源，构建有弹性的激励相容的公共治理机制，通过诸多不同利益诉求的相关方长达几十年的持续博弈，各方合力同心、尽力而为、量力而行、按贡献和绩效取酬，实现公共基础设施项目全生命周期综合效能的最优化。PPP 的核心理念包括：风险分担、激励相容、合理回报、契约精神、物有所值、量力而行、可融资性、可持续性等。

第一节　风险共担与激励相容

一、风险共担

　　公共部门与私营部门合理分担风险，是 PPP 区别于公共部门与私营部门其他交易形式的显著标志。在风险识别与风险分类基础上，让政企各方中最应该也最擅长承担的一方去承担特定风险，以实现总体风险管理的成本最低和效率最高，即实现项目全生命周期的总体风险的最优分配。

　　在 PPP 中，公共部门尽可能多地承担自己有优势方面的伴生风险，而让对方承担的风险尽可能小。一般来说，成本超支、汇率变化等风险由政府部门承担，经营管理、债务偿还、技术管理等方面风险主要由私营部门承担，而利润收入、资产转移、争议发生、市场环境及不可抗力等风险由两者共同承担。如在隧道、桥梁、干道建设项目的运营中，如果因一段时间内车流量不够而导致私营部门达不到基本的预期收益，公共部门可以对其提供现金流量补贴，这种做法可以在"共担"框架下有效控制私营部门因车流量不足而引起的经营风险。与此同时，私营部门会按其相对优势承担较多的甚至全部的具体管理职责，而这个领域，却正是政府管理层"官僚主义低效风险"的易发领域。由此，风险得以规避。如果每种风险都能由最擅长应对该风险的合作方承担，毫无疑问，整个基础设施建设项目的成本就能最小化。如果风险分担不平衡，让私营部门承担其无法承担的风险，一旦风险发生时，私营部门缺乏该种类型的风险控制能力，必然会降低提供公共服务的效率，增加应对风险的实际成本。

政府部门与私营部门之间的风险分担，最佳的设计思路是因素互补、扬长避短、各取所需、协同管理，使得合作项目整体的风险降低，最终双方用于防范风险的成本减少，这样才能达到运用 PPP 模式实现公共服务有效供给的目的。合理的风险分配会使项目高效运行，相反，不合理分配很容易导致合作项目的流产。

（一）PPP 项目中的风险

PPP 项目具有长期性、复杂性与多样性，其投资额大，涉及的参与方众多，关系较为复杂，潜伏诸多风险因素。因此，在 PPP 项目中，进行准确的风险识别和合理的风险分担极其重要。本部分对我国 PPP 项目风险分配框架的宏观探索进行描述，并介绍所涉及的风险类型、分担原则及其风险分担框架。按照能否通过项目采取措施的划分原则，将 PPP 项目的风险分为系统风险和非系统风险，具体如表 4 - 1 所示。

表 4 - 1   PPP 项目风险分类

风险分类	风险来源	具体说明
系统风险（不能通过项目采取措施）	政治风险	政局稳定性、政府收购、政府干预项目
	经济风险	汇率与利率变化、经济环境变化、通货膨胀
	法规风险	法规及合约制度不完善、经济政策变化、法规变化
	不可抗力	自然灾害、战争、内乱
	社会风险	社会治安、社会风气、文化与信仰

续表

风险分类	风险来源	具体说明
非系统风险	项目选择	项目技术选择与适应性、社会公众反对、环保与安全风险
	融资风险	项目失败后债务无追索权、资金供应风险
	建设风险	审批延误、质量与进度风险、费用超支风险
	运营风险	市场需求风险、成本超支风险
	协作风险	合作决策风险、利益分配、风险分担、资源分配与技能

（二）PPP 项目中风险分担的基本原则

风险分担遵循两大原则：能力原则和公平原则。

能力原则是指由对风险最有控制力（包括控制成本最低）的一方控制相应的风险。某一方对风险最具控制力保证了其处置风险的最佳位置，降低风险发生概率及其造成的损失，能够实现项目成本最小化和合作效能最大化。

公平原则是指各方承担的风险与所得的回报相匹配。承担的风险多回报就多，承担的风险高回报就高。对于某些风险的承担，如不可抗力因素，每一方都没有最佳控制能力，若社会资本要求的补偿超过了公共部门自己承担风险时支付的成本，则公共部门是不会接受的。

社会资本方承担的风险程度与所得的回报大小相匹配，所以从政府角度看，社会资本承担的风险要有上限，不是社会资本承担的风险越多越好，政府承担的风险越少越好，而应当综合考虑政府的风险承受能力、风险转移意向、支付方式等要素，恰当分担，减少政府不必要的财政负担。

在实践中，鉴于我国 PPP 项目在实际操作中遇到的问题，财政部确立了风险分配的五项基本原则，包括：承担风险的一方应该对该风险具有控制力；承担风险的一方能够将该风险合理转移（如通过购买相应保险）；承担风险的一方对于控制该风险有更大的经济利益或动机；由该方承担该风险最有效率；如果风险最终发生，承担风险的一方不应将由此产生的费用和损失转移给合同相对方。

（三）风险分配框架

按照风险分配优化、风险收益对等及风险可控等原则，综合考虑政府风险管理能力、项目回报机制和市场风险管理能力等要素，在政府和社会资本间合理分配项目风险。

原则上，项目融资、建造和运营维护等商业风险主要由社会资本承担，法律、政策等风险主要由政府承担，不可抗力等风险由政府和社会资本合理共担。根据上述风险分配原则以及实践中各项目的实际情况，财政部列举了一些实践中较为常见的风险分配安排。

通常由政府承担的风险包括：（1）土地获取风险（在特定情形下也可能由项目公司承担）；（2）项目审批风险（根据项目具体情形不同，获得项目相关审批可能由政府方承担）；（3）政治不可抗力（包括非因政府方原因且不在政府方控制下的征收征用和法律变更等）。

通常由项目公司承担的风险，包括：（1）如期完成项目融资的风险；（2）项目设计、建设和运营维护相关风险，例如，完工风险、供应风险、技术风险、运营风险以及移交资产不达标的风险等；（3）项目审批风险（完成融资交割、保险生效后，项目实施相关的其他主要合同已经签订的风险。根据项目具体情形不同，可能由项目公司承担）；（4）获得项目相关保险。不可抗力风险等由双方共同承担。

二、激励相容

PPP合作关系中，政府更加强调公益性，企业更看重经营性。在强调政企之间风险分担的同时，还要强调激励相容，以整合各方资源和能力，实现项目全生命周期的综合效能最优。利益分享应当与贡献大小相关联，哪一方贡献大其利益分享就多。比如，项目建设、运营维护、融资等经营性风险主要由企业分担，这些活动的效率提升所产生的利益，也应该更多地由企业享有；而外部政策、法规方面的风险主要由政府承担，由于这些外部因素变化所产生的收益，也应该更多地由政府享有。比如，地铁PPP项目，如果客流量剧增带来收益剧增，这种超预期的增量部分的收益，应该进行具体的归因分析，如果主要是由项目公司之外的外部因素所带来则主要由政府享有，如果主要是由项目运营提升吸引新增客流则主要由项目公司享有，以构建激励相容机制。再如，风力发电企业的电价补贴，如果上级政府上调补贴，则调增部分的收益也应由政府更多分享。

风险分担体现效率原则，激励相容体现公平原则，风险分担与激励相容是 PPP 合理回报机制的重要实现和调控手段。

第二节　合 理 回 报

一、合理回报的内涵

PPP 模式强调合理回报而不是自负盈亏，这是政企博弈和市场竞争的结果。PPP 项目具有公益性，回报过高难以实现物有所值，持续亏损又会影响可融资性和项目稳定运行。参与 PPP 项目的社会资本，应当克服追求利益最大化的本能冲动而坚守合理回报理念。合理回报不是固定回报，如果项目公司成本控制得好、效率高，获得的回报比政府认可或行业平均水平要高一些也是公平合理的。

合理回报应贯穿项目全过程和全生命周期，项目存续期内要有动态调整机制加以保证，保证项目公司的合理回报率不受诸多外部成本因素变动的影响。合理回报的实现需要通过充分而有序的竞争，目前在项目招投标竞争中，既要避免由于竞争不充分导致的高价中标与过高回报，又要避免由于无序竞争或者过度竞争导致的低价中标与过低回报甚至亏损，两个极端都是有害无益的，特别是低价中标的后果应该引起重视：要么项目无法实施，要么被作为资源加以储备，要么粗制滥造、偷工减料导致出现劣质产品和服务。

同时，合理回报也是全体与全员的回报。PPP 项目涉及很多参与方和利益方，除了政府与企业两个关键主体，还有咨询机构、贷款机构、工程总承包（EPC）、承包机构等。我们强调政府与企业要坚守合理回报理念，那么其他参与方谋求过高回报也是不允许的。

二、合理回报的量化

合理回报往往不是偏高回报而是偏低回报。因为项目运营是长期稳定和相对垄断或者说受政府保护的，政府这种保护换来的只能是偏低回报而不是高回报，这也是由基础设施和公共服务的公益性决定的。合理回报的量化指标应当根据国家、行业、阶段来具体确定，两大参考项如下所示。

（1）银行长期利率。

对"使用者付费"和"可行性缺口补助"的PPP项目，因为社会资本承担的风险较大，特别是要承担较大的市场需求风险，其合理的投资回报率，可以选择在银行长期贷款基准利率基础上增加几个点。如按中国人民银行发布的现行5年期以上银行贷款基准利率5%左右计算，合理的投资回报率可以定在8%~10%。这一回报率水平应该作为现阶段"使用者付费"和"可行性缺口补助"PPP项目投资回报率的重要参考。

（2）同期限国债利率。

对政府购买服务或政府付费的PPP项目，由于地方政府的信用总体上比较高或至少理论上地方政府"赖账"的可能性较小，项目的投资风险相对更小、投资回报更有保障，则其合理投资回报率的参照指标应该在金融市场无风险收益率（通常为同期限国债利率）的基础上，再加上了3~5个风险点来确定。按照目前10年期国债固定利率3%左右估算，这类PPP项目的合理投资回报率，最好设定为6%~8%，比同期商业银行贷款基准利率略高一些。

对于行业、企业的运营效率与政府运营效率的差异，大致可以得出结论，PPP项目合理回报应该高于银行长期利率而低于政企运营效率之差。举例来说，美国环保部门估计，关于环境基础设施的投资费用或运营成本，私人企业要比公共部门低10%~20%，10%~30%大概是很多领域的政企效率差异，所以可以大致估计将8%~12%作为很多PPP项目的合理回报量化指标。

第三节　契　约　精　神

一、契约精神的内涵

西方的契约精神包含两个重要内容：一是私人契约精神。在商品社会，私人交易之间的契约精神对商品经济的发展起着至关重要的作用；二是社会契约精神。这种起源于西方资产阶级革命时期的古典自然法学派所持的学说，对西方的民主、自由、法治的构筑有着深刻的影响。契约精神本体上包括四个重要内容：自由、平等、信守、救济。

（一）契约自由精神

西方人权理念中一直存在经济自由中的契约自由精神。个人之间的契约关系应根据契约当事人的自有意志决定，而不受国家的干涉。契约自由精神包含 3 个方面的内容：是否缔结契约的自由（缔约的自由）、与谁缔结契约的自由（对象选择的自由）、订立什么内容的契约的自由（内容的自由）、以何种方式订立契约的自由（方式的自由）。

（二）契约平等精神

契约平等精神是指缔结契约的主体地位是平等的，契约双方平等地享有权利并履行义务，互为对待给付，无人有超出契约的特权。为了达到契约的平等精神，违背契约者要受到制裁，受损害方将得到利于自己的救济。正因为契约完美地体现了平等精神，才会被近代资产阶级革命者作为理论武器而创造了社会契约理论，通过每个人让渡一部分权力给国家代为使用，双方达成合意，建立社会契约，各自履行权利与义务，以达到社会的和谐。

（三）契约信守精神

契约信守精神是契约精神的核心精神，也是契约从习惯上升为精神的伦理基础，诚实守信是民法的"帝王条款"和"君临全法域之基本原则"。在契约未上升为契约精神之前，人们订立契约源自彼此的不信任，契约的订立采取的是强制主义；当契约上升为契约精神以后，人们订立契约源于彼此的信任，当契约信守精神在社会中成为一种约定俗成的主流时，契约的价值才真正得到实现。在缔约者内心中存在契约信守精神，缔约双方基于守信原则，在订约时不欺诈、不隐瞒真实情况、不恶意缔约；在履行契约时，完全履行同时尽必要的善良管理人、照顾、保管等附随义务。

（四）契约救济精神

契约救济精神是一种救济的精神，在商品交易中人们通过契约来实现对自己损失的救济。当缔约方因缔约对方的行为遭受损害时，可以提起违约之诉，从而使自己的利益得到最终保护。上升至公法领域，公民与国家订立契约，即宪法，当公民的私权益受到公权力的侵害时，依然可以通过与国家订立的契约而得到救济。

二、PPP 项目中的契约精神

PPP 是权力与资本的合作，权力容易任性，资本容易撒野，各方信守合约对 PPP 项目的成败至关重要。在长达二三十年甚至更长时间的合作关系中，而且往往是垄断经营，如果契约意识有问题就容易跑偏，易导致产品质量差、运营效率低、政府付费多等诸多问题，从而无法实现物有所值。强调 PPP 中的契约精神，对政府方来说，更多地体现为认真履行合约中确定的责任和义务，比如，风险分担、按时付费、适时调价等；对企业方来说，契约精神则更多地要求按合约做好项目运营，提供合格乃至高水平的公共产品和服务。

PPP 合同是不完全契约，在强调契约刚性的同时，也要根据未预期情形接受柔性变通，这是妥协精神的体现。契约精神需要配套妥协精神，契约的达成意味着对当事人自我意志的限制与约束，意味着彼此间的忍让与妥协。这种妥协精神，首先，应当建立在平等的基础上，基于当事人的独立意志；其次，通过协商与让步，使对方得到某种利益，从而换取对方作出同样的让步行为来满足自身；最后，强调的是按规则的治理，妥协是理性人之间的一种利益让步，需要有一套外在规则予以约束，妥协精神体现着和谐、友善与智慧。

第四节　物 有 所 值

一、物有所值的内涵

物有所值（value for money）基于全寿命周期理论，综合考虑项目成本、风险和收益，从项目全生命周期比较传统政府购买模式和 PPP 模式，判断是否采用 PPP 模式代替政府传统采购模式实施基础设施及公共服务项目，能够提高项目服务质量和运营效率，降低项目成本，平衡好项目财务效益和社会效益，确保实现激励相容。物有所值不仅是测评计算，更是依托全生命周期内的选择、规制、合作与监管，实际上体现为多个要素的叠加效应：优秀企业、有效机制、运营效率与合理回报。如果企业不优秀或机制与运营无效率或回报太高，都不可能是物有所值的 PPP 项目。

二、物有所值评价

物有所值评价资料主要包括：（初步）实施方案、项目产出说明、风险识别和分配情况、存量公共资产的历史资料、新建或改扩建项目的（预）可行性研究报告、设计文件等。PPP 项目物有所值评价工作流程分为：评价准备、定性评价、定量评价、信息管理（见图 4 – 1）。

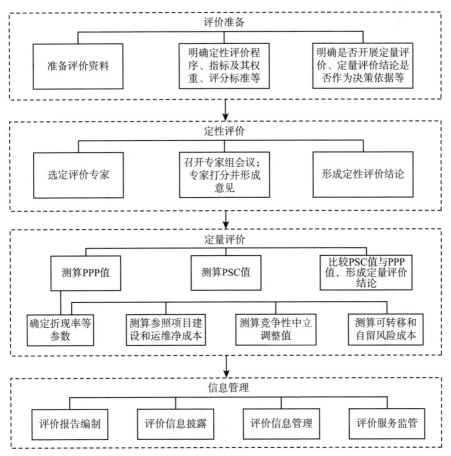

图 4 – 1　PPP 项目物有所值评价工作流程

（一）评价准备

开展物有所值评价时，项目本级财政部门（或 PPP 中心）应会同行业主管部门，明确是否开展定量评价，并明确定性评价程序、指标及其权重、评分标准等基本要求；若开展物有所值定量评价，还应进一步明确定量评价内容、测算指标和方法，以及定量评价结论是否作为采用 PPP 模式的决策依据。

（二）定性评价

定性评价指标包括全生命周期整合程度、风险识别与分配、绩效导向与鼓励创新、潜在竞争程度、政府机构能力、可融资性六项基本评价指标。

（1）全生命周期整合程度指标主要考核在项目全生命周期内，项目设计、投融资、建造、运营和维护等环节能否实现长期、充分整合。

（2）风险识别与分配指标主要考核在项目全生命周期内，各风险因素是否得到充分识别并在政府和社会资本之间进行合理分配。

（3）绩效导向与鼓励创新指标主要考核是否建立以基础设施及公共服务供给数量、质量和效率为导向的绩效标准和监管机制，是否落实节能环保、支持本国产业等政府采购政策，能否鼓励社会资本创新。

（4）潜在竞争程度指标主要考核项目内容对社会资本参与竞争的吸引力。

（5）政府机构能力指标主要考核政府转变职能、优化服务、依法履约、行政监管和项目执行管理等能力。

（6）可融资性指标主要考核项目的市场融资能力。

项目本级财政部门（或 PPP 中心）会同行业主管部门，可根据具体情况设置补充评价指标。补充评价指标主要是六项基本评价指标未涵盖的其他影响因素，包括项目规模大小、预期使用寿命长短、主要固定资产种类、全生命周期成本测算准确性、运营收入增长潜力、行业示范性等。

在各项评价指标中，六项基本评价指标权重为 80%，其中任一指标权重一般不超过 20%；补充评价指标权重为 20%，其中任一指标权重一般不超过 10%。每项指标评分分为五个等级，即有利、较有利、一般、较不利、不利，对应分值分别为 100 ~ 81 分、80 ~ 61 分、60 ~ 41 分、40 ~ 21 分、20 ~ 0 分。

项目本级财政部门（或 PPP 中心）会同行业主管部门，按照评分等级对每项指标制定清晰准确的评分标准。

定性评价专家组包括财政、资产评估、会计、金融等经济方面专家，以及行业、工程技术、项目管理和法律方面专家等。项目本级财政部门（或 PPP 中心）会同行业主管部门组织召开专家组会议。定性评价所需资料应于专家组会议召开前送达专家，确保专家掌握必要信息。项目本级财政部门（或 PPP 中心）会同行业主管部门根据专家组意见，作出定性评价结论。原则上，评分结果在 60 分（含）以上的，通过定性评价；否则，未通过定性评价。

（三）定量评价

定量评价是在假定采用 PPP 模式与政府传统投资方式产出绩效相同的前提下，通过对 PPP 项目全生命周期内政府方净成本的现值（PPP 值）与公共部门比较值（PSC 值）进行比较，判断 PPP 模式能否降低项目全生命周期成本。

PPP 值可等同于 PPP 项目全生命周期内股权投资、运营补贴、风险承担和配套投入等各项财政支出责任的现值，参照《政府和社会资本合作项目财政承受能力论证指引》及有关规定测算。PSC 值是以下三项成本的全生命周期现值之和：（1）参照项目的建设和运营维护净成本；（2）竞争性中立调整值；（3）项目全部风险成本。

参照项目可根据具体情况确定为：（1）假设政府采用现实可行的、最有效的传统投资方式实施的、与 PPP 项目产出相同的虚拟项目；（2）最近 5 年内，相同或相似地区采用政府传统投资方式实施的、与 PPP 项目产出相同或非常相似的项目。

（1）建设净成本主要包括参照项目设计、建造、升级、改造、大修等方面投入的现金以及固定资产、土地使用权等实物和无形资产的价值，并扣除参照项目全生命周期内产生的转让、租赁或处置资产所获得收益。

（2）运营维护净成本主要包括参照项目全生命周期内运营维护所需的原材料、设备、人工等成本，以及管理费用、销售费用和运营期财务费用等，并扣除假设参照项目与 PPP 项目付费机制相同情况下能够获得的使用者付费收入等。

（3）竞争性中立调整值主要是采用政府传统投资方式比采用PPP模式实施项目少支出的费用，通常包括少支出的土地费用、行政审批费用、有关税费等。

（4）项目全部风险成本包括可转移给社会资本的风险承担成本和政府自留风险的承担成本，参照《政府和社会资本合作项目财政承受能力论证指引》第二十一条及有关规定测算。政府自留风险承担成本等同于PPP值中的全生命周期风险承担支出责任，两者在PSC值与PPP值比较时可对等扣除。用于测算PSC值的折现率应与用于测算PPP值的折现率相同，参照《政府和社会资本合作项目财政承受能力论证指引》第十七条及有关规定测算。PPP值小于或等于PSC值的，认定为通过定量评价；PPP值大于PSC值的，认定为未通过定量评价。

（四）评价报告

项目本级财政部门（或PPP中心）会同行业主管部门，在物有所值评价结论形成后，完成物有所值评价报告编制工作，报省级财政部门备案，并将报告电子版上传PPP综合信息平台。

物有所值评价报告内容包括以下四个方面。

（1）项目基础信息。主要包括项目概况、项目产出说明和绩效标准、PPP运作方式、风险分配框架和付费机制等。

（2）评价方法。主要包括定性评价程序、指标及权重、评分标准、评分结果、专家组意见以及定量评价的PSC值、PPP值的测算依据、测算过程和结果等。

（3）评价结论。分为"通过"和"未通过"。

（4）附件。通常包括（初步）实施方案、项目产出说明、可行性研究报告、设计文件、存量公共资产的历史资料、PPP项目合同、绩效监测报告和中期评估报告等。

（五）信息披露

项目本级财政部门（或PPP中心）应在物有所值评价报告编制完成之日起5个工作日内，将报告的主要信息通过PPP综合信息平台等渠道向社会公开披露，但涉及国家秘密和商业秘密的信息除外。在PPP项目合作期内和期满后，项目本级财政部门（或PPP中心）应会同行业主管部门，将物有所值评价报告作为项目绩效评价的重要组成部分，对照进行统计和分析。

各级财政部门（或 PPP 中心）应加强物有所值评价数据库的建设，做好定性和定量评价数据的收集、统计、分析和报送等工作，加强对物有所值评价第三方专业机构和专家的监督管理，通过 PPP 综合信息平台进行信用记录、跟踪、报告和信息公布。省级财政部门应加强对省（区、市）物有所值评价工作的监督管理。

第五节　量力而行（财政承受能力）

一、财政承受能力论证内容

为确保财政中长期可持续性，财政部门应根据项目全生命周期内的财政支出、政府债务等因素，对部分政府付费或政府补贴的项目开展财政承受能力论证。财政承受能力论证是指识别、测算政府和社会资本合作项目即 PPP 项目的各项财政支出责任，科学评估项目实施对当前及今后年度财政支出的影响，为 PPP 项目财政管理提供依据。财政承受能力论证采用定量和定性分析方法，坚持合理预测、公开透明、从严把关，统筹处理好当期与长远关系，严格控制 PPP 项目财政支出规模。财政承受能力论证的结论分为"通过论证"和"未通过论证"。"通过论证"的项目，各级财政部门应当在编制年度预算和中期财政规划时，将项目财政支出责任纳入预算统筹安排。"未通过论证"的项目，则不宜采用 PPP 模式。

二、财政承受能力论证意义

开展 PPP 项目财政承受能力论证，是政府履行合同义务的重要保障，有利于规范 PPP 项目财政支出管理，有序推进项目实施，有效防范和控制财政风险，实现 PPP 可持续发展。

对于政府而言：第一，PPP 项目实施必须通过财政承受能力论证，将政府对 PPP 项目财政支出纳入年度预算和中期财政规划，有利于保证政府如期履行合同支付责任；第二，有利于各级政府控制政府支出和债务规模，优化资金使用效率，避免 PPP 长期支出责任中的债务不可控风险，充分展示地方政府的履约能力，增加 PPP 项目对社会资本的吸引力；第三，通过采用物有所值评价方法，有利于保证 PPP 模式下项目全生命周期成本低于传统政府投资模式下的成本，以确保财政中长期的可持续性，控制地方政府利用 PPP 盲目扩张投资的冲动，规避以投资促 GDP 的缺陷。

对于社会资本而言：第一，可以充分了解政府的履约能力，消除后顾之忧；第二，有利于社会资本对项目财务可行性的判断分析，便于项目选择和确定项目的优先开发顺序；第三，提高各类社会资本投资的积极性和主动性，形成多元主体的投资结构。

三、财政承受能力论证方法

各级财政部门（或 PPP 中心）负责组织开展行政区域内 PPP 项目财政承受能力论证工作。省级财政部门负责汇总统计行政区域内的全部 PPP 项目财政支出责任，对财政预算编制、执行情况实施监督管理。财政部门（或 PPP 中心）应当会同行业主管部门，共同开展 PPP 项目财政承受能力论证工作。必要时可通过政府采购方式聘请专业中介机构协助。各级财政部门（或 PPP 中心）要以财政承受能力论证结论为依据，会同有关部门统筹做好项目规划、设计、采购、建设、运营、维护等全生命周期管理工作。PPP 项目财政承受能力论证工作流程分为：责任识别、支出预算、能力评估、信息披露四个流程，如图 4-2 所示。

（一）责任识别

PPP 项目全生命周期过程的财政支出责任，主要包括股权投资、运营补贴、风险承担、配套投入等。

（1）股权投资支出责任是指在政府与社会资本共同组建项目公司的情况下，政府承担的股权投资支出责任。如果社会资本单独组建项目公司，政府不承担股权投资支出责任。

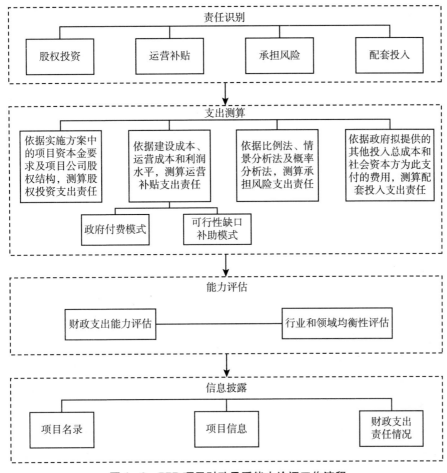

图 4 – 2　PPP 项目财政承受能力论证工作流程

（2）运营补贴支出责任是指在项目运营期间，政府承担的直接付费责任。不同付费模式下，政府承担的运营补贴支出责任不同。政府付费模式下，政府承担全部运营补贴支出责任；可行性缺口补助模式下，政府承担部分运营补贴支出责任；使用者付费模式下，政府不承担运营补贴支出责任。

（3）风险承担支出责任是指项目实施方案中政府承担风险带来的财政或有支出责任。通常由政府承担的法律风险、政策风险、最低需求风险以及因政府方原因导致项目合同终止等突发情况，会产生财政或有支出责任。

（4）配套投入支出责任是指政府提供的项目配套工程等其他投入责任，

通常包括土地征收和整理、建设部分项目配套措施、完成项目与现有相关基础设施和公用事业的对接、投资补助、贷款贴息等。配套投入支出应依据项目实施方案合理确定。

（二）支出测算

财政部门（或PPP中心）应当综合考虑各类支出责任的特点、情景和发生概率等因素，对项目全生命周期内财政支出责任分别进行测算。

1. 股权投资支出

股权投资支出应当依据项目资本金要求以及项目公司股权结构合理确定。股权投资支出责任中的土地等实物投入或无形资产投入，应依法进行评估，合理确定价值。计算公式为：

$$股权投资支出 = 项目资本金 \times 政府占项目公司股权比例$$

2. 运营补贴支出

运营补贴支出应当根据项目建设成本、运营成本及利润水平合理确定，并按照不同付费模式分别测算。

（1）对政府付费模式的项目。

在项目运营补贴期间，政府承担全部直接付费责任。政府每年直接付费数额包括：社会资本方承担的年均建设成本（折算成各年度现值）、年度运营成本和合理利润。计算公式为：

$$当年运营补贴支出数额 = [项目全部建设成本 \times (1 + 合理利润率) \times (1 + 年度折现率)^n] \div [财政运营补贴周期 + 年度运营成本 \times (1 + 合理利润率)]$$

（2）对可行性缺口补助模式的项目。

在项目运营补贴期间，政府承担部分直接付费责任。政府每年直接付费数额包括：社会资本方承担的年均建设成本（折算成各年度现值）、年度运营成本和合理利润，再减去每年使用者付费的数额。计算公式为：

$$当年运营补贴支出 = [项目全部建设成本 \times (1 + 合理利润率) \times (1 + 年度折现率)^n] \div [财政运营补贴周期 + 年度运营成本 \times (1 + 合理利润率) - 当年使用者付费数额]$$

其中，n代表折现年数。财政运营补贴周期指财政提供运营补贴的年数。年度折现率应考虑财政补贴支出发生年份，并参照同期地方政府债券收益率合理确定。合理利润率应以商业银行中长期贷款利率水平为基准，充分考虑可用性付费、使用量付费、绩效付费的不同情景，结合风险等因素确定。在计算运营补贴支出时，应当充分考虑合理利润率变化对运营补贴支出的影响。此外，PPP 项目实施方案中的定价和调价机制通常与消费物价指数、劳动力市场指数等因素挂钩，会影响运营补贴支出责任。在可行性缺口补助模式下，运营补贴支出责任受到使用者付费数额的影响，而使用者付费的多少因定价和调价机制而变化。在计算运营补贴支出数额时，应当充分考虑定价和调价机制的影响。

3. 风险承担支出

风险承担支出应充分考虑各类风险出现的概率和带来的支出责任，可采用比例法、情景分析法及概率法进行测算。如果 PPP 合同约定保险赔款的第一受益人为政府，则风险承担支出应为扣除该等风险赔款金额的净额。

（1）比例法。

在各类风险支出数额和概率难以进行准确测算的情况下，可以按照项目的全部建设成本和一定时期内的运营成本的一定比例确定风险承担支出。

（2）情景分析法。

在各类风险支出数额可以进行测算、但出现概率难以确定的情况下，可针对影响风险的各类事件和变量进行"基本""不利""最坏"等情景假设，测算各类风险发生带来的风险承担支出。计算公式为：

风险承担支出数额 = 基本情景下财政支出数额 × 基本情景出现的概率 + 不利情景下财政支出数额 × 不利情景出现的概率 + 最坏情景下财政支出数额 × 最坏情景出现的概率

（3）概率法。

在各类风险支出数额和发生概率均可进行测算的情况下，可将所有可变风险参数作为变量，根据概率分布函数，计算各种风险发生带来的风险承担支出。

4. 配套投入支出

配套投入支出责任应综合考虑政府将提供的其他配套投入总成本和社会资本方为此支付的费用。配套投入支出责任中的土地等实物投入或无形资产投入，应依法进行评估，合理确定价值。计算公式为：

配套投入支出数额 = 政府拟提供的其他投入总成本
– 社会资本方支付的费用

（三）能力评估

财政支出能力评估是根据 PPP 项目预算支出责任，评估 PPP 项目实施对当前及今后年度财政支出的影响；行业和领域均衡性评估，是根据 PPP 模式适用的行业和领域范围，以及经济社会发展需要和公众对公共服务的需求，平衡不同行业和领域的 PPP 项目，防止某一行业和领域的 PPP 项目过于集中。

财政部门（或 PPP 中心）识别和测算单个项目的财政支出责任后，汇总年度全部已实施和拟实施的 PPP 项目，进行财政承受能力评估。其中包括财政支出能力评估以及行业和领域平衡性评估。每一年度全部 PPP 项目需要从预算中安排的支出责任，占一般公共预算支出比例不超过 10%。省级财政部门可根据本地实际情况，因地制宜确定具体比例，并报财政部备案，同时对外公布。鼓励列入地方政府性债务风险预警名单的高风险地区，采取 PPP 模式化解地方融资平台公司存量债务。同时，审慎控制新建 PPP 项目规模，防止因项目实施加剧财政收支矛盾。

在进行财政支出能力评估时，未来年度一般公共预算支出数额可参照前五年相关数额的平均值及平均增长率计算，并根据实际情况进行适当调整。"通过论证"且经同级人民政府审核同意实施的 PPP 项目，各级财政部门应当将其列入 PPP 项目目录，并在编制中期财政规划时，将项目财政支出责任纳入预算统筹安排。

在 PPP 项目正式签订合同时，财政部门（或 PPP 中心）应当对合同进行审核，确保合同内容与财政承受能力论证保持一致，防止因合同内容调整导致财政支出责任出现重大变化。财政部门要严格按照合同执行，及时办理支付手续，切实维护地方政府信用，保障公共服务有效供给。

（四）信息披露

省级财政部门应当汇总区域内的项目目录，及时向财政部报告，财政部通过统一信息平台（PPP 中心网站）发布。各级财政部门（或 PPP 中心）应当通过官方网站及报刊媒体，每年定期披露当地 PPP 项目目录、项目信息及财政支出责任情况。应披露的财政支出责任信息包括：PPP 项目的财政支出责任数额及年度预算安排情况、财政承受能力论证考虑的主要因素和指标等。项目实施后，各级财政部门（或 PPP 中心）应跟踪了解项目运营情况，包括项目使用量、成本费用、考核指标等信息，定期对外发布。

第六节　稳　定　性

一、可融资性

PPP 不仅是一项创新的制度和机制，还是一种重要的金融工具。作为一种项目管理制度，它是创新的、长远的制度安排，可以把社会资本、政府、社会各方面的资源通过 PPP 有机融合在一起，能保证这个项目持续快速运营。

公共基础设施项目投资规模高达几亿元、几十亿元、几百亿元，投资回收期往往超过 15 年，需要长期、稳定、低成本的巨额资金支持，落实融资不仅是 PPP 项目实施的前提条件，资金成本的高低还是决定物有所值的重要因素。

大型的基础设施项目，融资渠道主要是银行贷款。而银行贷款依靠融资主体的信用、靠第三方担保措施，不符合基础设施大型公益项目持续运作的金融匹配要求。因此，必须建立一种以 PPP 可持续运营为基础的，依靠 PPP 项目现金流量覆盖项目资金成本的制度。同时，构建可预期、可控制、可持续的项目收入回报机制，是 PPP 方案可落地执行的关键。由此，在编制方案时，需要及时与相关金融机构群体进行充分沟通，了解其愿意提供资金的条件，并将这些条件在 PPP 实施方案中落实。对此，《国家发展改革委关于切实做好传统基础设施领域政府和社会资本合作有关工作的通知》第八条中明确要求"发挥各类金融机构专业优势，鼓励金融机构向政府提供规划咨询、融资顾问、财务顾问等服务，提前介入并帮助各地做好 PPP 项目策划、融资方案设计、融资风险控制、社会资本引荐等工作，切实提高 PPP 项目融资效率"。

PPP 是时代背景下的伟大事业和创新，但是符合 PPP 需要的金融工具目前还没找到最好的，因此必须进行创新。此外，PPP 不仅仅是一种融资和金融创新工具，更是基础设施和公共服务领域的公共治理模式的创新。这种创新机理，与公募 REITS、PPP + ABS 等金融工具的机理是完全相通的。这些工具在许多 PPP 项目里都可能用得上，这也是其可融资性的一种表现形式。

二、可交易性

PPP 资产的可交易性是 PPP 持续发展的前提，也是 PPP 高质量发展的标准。可交易性即可定价并可实现，意味着资产价值在交易中得以变现，意味着社会资本可进可出。在交易过程中，规范的好项目会被市场机制甄别出来，实现可定价、可交易、可流动。以终为始，PPP 项目资产交易结果也反过来检验 PPP 项目整个投资、建设、运营的效率和效果，成为一种后评价机制。只有能够通过"价值替换"才能实现价值，这是 PPP 高质量发展的标准。社会资本只进不出，15 万亿元的 PPP 项目就变成了堰塞湖。中国 PPP 已经进入了增量和存量并存的时代；而在今天这个存量资产的时代，发掘可交易性是未来增量的基础；如果没有存量的可交易性，没有示范的效应，增量将不可持续。

作为多层次 PPP 投融资市场的重要组成，PPP 二级交易市场是产业资本和投资人交易基础设施项目资产的重要渠道之一。二级市场是 PPP 市场重要的组成部分，没有二级市场就不是一个完整的市场。建立专业的 PPP 项目二级资产交易市场，建立统一退出规则和配套退出机制，畅通退出渠道，将有利于增强社会资本的信心并推动 PPP 模式可持续发展。为增强 PPP 项目的流动性，提升项目价值，改善项目融资环境，吸引更多社会资本和金融机构参与 PPP，我们应该探索建立多元化、规范化和市场化的资产流转和退出渠道，为社会资本拓宽融资渠道，盘活存量资产。

PPP 的目标和要求是高质量发展、规范发展、可持续发展。评价和检验一个 PPP 项目是否为优质项目的标准就是资产是不是可交易：权利义务不清楚，不可交易；有纠纷，也不可交易。交易就是检验 PPP 是不是规范、是不是高质量，是不是可持续的。这就是以终为始，从金融市场回溯，来看清项目的标准。

三、可持续性

可持续性是指满足当前与长期的社会需求。基础设施项目大多是百年工程，实际经济寿命可能长达几十年甚至几百年，涉及多代人的福祉，实现可持续性是包括 PPP 项目在内的所有公共基础设施项目的内在要求。经济发展、全球人口增长、资源短缺、人权保护、劳工问题和气候变化等约束条件，要求基础设施投资者在其全部投资决策过程中整合可持续性因素。

"可持续性投资"指确认环境、社会和治理（ESG）等因素，并将其整合进投资过程之中，旨在降低风险并抓住机会，由此给社会产生正面的、可持续性的影响。可持续投资的驱动力来源于投资者逐步认识到整合 ESG 因素到资产配置、标的选择、资产组合构建及股东参与和表决等流程之中，对于中长期评估一项资产组合的价值和预期风险收益来说很有必要且很有益处。2015 年联合国可持续发展纽约峰会上通过的《十七项可持续发展目标》中，其中有两项涉及可持续性和弹性基础设施，这强调了基础设施在驱动可持续发展的潜在力量，也应该是参与 PPP 项目的任何负责任的机构投资者的利益所在。

PPP 项目可持续发展的实现是宏观环境、公私双方能力、项目本身情况共同影响的成果。以解决现实问题和实际需求为目标导向，不可一味地追求高精尖技术而忽视使用者和公众利益是项目可持续发展的前提。构建良好的政商环境，选择良好的合作伙伴并加强双方协调合作是项目可持续发展的保证。同时，具有可持续性的项目才更容易获得金融机构的信贷支持和相关利益方的共同努力，加快 PPP 项目向规范化发展的进程，为我国经济可持续、高质量发展提供强大动能。

| 第五章 |

PPP 模式的价值认同与反思

PPP 模式作为一种有别于传统政府购买模式的公共服务提供机制，既将市场竞争机制有效地引入公共服务领域，又在一定程度上实现了风险转移和共担、资源和利益共享等一系列改革目标。但是，自 PPP 概念被提出以来，对该模式也一直不乏批评的声音。本章就 PPP 模式本身进行价值层面的认同和反思，分析其组织特性、合作模式、责任分担机制和政府行政方式等方面带来的社会效益以及诱发的相关经济、社会、公共价值和行政体制方面的问题。

第一节　PPP 模式的价值认同

一、经济效率提升价值

我国经济已进入新常态，经济发展和城镇化发展提升了对基础设施的需求，同时，制造业投资、房地产投资增长回落，基础设施建设、公共品和公共服务的投资仍有一定的空间，但是依靠传统融资模式与政府主导建设基础设施，已渐渐难以为继。实施公共部门与企业合作的模式，既可以解决各类投资主体的成本风险分担问题，有利于长期运行的大型基础设施项目投入，又能提高投资效率，使各类投资主体充分发挥自身所长，提升基础设施建设的效能。

PPP 是一个整合双方优质资源强强联合的合作模式，其核心内容体现在合作上。PPP 模式的本质是以提供优质的公共产品或服务为目的；公私合作，双方共担风险、共享收益；优势互补，项目社会效益最大化。PPP 模式带来的经济效率提升价值主要体现在融资与提效两个方面。

（一）融资价值

实施 PPP 模式的一个重要目的就是私营部门为公共产品、公共服务的建造和翻新融资，解决政府的财政资金短缺问题。近几十年中，PPP 已经成为公共事业项目融资的主要渠道，为公用事业的建造筹集了大量资金。

据国家发改委公布数据，截至 2017 年 6 月末，全国入库项目共计 13554 个，累计项目总投资额达 16.3 万亿元，涉及能源、交通运输、水利、环境保护、农业、林业、重大市政工程等 19 个领域，覆盖 31 个省（自治区、直辖市）及新疆生产建设兵团。其中，已签约落地项目 2021 个、投资额 3.3 万亿元、落地率 34.2%。（指执行和移交 2 个阶段项目数之和与准备、采购、执行、移交 4 个阶段项目数之和的比值，不考虑识别阶段项目）①。根据英国财政部 2014 年 12 月发布的报告，截至 2014 年 3 月，英国一共有 728 个 PFI 项目，资本总额达 566 亿英镑。截至 2013 年，加拿大一共有 220 个 PPP 项目，按照累积项目金额排序，前五大 PPP 行业分别为：交通、医疗健康、司法/劳改、能源与教育。在融资方面，加拿大比较有特色的是养老基金投资 PPP 的模式。据统计，加拿大养老金在基础设施的投资占总资产比例平均为 5%，远高于国际的 1%。这些资金雄厚的机构投资者的参与，给 PPP 项目提供了大量的低成本资金，同时他们自身也获得了长期稳定的投资收益。2014 年 3 月，加拿大公私合作委员会（CCPPP）发布了一份报告，对 2003～2012 年这 10 年间加拿大 PPP 项目的经济绩效进行了评估，结论是 PPP 的实施极大地促进了加拿大的经济发展、就业创造与居民福利。此外，这十年间，PPP 项目还帮助公共部门节约了 99 亿美元，并为联邦和地方政府创造了 75 亿美元税收②。

（二）效率价值

PPP 模式具有本能化的融资功能，但 PPP 模式绝非单一的融资工具，它的效率价值与融资价值具有同等重要的地位。所谓效率价值，是指由政府主

---

① 财政部 PPP 中心. 全国 PPP 综合信息平台项目库第 7 期季报［EB/OL］. 2017 – 08 – 02.
② PPP 政策解读. PPP 的全球现状与国别经验［EB/OL］. 2016 – 08 – 04.

导的 PPP 项目的投资、建设、运营、管理，都会表现出比政府更高的效率。这既可以从理论上找到依据，也可以在现实社会找到数据。从理论上，本书对第三章的公共产品理论中的政府失灵进行了详细阐述；在现实社会中，下面的实证分析提供了佐证。

艾伦咨询集团（allen consulting group）曾对澳大利亚的 21 个 PPP 项目和 33 个传统模式项目进行比较。研究结果表明：PPP 模式在成本效率方面显著优于传统模式。从项目立项到全部结束，PPP 模式的成本效率提高了 30.8%；从交付时间上看，PPP 项目平均完成时间提前了 3.4%，传统模式项目平均完成时间延误 23.5%①。

总体而言，PPP 模式在成本和工期方面都优于传统基础设施交付模式，而且，伴随着项目规模的增长和复杂程度的增加，PPP 模式的优势会更为突出。PPP 模式充分发挥了政府部门和私人部门的比较优势，特别是充分发挥了私人部门在项目经验、创新和效率等方面的优势，有助于解决传统基础设施交付模式存在的效率低和政府部门承担风险过高等问题。

同时，PPP 模式通过竞争和激励机制驱动私人部门创新。在竞标和实施阶段，PPP 模式的竞标压力和风险分担机制有效地刺激了私人部门的创新行为，而且私人部门更加关注可以节约成本的技术创新。在竞标阶段，私人部门创新的动力主要来源于降低成本预算、满足项目规范和要求、提高产品性能等需求；在实施阶段，对项目设计和建设的创新是私人部门降低风险的最主要方式。经验显示，PPP 模式可以带来 20% ~30% 的成本效益，这部分归因于创新功效，而且大约 60% 的创新属于增量创新、模块化、架构和系统创新。有关研究还表明，PPP 模式节约的成本大约有 24% 可以归因于创新性行为。总之，PPP 模式在基础设施供给方面有着独特的比较优势，通过企业投资、风险分担、市场竞争和激励相容等机理设计，有利于推动创新，节约时间和成本，提高公共产品的供给效率和服务质量。

追根溯源，融资需求与效率需求是 PPP 模式产生的两大动因，在现实应用中也应等量视之，不可厚此薄彼。如果 PPP 模式体现不出很好的效率价值，物有所值就无从谈起。因为物有所值 = 政府单干时的全部成本（包括融资、建设、运营成本）– PPP 模式下企业全部成本（融资、建设、运营成本）–

① 工程建设网. PPP 模式的优点和缺点［EB/OL］. 2016 – 10 – 09.

企业利润。政府运作项目可以没有利润，但如果 PPP 模式中企业表现不出更低的成本和更高的效率，加上企业必须获取的合理回报，物有所值就成了负值。此外，PPP 模式在强调共享的同时还要强调开放，无论是发达国家还是发展中国家或城市，政府都应在政策法律允许的情况下向国内外寻求最优秀的合作伙伴，以谋求来自企业融资价值和效率价值的最大值。

二、管理能力提升价值

传统管理思维总是倾向于政府—企业—市场间潜在对立，要么是万能市场，要么是万能政府。为了共同目标和总体理性，突破传统利益地图约束，跨时空动员和配置资源，引导走向人类和谐共治，新公共管理理论同时承认政府失灵和市场失灵现象的存在，并积极寻找第三条路来进行双向修补，而最能体现"治理"精神的莫过于治理过程中政府、企业、社会等主体平等参与的全球 PPP 实践。

面对经济下行压力，政府为增加公共服务的有效供给和提高效率，缓解财政困境，从中央到地方都在积极推广 PPP 模式。PPP 模式是一种新型的制度创新，不仅是项目融资方式，更是一种治理模式。这种模式下的政府和社会资本是一种平等合作、良性互动的关系，政府不再依赖用权力控制社会，社会资本也并非单纯追求商业利益，政府与社会资本的利益联系更加密切。

PPP 模式建立在多元主体参与、合作的基础上，坚持利益与风险分配合理化的原则，并有助于理顺政府、市场及社会之间的利益关系。PPP 模式比传统融资模式费用低廉，在保证工期的同时能够有效提高效率并降低工程造价，平均为政府部门节约大约 20% 的费用，为政府减轻了财政预算压力。通过 PPP 模式实现公私合营，使政府从公共基础设施服务的提供者转变为合作者和监管者，加强了政府部门的服务与监督职能。PPP 模式的大规模推广，促进了政府职能转变，创造了良好营商环境，有利于激发市场活力，维护社会稳定，是深化行政体制改革、建设服务型政府、提升地方政府治理能力的重要抓手。

三、可持续发展价值

人类可持续发展的一系列目标，涉及大量城市基础设施投资建设及高效优质公共产品与公共服务的供给，比如，教育、医疗、养老等。显然，单靠政府的财力和管理是无法完成这些光荣而艰巨的使命的。而私人部门或社会资本虽对很多城市基础设施和公共服务具有很好的投资能力和管理运营能力，但考虑到基础设施的公益性和相对垄断性，不宜将其简单私有化或市场化，理性的选择就是PPP。所以，联合国把PPP作为实现人类可持续发展目标不可或缺的重要工具。用联合国欧洲经济委员会前任秘书长巴赫先生的话说，政府只有与广大私人部门通过PPP模式广泛合作，才能更有效地实现可持续发展目标。

那么如何用PPP助推可持续发展？由于PPP的理念、规则甚至操作具有确定内涵，并被实施PPP的很多国家广泛接受，形成了全球各国大同小异的PPP规则和实践，当然各国PPP的差异、经验和教训也是客观存在的。所以联合国欧洲经济委员会的想法和做法是：总结世界各国最佳规则和实践，将PPP标准化，围绕联合国确立的17个可持续发展目标，对应性、支持性地形成近30类PPP标准，给世界各国PPP实践提供指导和帮助。这几十个PPP标准既包括物质类基础设施（physical infrastructure），如机场、港口、铁路、公路等，也包括社会类基础设施，如教育、医疗等。这些PPP标准中，有的只支持一个或几个可持续发展目标，如"增进女性权能"的PPP标准就只是针对"性别平等"这一可持续发展目标而设定，而针对"消除贫穷"这一首要可持续发展目标，全部PPP标准都从不同领域提供支持。这些PPP标准一旦完成，就会在全球特别是发展中国家和新兴经济体有计划地进行培训、推广和指导帮助。前述联合国欧洲经济委员会PPP专家咨询委员会、PPP卓越中心以及若干区域中心的主要工作就是研究制定这个PPP标准体系并在全球加以推广。

2015年6月，联合国欧洲经济委员会PPP中心负责人正式访问中国香港和北京，与国家发展改革委和财政部相关人员进行了交流，之后，国家发展改革委很快与联合国欧洲经济委员会签署了PPP合作备忘录，合作内容包括：双方加强在PPP领域的广泛交流与合作；共同确定中国若干城市和若干项目为联合国可持续发展与 PPP 示范城市和示范项目；总结推广中国 PPP 最佳实践；在中国设立 PPP 国际论坛；在中国设立 PPP 国际培训计划。上述各项合作内容都在开展中，如 2016 年和 2017 年分别在青岛和北京举办了两届影响广泛的中国 PPP 论坛，2017 年在深圳举办了首届中国 PPP 培训班，中国部分 PPP 示范项目已入选联合国案例库，中国牵头负责的有关 PPP 标准也在有序推进中等。

第二节　PPP 模式的反思

一、诱发经济问题

虽然 PPP 模式在一定程度上激活了社会资本参与公共服务提供的活力，提升了公共品提供的竞争效率，但是，随着 PPP 模式的深入，某些因素将会阻碍这种公共品供给机制的供给效率。

首先，程度越来越高的资产专用性将强化公私部门的相互依赖性。伴随着公私部门在土地、资金、技术、人才、信息以及制度等方面的投入增多，不管是公共部门还是企业，对于该项目的资产专用性程度将不断增加，一定阶段过后双方利益"锁定"，从而 PPP 项目成为一种"利益捆绑"机制，公私边界逐渐消融，两者联系更加紧密。这一现象导致的结果是，企业在公共服务提供的效率上与以往政府部门或者国有企业并没有本质上的区别，使得 PPP 沦为准官僚体制的"利益收割机"。不过，与公私部门相互依赖相反的是公私部门目标冲突，企业在利润最大化原则的指导下，将只会关注那些会为其盈利的行业，使得行业之间发展不平衡，公众的某些公共品需求得不到满足，这就是所谓的"撇脂现象"。

其次，某些行业公共品的提供会使得 PPP 模式面临诸多技术、政策和政治等方面的障碍。比如，对类似战斗机、军舰、核武器、监狱等产品或者其他多数公共服务而言，"如果不是政府需要，根本就不会有市场"。并且，大多数公共品和服务具有自然垄断特征，经营主体唯一化后极有可能产生效率不高、品质下降、供给延迟等问题。

再次，不合适的风险分担机制将会导致公共部门更高的风险溢价。一般来说，特定的风险应当分配给最能够影响风险结果的那方以使得该风险对项目的危害最小化；合作各方都无法控制及管理的风险应当分配给风险承担能力最强的那方；合作各方都能够控制及管理的风险则应当分配给能够以最低成本有效管理该风险的那方。然而在 PPP 实践运行中，政府往往将风险转移给企业，并不能有效地完成公共项目及其产品提供。

最后，建立在合同基础之上的 PPP 项目公共品的供给缺乏弹性。PPP 项目的合同条款往往在实际操作中不够灵活，加上政府将责任转移至企业，将会削弱其影响公共服务的能力。由此可知，运用 PPP 模式提供公共品时，极易出现利益依赖、行业垄断、风险分担失调及产品供给缺乏弹性等方面的失灵问题。

对既有治理模式的重构、优化目的在于提高公共品供给的效率，从而更好地满足居民对公共服务的需求。从这个角度上来看，PPP 模式本来就是对政府购买公共服务的传统模式的改革，其终极目标就是更好地服务居民，而不是将更好地服务居民作为政府改革的一项"副产品"。

二、出现"管理鸿沟"

PPP 模式是在新公共管理和新自由主义背景下提出的，是旨在改进政府治理模式，改变政府行为方式，提升公共服务质量，拓宽公共服务范围的治理模式改革。作为一种新的公共服务提供机制，甚至作为一种全新的治理模式，这种公共治理模式改革增加了治理主体，使得治理主体间关系更加复杂化。

从某种程度上来讲，PPP 模式亟须一种灵活性授权、弹性化管理和网络化协作的政府管理体制。然而，现实管理体制并不能满足这种管理需求，从而造成巨大的"管理鸿沟"。一方面，政府内部管理碎片化撕裂公共部门与企业合作的权力资源基础。在 PPP 项目运行过程中，合作所需要的各种信息、资源和权力被分散在各个层级、职能部门和行政区域以及跨期领导者之间，增加政府内部各层级、各部门和各区域间及跨期协调合作的交易成本，削弱了合作的权力资源的配置基础，加剧了公共部门与企业合作的难度。另一方面，公私部门之间各种内在差异增加了两者之间的弥合难度。公私部门之间本质属性不同，其职责范围有着巨大差异。

PPP 模式的发展需要新的制度框架、制度思维和制度逻辑。当前政府建立在传统公共服务提供模式基础之上的管理框架有可能并不适合 PPP 模式。一方面，各地规章制度不健全；另一方面，监管措施不到位。大多数地方政府都只是沿用以前对投资的监管框架、监管思维，很少根据 PPP 模式的性质、操作流程或者其运行机理对监管机制进行创新。特别是，虽然某些地方设有 PPP 领导小组，但是很少有 PPP 管理机构，同样只是沿用一事一议的管理思维，缺乏统筹全局的长远考虑。

综上所述，PPP 模式最初的出发点是为了缓解财政压力、增加项目融资效率、提升公共品供给效率、更好地实现其公共价值，并通过"倒逼机制"实现政府管理方式的改革。但是任何一项模式的改变必然是利弊共存的，合理的机制设计、组织流程的重构和公共价值重塑可能是未来 PPP 实践过程中解决这些问题的目标方向。

三、公共伦理丧失

在传统政府采购模式下，政府进行产品和服务的采购是为了给政府提供更好的公共品，尽管在采购过程中会出现管理成本过高、公务人员贪污腐败和公共品供给效率低下等问题，但是其公共伦理价值是导向公众的。从这个角度出发，公共利益应该是 PPP 模式运行的最高利益考量，其制度安排应以公共利益价值目标为中心。尽管 PPP 模式在通过平民主义、公民社会等观念重塑社会价值方面能够起到很大的推动作用，但它似乎在以下方面并未表现出其应有的公共伦理价值。

首先，问责制在 PPP 模式中很难实施。由于决策权威和公共服务供给责任转移至企业，公共部门改革隐藏了责任制，并且很难使政治家和公共服务者对"体制性距离"（systematically distanced）和不是直接控制的决策负责。

其次，PPP 项目的透明度难以保证。虽然某些 PPP 项目具有很好的透明度，但是在多数 PPP 项目中，公共项目信息提供往往是不足、不准且令人误解的。同时，由于 PPP 项目具有长期性、革新性且常常具有复杂的融资结构，使其往往跳出传统金融监管体系，这也最终导致它因缺乏透明度而损坏项目的合法性。

再次，政府对公众公共服务需求的回应性缺乏保障。一般来说，政府会承诺不允许未来政府调整合同内容，当合同面对未来政治、经济和社会等方面的不确定性时，其实际操作将缺乏灵活性，对公众的公共服务需求作出回应及改变极其困难。与此同时，当企业掌管了公共服务的实际提供之时，政府是否能够再履行其公共服务提供责任也是值得担心的。

最后，社会公平很难确保。公私部门代表不同利益主体并拥有不同价值取向，一般来说，公共部门制定和执行公共政策，实施公共管理，提供公共服务，维护公共利益，在价值取向上，更关注代表性、合法性、程序性与回应性。由于官僚体制路径依赖上的影响，其行为方式更加倾向于章程的建构和完善、责任的分担与厘清、自上而下的贯彻和执行。与此不同的是，企业追求利润最大化基础之上的优胜劣汰法则下的存活，追求企业盈利、成本节省和效率提高。两者在目标价值、组织文化和行为方式上的差异，增加了公私部门在同一框架下统一步调行事的难度，在面对相同问题时往往采取不同对策，这是 PPP 模式的最大价值冲突。

因此，企业会更为偏重自身的利润最大化而忽视了公众需求；公共部门则会因为合作的诸多限制而难以实现公共责任和履行公共利益代言人的角色。企业在追求利润最大化的过程中，少数人支配项目和财富日趋集中现象极易出现，若政府不加管制或者管制不善，社会公平将会受到极大损害。由此，政府通过 PPP 模式将公共责任和风险转嫁到企业身上之时，若不适时提升政府的"掌舵能力"，包括问责制、透明度、回应性和社会公平等在内的公共伦理价值将面临丧失的风险。

综上所述，在现行的行政管理体制下，如何协调两者的这些冲突成为摆在既有行政管理体制面前的一大难题。无论如何，PPP 模式即使改造着既有的政府管理模式，形成一种政府改革的"倒逼模式"，但也的确给现有政府管理体制、行为方式和权力资源分配格局造成极大的挑战。政府应根据自身实际，扎实推进 PPP 模式。今后推进 PPP 模式，需要运用系统思维方式，全方位完善 PPP 相关制度，推动政府治理能力现代化，提升公共服务效率与质量。

案　例　篇

　　中国化学工程集团有限公司（China national chemical engineering group corporation ltd，CNCEC）是国务院国资委直接监管的大型工程建设企业集团，中化学南方建设投资有限公司是中国化学工程集团有限公司旗下的全资子公司，以PPP、EPC等多种方式提供规划设计、产业招商、投资融资、建设施工及运营维护等全方位服务。江西省赣州市南康区公共服务（三期）工程是中化学南方建设投资有限公司与南康区政府采用政企合作（PPP）模式运作的典型项目案例之一。该项目于2018年正式启动，目前顺利进入运营期，项目实施过程遵循PPP模式的规范要求，兼具经济效益和社会效益，对于同类基础设施建设项目具有较好的示范价值。本篇以此项目作为典型案例，从项目总体概况、实施要点、运营绩效、存在风险、借鉴价值等方面对项目实施全过程进行详细分析，以丰富PPP既有理论，同时为PPP实践提供经验启示。

| 第六章 |

项目总体概况

第一节　项目基本情况

一、项目名称

赣州市南康区公共服务（三期）PPP 项目。该项目包含 5 个子项目，分别为：

子项目1：赣州港至机场快速路连接线工程项目；

子项目2：和谐大道西延（南康区段）工程项目；

子项目3：南康区城区背街小巷提升改造及城区道路"白加黑"工程项目；

子项目4：南康区 2018 年农村公路拓宽改造提升工程项目；

子项目5：南康经济开发区工业园基础设施项目。

二、项目类型

该项目包括 5 个子项目，项目类型按建设内容划分为新建或改建项目。具体各子项目类型如表 6-1 所示。

表6-1 项目类型

序号	子项目名称	项目类型	PPP 模式
1	赣州港至机场快速路连接线工程项目	新建	BOT
2	和谐大道西延（南康区段）工程项目	新建	BOT
3	南康区城区背街小巷提升改造及城区道路"白加黑"工程项目	改建	ROT
4	南康区 2018 年农村公路拓宽改造提升工程项目	改建	ROT
5	南康经济开发区工业园基础设施项目	新建	BOT

三、项目背景

（一）区域和产业发展情况

1. 区域发展情况

赣州市位于赣江上游，江西南部。东邻福建省三明市和龙岩市，南毗广东省梅州市、韶关市，西接湖南省郴州市，北连吉安市和抚州市，全市总面积 39379.64 平方千米，占江西总面积的 23.6%[①]，为江西省最大的行政区，是江西省的南大门，是江西省面积最大、人口和下辖县市最多的地级市。赣州市是珠江三角洲、闽东南三角区的腹地，是内地通向东南沿海的重要通道之一，也是连接长江经济区与华南经济区的纽带。"据五岭之要会，扼赣闽粤湘之要冲"[②]，自古就是"承南启北、呼东应西、南抚百越、北望中州"的战略要地[③]。

赣州是江西省省域副中心城市，拥有 4 个国家级经济技术开发区和江西省首个综合保税区。赣州是全国稀有金属产业基地和先进制造业基地、红色文化传承创新区和著名的红色旅游目的地、区域性综合交通枢纽、原中央苏区振兴发展示范区、赣粤闽湘四省通衢的区域性现代化中心城市。赣州都市

[①] 中化建工程集团南方建设投资有限公司.赣州市南康区 PPP 项目可行性研究报告 [R]. 2018.

[②] [清] 魏瀛修，[清] 钟音鸿纂.赣州府志（清同治版）[M].南昌：江西人民出版社影印，2018.

[③] 赣州市南康区地方志办公室编.南康县志（明嘉靖三十四年）[M].赣州：赣州市南康区地方志办公室重刊，2021.

区也是江西省重点培育和发展的三大都市区之一。赣州是世界重要的钨产地，有"世界钨都"之称。赣州是国家历史文化名城、国家卫生城市、中国优秀旅游城市、国家园林城市，也是中部最佳投资城市、粤商最佳投资城市、浙商最佳投资城市、深港企业最佳投资城市和中部六省份加工贸易梯度转移重点承接地。

为适应赣州市现代化建设的需要以及促进赣州市交通的可持续发展，构建便捷、安全、高效的交通体系是十分必要的。南康机场快速路和东山北路，联结了南康城区与赣州经济技术开发区及黄金机场，以及南康城区与南康北部各乡镇，是赣州市南康规划路网中南北方向的重要通道。

南康地处江西省西南部，居赣江上游，是赣州市三个市辖区之一。南康区位置优越、交通便利，除黄金机场及规划建设中的高铁站外，还有 2 条铁路、3 条国道、4 条高速公路，形成了立体网络式交通格局，距南昌、广州、深圳、厦门均为 4 个小时左右车程。

2. 产业发展情况

南康家具产业已成为全国最大的实木家具生产基地、国家新型工业化产业示范基地、全国第三批产业集群区域品牌示范区，家具产业集群产值在 2016 年突破千亿大关，达到 1020 亿元。2017 年 1～7 月，家具产业集群实现产值 702 亿元，增长 19.6%。全区拥有家具企业 7500 多家，从业人员 40 多万，专业家具市场面积 180 万平方米，建成营业面积和年交易额均位居全国前列，是"全国知名品牌创建示范区""家具产品质量提升创建示范区"，拥有"中国驰名商标" 5 个。在家具产业的带动下，现代服务业快速发展，建成了赣南汽车城、物流商贸城、金融中心等一批公共服务平台，拥有物流企业 450 多家，线路 1300 多条，基本覆盖全国各地；拥有金融机构 56 家，是省级金融改革试验区，存款、贷款余额分别达到 448 亿元、310 亿元；电商及相关配套企业达到 1200 家，2016 年电商交易额突破百亿元达到 118 亿元，被商务部授予"全国电子商务示范基地"称号。2017 年上半年，实现电商交易总额 113 亿元，增长 56.9%[①]。

南康区公共服务（三期）PPP 项目将在进一步完善赣州市南康区城区的基础设施条件、满足城市交通服务功能要求、促进城区的快速发展及提高城

---

① 南京卓远资产管理有限公司. 南康区工业园基础设施建设项目可行性研究报告［R］. 2020.

市品位中，起到积极的推动作用，对改善交通环境和投资环境，并加快整个规划区的开发建设速度，提升南康区的区位优势，挖掘规划区内土地增值的潜力都有积极意义。

（二）政府决策的部署

2017年，赣州市委、赣州市人民政府对"六大攻坚战"的决策部署中，与项目相关的内容如下所示。

1. 大力推进城市路网建设，加快拉开城市框架

构建与中心城区一体化的城市综合交通网络，畅通微循环，打通断头路，大力推进一批城市主、次干道，加快构建路网完善、结构合理、快速高效的城市道路交通体系。推进苏访贤大道、东山北路北延工程、赣南大道西延、通港大道4条城区主干道，拓宽改造迎宾南大道等4条道路，升级改造芙蓉大道、金赣大道、文峰大道3条"白改黑"工程。

2. 大力优化公交体系，构建便捷的城市公共交通

扶持发展快速公交和智能交通，推进公交总站等城市综合交通枢纽建设。

3. 大力完善城市配套功能，提升城市承载能力

统筹兼顾城区供水、排水、排污、供气、供电、通信等市政建设，推进地下管网建设和改造，搞好地上地下空间综合开发利用。

4. 大力提升公共服务水平，共享城市发展成果

坚持共享发展理念，加快完善城市公共服务设施。主要包括城区主要道路、公园景观升级改造工程，体育公园及平战工程，小游园、公共停车场新建工程，以及学校、医院、农贸市场的新建和升级改造。

5. 大力加快中心镇基础设施建设，推进城乡统筹发展

按照城乡一体化的发展思路，加快构建以新型工贸和传统村落为特色的唐江全省百强中心镇、以乡村旅游和安全农业为特色的横市市级重点示范镇建设，带动南部、中部、北部片区城乡一体化发展。

南康区公共服务（三期）PPP项目是南康区城市框架的一条重要通道，该项目的实施将进一步完善南康区城市基础设施建设，提升南康区城市综合承载能力。

（三）项目所在地基本情况

南康是江西省赣州市辖区之一，东邻章贡区、赣县区，南通信丰县，西

连上犹县、崇义县、大余县，北接吉安遂川县、万安县，属原中央苏区县和罗霄山集中连片特困地区，是中国甜柚之乡、中国实木家居之都。全区总面积 1722 平方千米，辖 18 个乡镇、2 个街道，人口 86 万（其中，凤岗镇、三江乡和唐江、太窝 9 个村共 10 万人、119 平方千米，已于 2016 年划归赣州经开区管理）[①]。

赣州市南康区公共服务（三期）PPP 项目是南康区政府 2018 年 4 月 1 日发起的采用公开招标方式的市政工程项目，中化学南方建设投资有限公司于 2018 年 10 月 16 日中标后开始进行项目筹备工作。赣州市南康区财政状况良好，2016 年实现生产总值 188.24 亿元，财政总收入 25.82 亿元，500 万元以上固定资产投资 171.6 亿元，主要经济指标总量和增幅位居赣州市前列。2020 年上半年，实现生产总值 92.59 亿元，增长 10.1%；完成 500 万元固定资产投资 71.52 亿元，增长 14.5%；实现规模以上工业增加值 40.71 亿元，增长 9.4%；实现财政总收入 15.59 亿元，增长 8.1%；实现外贸进出口 12486 万美元，增长 48.3%，其中出口 9901 万美元，增长 36.1%[②]。

主要经济指标增速保持全市一类县（区、市）前 3 名，实现"八个突破"：地区生产总值突破 200 亿元，增长 9.6%；加上压库收入，财政总收入突破 30 亿元，同口径增长 19.4%；国税收入首超地税，税源结构发生历史性变化；一般公共预算收入突破 20 亿元，同口径增长 18.9%；工业固投和工业税收分别突破 100 亿元、10 亿元，增长 26.9%、48.5%，三年任务两年完成；一般公共预算支出和政府性基金预算支出合计突破 100 亿元，列全市各县（区、市）第一；各项筹资总额突破 100 亿元，有力保障了重大项目建设支出；农村居民人均可支配收入突破 1 万元达 10238 元，增长 11.7%。其他指标增速保持前列：500 万元以上固定资产投资增长 14.6%，规模以上企业工业增加值增长 9.3%，社会消费品零售总额增长 12.2%，出口总额增长 27.1%，城镇居民人均可支配收入增长 8.8%[③]。

赣州市南康区公共服务（三期）PPP 项目的建设是加快南康经济开发区建设的需要，也是促进经济可持续发展的重要举措。

[①][②][③] 南京卓远资产管理有限公司. 南康区工业园基础设施建设项目可行性研究报告 [R]. 2020.

四、实施机构

赣州市南康区区政府（以下简称"政府方"）授权赣州市南康区城市建设管理局（以下简称"区建设局"）作为该项目实施机构，通过公开招标方式选定社会投资人为中化学南方建设投资有限公司（以下简称"中化南投公司"），双方共同出资组建赣州市南康区拓康工程项目建设有限责任公司（以下简称"项目公司"）实施该项目，负责项目准备、采购、监管和移交等工作。

五、授权出资代表

政府方授权赣州市南康区城市建设发展集团有限公司（以下简称"城发公司"）为该项目的政府方授权出资代表，与中化南投公司按约定出资比例成立项目公司，并承担相应的权利和义务。

六、项目协调领导机制

为确保该项目的顺利实施，区政府成立 PPP 项目领导小组（以下简称"领导小组"）。该项目领导小组成员包括南康区区建设局、区财政局、区金融工作局、区发改委、区城管局、经开区管委会、区交通运输局、区审计局、城发公司等相关部门领导。该项目领导小组牵头对 PPP 项目操作进行指导，并对 PPP 项目实施方案、采购文件及合同文件等进行联审，推进项目进展。项目领导小组下设办公室，负责组织、指挥和协调项目前期相关的日常工作。

七、项目采用 PPP 模式的必要性和可行性

（一）项目采用 PPP 模式运作的必要性

1. 宏观层面

PPP 模式作为一种机制创新，实现了传统政府融资模式和市场融资模式的结合，能够在风险共享、分担融资的情况下达到最合理的成本控制。政府

投融资模式的优点是能够依托政府财政和良好的信用快速筹措到资金，操作简便、融资速度快、可靠性大；缺点是对政府财政产生压力融资能力不足，同时不利于企业进行投资主体多元化的股份制改制。相比于上述传统融资模式的优缺点，PPP 模式更适合南康区区情，该项目采用 PPP 模式的优点主要有以下四点。

（1）凝聚社会力量建设基础设施。

引入中化南投公司投资并参与该项目建设，有利于提高南康区市政基础设施建设水平，激发经济活力和创造力，形成多元化、可持续的公共服务资金投入渠道，汇聚社会力量增加公共产品和服务供给。

（2）缓解政府财政支出压力。

根据《国务院关于加强地方政府性债务管理的意见》《国务院关于深化预算管理制度改革的决定》的文件精神，"政府与社会资本合作项目中的财政补贴等支出按性质纳入相应政府预算管理"，即政府对于 PPP 项目的支付义务仍要纳入预算。由此可见，PPP 将成为地方政府未来除举债融资外解决"公益性事业"资金问题的重要方式。

（3）分散和降低政府承担风险。

该项目采取 PPP 模式，由中化南投公司承担与融资、建设、设施维护等相关的风险；同时从中化南投公司角度讲，采用 PPP 模式参与公共服务三期建设，有助于将其不能承担的政治风险、政策风险分配给政府方承担，政企双方都实现了风险的优化配置。

（4）拓宽社会资本投资空间。

据有关统计数据表明，近年来，民间基础设施建设投资占总基建投资的比例在逐年提高。民间资本已经成为推动经济发展的重要力量，同时也是财政收入的重要来源及劳动就业的主要渠道之一。

PPP 模式是投融资领域的一次革新，有利于民营资本加快发展。PPP 模式将政府和民间资本的关系确立为合作伙伴，具有利益共享、风险共担的优点，政府不仅能够有效利用民间资本进行项目建设和运作，还能带动民间资本和国有资本之间进行高效竞争，使民营企业获得公平、公正、公开的进入权限，产业链布局、项目运作等工作会更加有效。

2. 微观层面

具体而言，南康区公共服务（三期）PPP 项目与 PPP 模式的适配度体现在以下四个方面。

（1）项目属性。

该项目的项目属性为对建设与交付期间高效的风险管理具有一定要求的重要投资项目；同时，政府方与中化南投公司合作期限是长期的，固定资产也属于可长期使用。

（2）项目交易。

首先，该项目的项目设施及其服务的自然属性在长期的寿命期内是可以被定价的；其次，该项目规模足够大，能够确保前期准备工作以及招投标谈判等交易成本能够与之相称。

（3）风险分配。

一方面，政府方和中化南投公司之间的风险分配能够清晰地界定和落实。另一方面，政府方可以将服务需求定义为产出或成果要求，以便准确地形成合同，保证中化南投公司在后续服务可以达到高效、公平及可被问责。

（4）设施服务。

从物有所值角度来说，中化南投公司会交付所需设施和服务的专门知识；从技术角度来说，该项目所需技术和其他方面具有稳定性，不易受短期快速变化的影响，并且当项目涉及的设施受快速发展的技术影响时，PPP 合同能灵活地作出相应的调节安排。

（二）项目采用 PPP 模式运作的可行性

1. PPP 模式应用的政策环境日趋成熟

自 2014 年以来，国务院、财政部、国家发改委相继发布了《关于创新重点领域投融资机制鼓励社会投资的指导意见》《关于推广运用政府和社会资本合作模式有关问题的通知》《关于规范政府和社会资本合作合同管理工作的通知》《政府和社会资本合作模式操作指南（试行）》《基础设施和公用事业特许经营管理办法》等一系列文件，为 PPP 模式的推广和应用提供了日趋成熟的政策环境。同时，该项目建设符合《国务院关于支持赣南等原中央苏区振兴发展的若干意见》的大政方针，符合中央新时期赣南等原中央苏区工作的总体部署及促进区域协调发展的战略举措，也符合《南康区城市总体规划》《南康区土地利用总体规划》《南康经济开发区控制性详细规划》的要求。

2. 政企双方参与 PPP 项目的积极性高

上述一系列政策制度的出台，加快了政企合作领域法治化和制度化进程，进一步规范了 PPP 项目的运作流程，确保社会资本能够公平、公正、公开地参与市场竞争和项目运营，降低了社会资本投资基础设施 PPP 项目的各种不确定风险，社会资本投资热情高涨。同时，政策的出台也使得政府在参与项目过程中有法可依。政府各部门和广大社会资本均有较高积极性参与 PPP 项目。政府方对南康区公共服务（三期）PPP 项目高度重视，有关部门大力支持，协同配合，为该项目成功建设提供强有力的政策保障。

3. 项目投资回报有保障

该项目采用政府付费模式。项目公司提供项目设施建设、运营维护服务，财政部门将根据预算管理要求，依据项目合同约定将财政支出责任纳入年度预算和中期财政规划，按项目绩效考核结果向中化南投公司支付相应对价，保障其获得稳定合理收益。

近年来，随着各项改革的深入，政府方抓住京九铁路贯通、国家扩大内需促进经济增长等一系列机遇，大力建设各项基础设施，努力调整产业结构，发挥自身资源优势，稳步推进各项改革，使区域经济和社会事业获得很大的发展。当前，面临史无前例的良好发展机遇的同时，项目建设将使覆盖区群众受益，因而深受当地群众期待和欢迎。项目建设的社会环境条件良好。

综合可行性研究分析，该项目建设切实符合南康区城区发展与南康区经济社会发展实际，工程设计方案技术先进，采用 PPP 模式进行项目建设的筹资方案合理，有充足的保障，同时项目建设的任务极为迫切，社会效益非常显著，因而该项目建设是十分必要的，项目方案是可行的。

第二节　实施方案编制依据

一、国务院政策文件

（1）《国务院关于加强地方政府性债务管理的意见》；

（2）《国务院关于创新重点领域投融资机制鼓励社会投资的指导意见》；

（3）《关于在公共服务领域推广政府和社会资本合作模式指导意见的通知》；

（4）《国务院关于深入推进新型城镇化建设的若干意见》。

二、财政部政策文件

（1）《财政部关于推广运用政府和社会资本合作模式有关问题的通知》；

（2）《关于政府和社会资本合作示范项目实施有关问题的通知》；

（3）《政府和社会资本合作模式操作指南（试行）的通知》；

（4）《关于规范政府和社会资本合作合同管理工作的通知》；

（5）《关于政府和社会资本合作项目政府采购管理办法的通知》；

（6）《关于政府和社会资本合作项目财政承受能力论证指引的通知》；

（7）《关于市政公用领域开展政府和社会资本合作项目推介工作的通知》；

（8）《关于进一步做好政府和社会资本合作项目示范工作的通知》；

（9）《关于规范政府和社会资本合作（PPP）综合信息平台运行的通知》；

（10）《PPP物有所值评价指引（试行）》；

（11）《PPP物有所值评价指引（修改版征求意见稿）征求意见》；

（12）《关于进一步共同做好政府和社会资本合作（PPP）有关工作的通知》；

（13）《关于联合公布第三批政府和社会资本合作示范项目加快推动示范项目建设的通知》；

（14）《关于印发〈政府和社会资本合作项目财政管理暂行办法〉的通知》；

（15）《关于规范政府和社会资本合作（PPP）综合信息平台项目库管理的通知》；

（16）《关于进一步加强政府和社会资本合作（PPP）示范项目规范管理的通知》。

三、发改委政策文件

（1）《关于开展政府和社会资本合作的指导意见》；

（2）《政府和社会资本合作项目通用合同指南》；

（3）《关于推进开发性金融支持政府和社会资本合作有关工作的通知》；

（4）《关于切实做好基础设施和公用事业特许经营管理办法贯彻实施工作的通知》；

（5）《关于印发〈项目收益债券管理暂行办法〉的通知》；

（6）《国家发展改革委关于印发〈传统基础设施领域实施政府和社会资本合作项目工作导则〉的通知》；

（7）《关于鼓励民间资本参与政府和社会资本合作（PPP）项目的指导意见》。

四、项目批复及其他相关文件资料

（1）《赣州港至机场快速路连接线工程可行性研究报告》及其批复；

（2）《和谐大道西延（南康区段）工程可行性研究报告》及其批复；

（3）《南康区城区背街小巷提升改造工程及城区道路"白改黑"工程可行性研究报告》及其批复；

（4）《南康区 2018 年农村公路拓宽改造提升工程可行性研究报告》及其批复；

（5）《南康经济开发区工业园基础设施项目可行性研究报告》及其批复；

（6）项目有关规划、技术标准规范、收费标准、项目单位提供的其他相关文件材料。

第三节　技术经济指标

一、项目选址

该项目位于江西省赣州市南康区，各子项目选址如表 6-2 所示。

表 6-2　　　　　　　　　　　　　　　各子项目选址

序号	子项目名称	选址
1	赣州港至机场快速路连接线工程项目	第一部分，机场连接线西起东山北路，南至本次设计机场快速路；第二部分，第一部分终点往南，跨过章水河支流，经特色小镇，沿章水河西岸往南延伸，跨越章水河，止于滨江大道；第三部分，东山北路上跨赣南大道
2	和谐大道西延（南康区段）工程项目	位于龙岭镇，道路起于蓉江新区蓉江七路，沿西南方向延伸与绕城高速连接线相接
3	南康区城区背街小巷提升改造工程及城区道路"白加黑"项目	城区背街小巷提升改造工程位于南康城区，包括家具城市场、西门坝、社会停车场、河边街、接官亭等区域；城区道路"白改黑"工程位于南康城区，包括新康东大道、金水路、金山路、芙蓉北大道、南水新区主干道连接线、旭山北路（含东门北路）、工业南工业北大道、金泰大道与泓翔大道
4	南康区 2018 年农村公路拓宽改造提升工程项目	南康区龙华乡、麻双乡、横市镇、赤土畲族乡、横寨乡、坪市乡、十八塘乡、唐江镇、朱坊乡、大坪乡、隆木乡、龙岭镇、龙回镇
5	南康经济开发区工业园基础设施项目	位于南康经济开发区家具产业园和镜坝工业园内

二、项目建设内容及规模

（一）赣州港至机场快速路连接线工程项目

该项目分为三个部分：第一部分，机场连接线西起东山北路，南至本次设计机场快速路，路线全长约 1100 米，为地面道路，总宽度为 60 米，与近期机场快速路平交。第二部分，第一部分终点往南，跨过章水河支流，经特色小镇，沿章水河西岸往南延伸，跨越章水河，止于滨江大道，线路全长约3700米，总宽度为60米，与机场连接线平交。第三部分，东山北路跨赣南大道立交工程，总长491.275米，高架桥长146.170米。工程项目主要技术指标如表6-3所示。

表6-3　　　　　赣州港与机场快速路连接线工程项目主要技术指标

序号	项目	技术指标
1	道路等级	城市主干路
2	红线宽度	红线宽度：60米
3	设计速度	地面道路：50千米/小时； 远期机场快速路（高架）：80千米/小时
4	净空高度	高架道路机动车道：≥4.5米； 地面道路机动车道：≥5.0米； 非机动车道和人行道：≥2.5米
5	荷载等级	路面结构计算荷载：BZZ-100型标准车； 桥梁：汽车荷载按城-A级取值； 人群荷载按现行《城市桥梁设计荷载标准》取值
6	桥梁结构设计基准期	100年
7	地道结构设计使用年限	100年

（二）和谐大道西延（南康区段）工程项目

该项目起于蓉江新区蓉江七路，沿西南方向延伸与绕城高速连接线相接，新建道路长约3.4千米。项目路面为沥青路面，断面式为人行道4米+非机动车道7米+绿化侧分带2米+机动车道12米+中央分隔带4米+机动车道12米+绿化侧分带2米+非机动车道7米+人行道4米，道路红线宽度不低于54米，设计行车速度50千米/小时，所采用的主要技术指标如表6-4所示。

表 6 - 4　　　　　和谐大道西延（南康区段）工程项目主要技术指标

序号	项目	机动车道
1	道路等级	城市主干道
2	计算行车速度	50 千米/小时
3	红线宽度（标准段）	54 米
4	行车道数	双向六车道
5	路面计算荷载	BZZ－100 型标准车
6	路面结构形式	沥青路面
7	路面设计年限	15 年
8	桥下净空	5 米
9	通航等级	无
10	抗震要求	地震动峰值加速度系数 0.05g，结构重要性系数 1.3

（三）南康区城区背街小巷提升改造及城区道路"白改黑"工程项目

该项目包括城区背街小巷提升改造工程和城区道路"白改黑"工程两部分。其中，城区背街小巷提升改造工程共有道路 188 条，总长 46.2 千米，总面积约 46.1 万平方米。其中包括家具城市场区域，包含道路 112 条，长 30公里，面积约 30 万平方米；西门坝区域，包含道路 28 条，长 4200 米，面积约 2.6 万平方米；社会停车场区域，包含道路 15 条，长 2300 米，面积约 3万平方米；河边街区域，包含道路 15 条，长 5500 米，面积约 6 万平方米；接官亭区域，包含道路 18 条，长 4200 米，面积约 4.5 万平方米。建设内容包含"一拆""两整""三改""四化"，即拆除违建、整管线、整标识；改管网、改排污、改道路；绿化、亮化、美化、特色化。

城区道路"白改黑"工程共 8 条城区道路，包括：新康东大道（城区主干道）长度约 1200 米，面积约 3 万平方米；金水路（城区次干道）长度约760 米，面积约 2.5 万平方米；金山路（城区次干道）长度约 1000 米，面积约 1.8 万平方米；芙蓉北大道（城区次干道）长度约 3400 米，面积约 9.3 万平方米；南水新区主干道连接线含文澜路、南平路、南原路、幸福路、南华大道总长度约 3100 米，面积约 5 万平方米；旭山北路（含东门北路）工程

（城区主干道）长度约2.4千米，面积约4.5万平方米；工业南、工业北大道（城区次干道）长度约2.5千米，面积约10万平方米；金泰大道、泓翔大道（城区次干道）长度约2.5千米，面积约9.4万平方米。总长约16860米，面积约45.5万平方米。建设内容包括修补破损路面、安装排水排污管、沥青罩面、改造人行道、安装路缘石等。主要技术指标如表6－5所示。

表6－5 南康区城区道路"白改黑"工程项目主要技术指标

序号	项目	内容		
1	设计时速	城市主干路	3条	40千米/小时
		城市次干路	5条	30千米/小时
2	设计年限	道路改建，设计年限参照国家相关规范		
3	设计荷载	BZZ－100		
4	路面形式	混凝土面板上加铺沥青混凝土路面		

（四）南康区2018年农村公路拓宽改造提升工程项目

按照《南康区2018年农村公路拓宽改造提升工程计划表》，该项目共计55条道路，道路总里程约196.9千米。项目主要建设内容为上述道路部分路段的路基工程、路面工程、桥梁涵洞工程、交叉工程、公路设施工程等。项目名称、公路等级等如表6－6所示。

表6－6 南康区2018年农村公路拓宽改造提升工程项目建设

序号	项目名称	公路等级	里程（千米）	公路性质
1	X666 赤江—龙华圩段升级改造	三级公路	7.7	县道
2	X662 长坑—圩下段升级改造	三级公路	3.5	县道
3	X670 叶坑小学—莲花路口段公路改造	三级公路	3.8	县道
4	X871 横市—狮古坑段升级改造	三级公路	4	县道
5	小水村坳下东至下基坑公路拓宽工程（县道改造）	三级公路	5.1	县道

续表

序号	项目名称	公路等级	里程（千米）	公路性质
6	窑下至青塘村公路拓宽	三级公路	5	县道
—	县道合计	—	29.1	—
7	甲口至坳缺孜乡道拓宽改造（甲口—老村部）	四级公路	3	乡道
8	土桥至大富乡道拓宽改造	四级公路	6.1	乡道
9	岭下至栋背乡道拓宽改造	四级公路	4.6	乡道
10	横寨乡冇田下至寨坑公路拓宽工程	四级公路	13	乡道
11	Y062大树（风雨亭）—下黄屋	四级公路	2.8	乡道
12	坪市村王屋组十三巷至莲花山自来水厂道路拓宽	四级公路	1.5	乡道
13	坪市乡自来水厂至李岭村委会道路拓宽	四级公路	4.5	乡道
14	十八塘乡马头村至欧田村乡道改扩建工程	四级公路	13.3	乡道
15	唐江镇Y036学田至长音、Y037长音至木塘乡道升级改造工程	四级公路	5.5	乡道
16	花树村新田坳至村部通村公路拓宽改造工程	四级公路	1.6	乡道
17	荷树村桥头圩至村部通村公路拓宽改造工程	四级公路	0.8	乡道
18	桥庄至蒋坑乡道升级改造工程	四级公路	7.6	乡道
19	大坪至中垒乡道升级改造工程	四级公路	5.1	乡道
20	大坪至西垒乡道升级改造工程	四级公路	11	乡道
21	东村村通村公路拓宽改造工程	四级公路	1.6	乡道
22	高峰村河坝里到木林路基拓宽	四级公路	4	乡道
23	鹅头上至南山	四级公路	5.9	乡道
24	枫树下至石塘乡道拓宽	四级公路	3.4	乡道
25	娄子下至猪婆塘乡道拓宽改造	四级公路	3.4	乡道
26	隆木乡Y004隆木至小东公路改建工程	四级公路	3.4	乡道
27	工业一路至高速公路涵洞乡道升级改造	四级公路	1.5	乡道
28	南山村新店组至下涧组乡道升级改造	四级公路	4	乡道
29	康唐路至东山北路北延路	四级公路	0.7	乡道

续表

序号	项目名称	公路等级	里程（千米）	公路性质
30	隆木乡 Y004 竹坪 105 国道至隆木街道	四级公路	10	乡道
—	乡道合计	—	118.3	—
31	稿背至新村村道拓宽改造	四级公路	1.2	村道
32	十八石至坑尾村道拓宽改造	四级公路	2.7	村道
33	土桥至西湖村道拓宽改造	四级公路	2.4	村道
34	赣南大道—赖屋高速路桥下	四级公路	0.6	村道
35	官坑大旺人造板厂至树背铁路三线桥公路	四级公路	1	村道
36	树背组树背栋至下廖坑公路	四级公路	1	村道
37	官坑桥至秀峰村公路	四级公路	1.5	村道
38	南康区横寨乡寨坑村牛巷子至李姑水库坝拓宽	四级公路	1.1	村道
39	南康区横寨乡寨里村长塘公路至寨里村部改造重建	四级公路	1.5	村道
40	南康区横寨乡寨里村康赤公路至桥头拓宽	四级公路	0.7	村道
41	龙回镇倒桥至仓下村公路扩宽改造工程	四级公路	1.5	村道
42	胜利村梧树至学堂排通村公路拓宽改造工程	四级公路	1.6	村道
43	土石村竹元至土墙通村公路拓宽改造工程	四级公路	2.4	村道
44	新志村俞屋段至坳上通村公路拓宽改造工程	四级公路	2.3	村道
45	高峰村坳下至高山小学路基拓宽	四级公路	0.2	村道
46	岗背至争上村道拓宽改造	四级公路	3	村道
47	牛石村周屋墩至牛石大桥公路拓宽改造	四级公路	5.3	村道
48	贤女埠至圳玄上	四级公路	4.5	村道
49	大坑—横石岭	四级公路	4.2	村道
50	文峰聚集区至上垄	四级公路	2.9	村道
51	石盘上—县道 511	四级公路	0.8	村道
52	大卫村主干道路面拓宽	四级公路	1.9	村道
53	洋坝路口至寨背坑	四级公路	0.2	村道
54	杏花村石角下至龟子脑公路改扩建	四级公路	3	村道
55	杏花村竹山排至夹河口公路改扩建	四级公路	2	村道
—	村道合计	—	49.5	—

南康区 2018 年农村公路拓宽改造提升工程项目主要技术指标如表 6-7 所示。

表 6-7   南康区 2018 年农村公路拓宽改造提升工程项目主要技术指标

序号	指标名称	单位	数量
1	公路等级	—	三/四级
2	设计速度	千米/小时	30/20
3	路基宽度	米	7.5/6.5、6.0、6.0、5.0
4	行车道宽度	米	6.5/6.0、5.5、5.0、4.5
5	汽车荷载等级	—	公路—II级
6	大中桥设计洪水频率	—	1/50
7	小桥涵、路基设计洪水频率	—	1/25

（五）南康经济开发区工业园基础设施项目

赣州市南康经济开发区工业园基础设施 PPP 项目包括三个子项目，即镜坝工业园道路及排水排污工程、家具产业园（三期）道路及排水排污工程及家具产业园截污干管工程。主要建设内容包含三个子项目的道路建设、雨水管道铺设、污水管道铺设、截污干管铺设，具体如下所示。

1. 镜坝工业园道路及排水排污工程

建设道路 6769 米，包括：产业大道 606 米，建业路 1535 米，兴业路 795 米，富民路 622 米，胜利路 1000 米，石海路 411 米，宏业北路 1000 米，石古路 800 米，并铺设道路沿线雨水管道 7049 米及污水管道 6539 米。

2. 家具产业园（三期）道路及排水排污工程

建设道路 5617 米，包括：经六路 1300 米，经七路 765 米，万泰路 454 米，纬四路 523 米，龙岭南路 1192 米，纬五路 650 米，长风大道 733 米，产业大道 606 米，建业路 1535 米，兴业路 795 米，富民路 622 米，胜利路 1000 米，石海路 411 米，宏业北路 1000 米，石古路 800 米，并铺设道路沿线雨水管道 4971 米及污水管道 5213 米。

3. 家具产业园截污干管工程

铺设污水管道 5127 米。

三、项目建设进度

该项目合作期为 15 年，其中建设期 3 年，运营期 12 年，于 2018 年开始建设，建设进度如表 6-8 所示。

表 6-8　　　　　　　　　　项目建设进度

序号	子项目	建设工期
1	赣州港至机场快速路连接线工程项目	建设工期 36 个月，2018 年 8 月至 2021 年 8 月
2	和谐大道西延（南康区段）工程项目	建设工期 18 个月，2018 年 12 月至 2020 年 5 月
3	南康区城区背街小巷提升改造及城区道路"白加黑"工程项目	建设工期 24 个月，2018 年 1 月至 2020 年 12 月
4	南康区 2018 年农村公路拓宽改造提升工程项目	建设工期 24 个月，2018 年 6 月至 2020 年 5 月
5	南康经济开发区工业园基础设施项目	建设工期 18 个月，2018 年 4 月至 2019 年 10 月

四、项目投资规模

该项目总投资（含部分建设期利息）为 288120 万元，其中建安工程费用为 186895 万元，设备及工器具购置费为 46 万元，工程建设其他费用（不含征地拆迁费）为 15501 万元，基本预备费为 14440 万元，征地拆迁费为 62967 万元，建设期利息为 8271 万元，该项目总投资如表 6-9 所示。

表 6-9　　　　　　　　　　项目总投资　　　　　　　　单位：万元

序号	子项目名称	建安工程费用	设备及工器具购置费	工程建设其他费用	基本预备费	征地拆迁费	建设期利息	项目总投资
1	赣州港至机场快速路连接线	65716	0	7145	7286	54329	6691	141168
2	和谐大道西延	19929	0	2138	1353	5000	1580	30000

续表

序号	子项目名称	建安工程费用	设备及工器具购置费	工程建设其他费用	基本预备费	征地拆迁费	建设期利息	项目总投资
3	城区背街小巷提升改造及城区道路"白加黑"工程	39972	—	2249	210	—	—	42431
4	农村公路拓宽改造提升工程	46710	46	3203	4824	3638	—	58420
5	园区基础设施建设和家具产业园截污干管工程	14568	0	766	767	0	0	16101
	合计	186895	46	15501	14440	62967	8271	288120

根据 PPP 项目合作模式调整（包括建设进度、资本金比例、融资利率等因素），考虑建设期利息，并剔除子项目 2 和子项目 5 的征地拆迁费，且控制子项目 1 的征地拆迁费上限为 4 亿元后的项目总投资为 271183 万元，其中建设期利息为 14301 万元，详细费用如表 6－10 所示。

表 6－10　　　　　　　　　项目总投资（PPP）　　　　　　　　单位：万元

序号	子项目名称	建安工程费用	设备及工器具购置费	工程建设其他费用	基本预备费	征地拆迁费	建设期利息	项目总投资
1	赣州港至机场快速路连接线	65716	0	7145	7286	40000	8466	128614
2	和谐大道西延	19929	0	2138	1353	—	804	24225
3	城区背街小巷提升改造及城区道路"白加黑"工程	39972	0	2249	210	0	1954	44385
4	农村公路拓宽改造提升工程	46710	46	3203	4824	—	2523	57305
5	园区基础设施建设和家具产业园截污干管工程	14568	0	766	767	0	553	16654
	合计	186895	46	15501	14440	40000	14301	271183

各子项目投资额构成、PPP 模式调整情况如下。

（一）赣州港至机场快速路连接线工程项目

总投资（不含建设期利息）为 141168 万元，其中建安工程费用 65716 万元，工程建设其他费用 7145 万元，基本预备费 7286 万元，征地拆迁费 54329 万元。

经 PPP 项目合作模式调整，该项目考虑建设期利息后的总投资为 128614 万元，其中建设期利息为 8466 万元，征地拆迁费暂按上限 4 亿元纳入总投资。

（二）和谐大道西延（南康区段）工程项目

总投资（含建设期利息）为 30000 万元，其中建安工程费用 19929 万元，工程建设其他费用 2138 万元，基本预备费 1353 万元，征地拆迁费 5000 万元，建设期利息为 1580 万元。

经 PPP 项目合作模式调整，并剔除该项目征地拆迁费，该项目重新测算建设期利息后的总投资为 24225 万元，其中建设期利息为 804 万元。

（三）南康区城区背街小巷提升改造及城区道路"白加黑"工程项目

总投资（不含建设期利息）为 42431 万元，其中建安工程费用 39972 万元，工程建设其他费用 2249 万元，基本预备费 210 万元。

经 PPP 项目合作模式调整，该项目考虑建设期利息后的总投资为 44385 万元，其中建设期利息为 1954 万元。

（四）南康区 2018 年农村公路拓宽改造提升工程项目

总投资（不含建设期利息）为 58420 万元，其中建安工程费用 46710 万元，设备及工器具购置费为 46 万元，工程建设其他费用 3203 万元，基本预备费 4824 万元，征地征地拆迁费 3638 万元。

经 PPP 项目合作模式调整，该项目剔除征地拆迁费，并考虑建设期利息后的总投资为 57305 万元，其中建设期利息为 2523 万元。

（五）南康经济开发区工业园基础设施项目

总投资（不含建设期利息）为 16101 万元，其中建安工程费用 14568 万元，工程建设其他费用 766 万元，基本预备费 767 万元。

经 PPP 项目合作模式调整，该项目考虑建设期利息后的总投资为 16654 万元，其中建设期利息为 553 万元。

五、项目资金来源

该项目资本金为项目总投资的 30%，即 81354 万元。中化南投公司与城发公司的出资比例为 9∶1，其中，中化南投公司出资 73220 万元，城发公司出资 8135 万元。

该项目所需的除项目资本金以外的其余资金由项目公司申请银行贷款或通过其他融资渠道解决，约为 189828 万元，具体如表 6-11 所示。

表 6-11　　　　　　　　　　项目资金筹措　　　　　　　　　单位：万元

序号	项目名称	合计	建设期			
			2018 年	2019 年	2020 年	2021 年
一	项目总投资	271182	91496	106974	56741	15971
1	建设投资	256882	90835	101670	51019	13358
1.1	建设投资（不含征地拆迁）	103569	21165	42330	26716	13358
1.2	征地拆迁	40000	40000	0	0	0
2	建设期利息	14301	662	5304	5722	2613
二	资金筹措	271182	91496	106974	56741	15971
1	资本金（SPV）	81354	49954	23517	7883	0
1.1	社会资本股权投资	73220	44959	21166	7095	0
1.2	政府股权投资	8135	4995	2352	788	0
2	银行贷款—建设投资贷款	189828	41543	83457	48857	15971

| 第七章 |

项目实施要点

第一节　项目前期准备

一、建设保障

为加强南康中心城区与经开区、新能源汽车科技城及黄金机场之间的交通联系，实现区域联动发展，完善区域路网建设，充分发挥路网交通功能，该项目的建设是十分必要的。同时，项目建设有利于改善区内交通条件，缓解交通拥堵，进而改善人民生活水平，促进道路沿线土地资源使用及开发。区建设局通过对项目建设条件、现状交通流量及预测流量、工程方案等进行分析研究，认为项目建设条件时机成熟，宜尽快开工建设。

在此背景下，政府方开始牵头有关部门组织研究该项目的运作模式。政府方研究认为选择推进该项目是在一定时间内、一定财力条件下最大限度增加公共产品服务供给的有效途径，让专业的人做专业的事，政企分工明确，能够切实提高工程建设管理水平和公共服务效率。

该项目前期工作相对比较深入和成熟，在开始社会资本采购前，区建设局已组织完成该项目的环境影响评价及报批、立项及可研报批、测勘、初步设计及审查、施工图设计及审查、工程量清单控制价编制等所有前期工作，项目边界清晰，可以按照 PPP 模式要求迅速启动。

二、组织保障

项目正式实施前，政府方成立 PPP 项目领导小组。该项目领导小组成员包括南康区区建设局、区财政局、区金融工作局、区发改委、区城管局、经开区管委会、区交通运输局、区审计局、城发公司等相关部门领导。该项目领导小组牵头对 PPP 项目操作进行指导，并对 PPP 项目实施方案、采购文件及合同文件等进行联审，推进项目进展。项目领导小组下设办公室，负责组织、指挥和协调项目前期相关的日常工作。

三、资金保障

（一）项目投资概况

该 PPP 项目主要包括道路建设、桥梁建设、综合管廊、公共服务设施建设和城市建设改造、美化、亮化工程。该 PPP 项目总投资约为 27.1 亿元，其中建安工程费用 18.7 亿元，建设其他费 5.55 亿元，基本预备费 1.44 亿元，建设期利息为 1.43 亿元。项目资本金占比 30%，金额为 8.13 亿元，以项目公司为融资主体申请项目贷款 18.98 亿元。

（二）整体融资安排

中化南投公司、中国化学工程第七建设有限公司（以下简称"七化建"）、国化私募基金管理（北京）有限公司（以下简称"国化基金公司"）联合政府出资代表设立 PPP 项目公司，注册资本金 2 亿元，社会资本方与政府方占股比为 9∶1。注册资本金 2 亿元，占项目资本金 8.13 亿元的比例为 24.6%。资本金中：中化南投出资 2.77 亿元，占总资本金的 34%；七化建出资 0.08 亿元，占总资本金的 1%；国化基金出资 4.47 亿元，占总资本金的 55%。

资本金以外的项目贷款 18.98 亿元，由项目公司通过融资贷款进行，分 3 年按照投资计划到位（见表 7-1）。

| 表 7 – 1 | 投融资计划 | | | 单位：万元 |

序号	内容	第 1 年	第 2 年	第 3 年	合计
一	每年投资总额	54236	135591	81355	271182
二	资本金	40678	20339	20338	81355
1	社会资本90%	36610	18305	18304	73219
1.1	中化南投34%	13831	6915	6915	27661
1.2	中化七建1%	407	203	203	813
1.3	国化基金55%	22373	11186	11186	44745
2	政府方代表10%	4068	2034	2034	8136
三	融资贷款	13558	115252	61017	189827

（三）资金来源保障

中化南投公司和国化基金公司有充足的现金储备，足以保证资本金出资。

资金保障条件：该项目须出具赣州市南康区人民代表大会或其常委会批准的将该项目的政府付费纳入市本级一般性财政支出预算及中长期财政规划的决议；该项目列入财政部政府与社会资本合作 PPP 项目库。

第二节　项目运作模式

一、合作范围与合作期限

（一）合作范围

政府方授权区建设局为实施机构，与项目公司签订《PPP 项目合同》，由项目公司在合作期内负责该项目的投融资、建设、运营维护管理和移交。

该项目建设内容以可行性研究报告及其批复文件、《PPP 项目合同》有关约定为准。该项目运营期内运营维护管理范围覆盖该项目红线范围内的所有运营及维护管理内容。

（二）合作期限

该项目合作运营期为 13 年，各子项目具体建设期按照项目建设进度设置。各子项目分别进行工程竣工验收，完成竣工验收手续后分别进入运营期。因征地拆迁、管线迁移及不可抗力因素等原因导致的建设期延长、工期顺延；因中选社会资本原因造成工程延误的，按照《PPP 项目合同》约定承担工期延误的违约责任，各子项目运营期均为 13 年。

二、项目运作方式选择

该项目包括 5 个子项目，按项目类型划分为新建或改建项目，其中新建项目采用 BOT（建设—运营—移交）模式运作，改建项目采用 ROT（改建—运营—移交）模式运作。项目公司负责本项目的投融资、建设、运营维护及移交等工作。

（1）政府方授权城发公司为政府方出资代表与中化南投公司按照出资比例 1∶9 共同组建项目公司。政府方授权区建设局为实施机构与项目公司签署《PPP 项目合同》，由项目公司负责该项目的投融资、建设、运营维护及移交等工作。

（2）建设期内，政府方负责该项目所涉及的征地拆迁工作，保证项目公司在合作期间可正常使用该项目用地；项目公司负责该项目的投融资及建设工作。

（3）运营期内，项目公司通过自行运营或委托第三方机构进行运营维护管理，提供该项目范围内所有建筑物、构筑物、配套及附属设施等内容的运营维护服务等；同时根据《PPP 项目合同》约定结合绩效考核情况从政府方获得政府付费。原则上，运营维护范围包括道路工程、桥梁工程、地下管线工程、公路工程及其附属设施的养护（含日常养护和小修，不含大中修）。

（4）根据《中华人民共和国招标投标法实施条例》《关于在公共服务领域深入推进政府和社会资本合作工作的通知》等文件，该项目涉及工程建设、设备采购或服务外包，如该项目已经依据政府采购法选定社会资本的，且社会资本依法能够自行建设、生产或者提供服务的，按照《招标投标法实施条例》第九条规定，项目公司将不再招标，由项目公司依法与社会资本签署合同，委托社会资本负责相应工作。

（5）区建设局联合区财政局及行业监管部门等政府有关部门对项目公司进行监管。

（6）合作期届满后，项目公司按照《PPP项目合同》约定将项目资产无偿移交给实施机构或区政府指定机构。

该项目运作方式如图7-1所示。

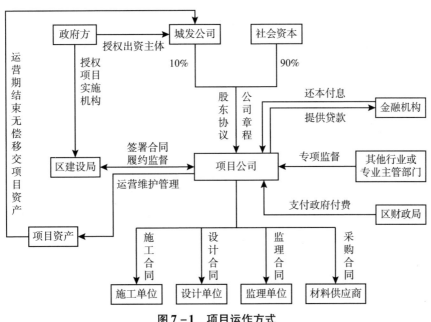

图7-1　项目运作方式

三、风险分配框架

按照风险分配优化、风险收益对等和风险可控等原则，政府和社会资本在综合考虑政府风险管理能力、项目回报机制和市场风险管理能力等要素的基础上合理分配项目风险。

原则上，项目融资、建造和运营维护等商业风险主要由社会资本承担，法律、政策等风险主要由政府承担，不可抗力等风险由政府和社会资本合理共担。政府方和社会资本方合理分配本项目风险，具体风险分配方式如表7-2所示。

表7-2 风险分配框架

风险因素分组	风险因素	政府	社会资本	共同承担	备注
项目审批	项目未通过立项审批	√			
	设计审批风险	√			
	施工准备手续，竣工验收工作导致的审批风险		√		政府方原因除外
设计	政府部门要求改变项目功能性要求	√			
	合同实施时，项目公司提出一个比较经济的施工方案，致使项目功能性要求改变		√		
	设计缺陷	√			
融资	政府方资金未及时到位	√			
	社会资本资金未及时到位		√		
	融资未及时到位		√		项目审批手续不全除外
	因社会资本方原因导致的项目融资成本增加		√		
建设	项目征地拆迁及土地获取风险	√			
	拆迁补偿款超限	√			
	项目建设内容及规模调减		√		
	投资控制风险		√		政府要求设计变更原因除外
	工程完工时间延后		√		非社会资本原因除外
	安全施工及技术、质量风险		√		政府方原因除外
	分包商/供应商的违约		√		
	在基础工程施工时，项目用地范围内发现文物	√			
	缺陷与隐蔽缺陷		√		
	工程竣工验收未达标		√		政府方原因除外

风险因素分组	风险因素	政府	社会资本	共同承担	备注
运营	缺陷责任期内的质量缺陷		√		
	维护成本高于预期		√		政府方原因除外
	经营收入严重低于预期		√		
	由于恐怖袭击、特殊灾害等事件而受到影响			√	
	政府方原因导致延迟支付政府付费	√			
移交	移交的资产不达标		√		
	合作期满后，本项目仍可以继续工作且符合移交标准，但已经不能满足即时的新要求	√			
	资产征用	√			
政治和政府政策	区本级出台新的行业政策标准，进而导致设计发生改变	√			
	税收政策的变化			√	
	对当地政府主管部门授予项目公司的运营维护权进行追索	√			
不可抗力	不可抗力			√	

四、项目移交

（一）项目前期移交

项目前期移交，即政府相关职能部门就已完成的项目前期工作，在《PPP项目合同》正式签订后，经领导小组协调，由区建设局组织向项目公司实施移交。

1. 移交范畴

（1）所涉及项目已完成的行政审批文件资料包括但不限于：项目立项及可行性研究报批阶段（含用地预审、水土保持、规划选址、建议书立项批复、可研审核批复等，免审批的文件除外）的资料与批复、土地使用批准文件及资料；

（2）所涉及项目已签订的合同、协议；

（3）所涉及项目已支出投资成本的财务凭证及明细表格等；

（4）其他必要的交接资料。

2. 移交标准

项目资料真实、完整，且均为资料原件；不能提供原件的，在确保项目公司能够正常接续项目前期工作及开工建设的前提下，说明原因并提供清晰复印件。

3. 移交程序

（1）移交的前提条件是区建设局与项目公司已正式签署《PPP项目合同》；

（2）区建设局整理核对待交接文档资料，编制交接清单；

（3）区建设局与项目公司就所交接文档资料，按交接清单逐一核对，确认无误双方签署交接确认书；

（4）移交各方各自承担其相应产生的费用及自行完成财务处理。

（二）项目竣工验收资料移交

遵循政府方投资项目有关程序及规定，在项目通过竣工验收后，项目公司将项目建设期间形成的文件资料全部移交给区建设局或政府指定机构。

1. 移交范畴

项目确认完成竣工验收的文件资料复印件，包括经各方签字的竣工验收报告及有关文件，规划、公安消防、环保等部门出具的认可文件或批准文件，向区建设局提交的备案文件等。

2. 移交标准

（1）项目公司与施工单位完成项目工程标的物移交，施工单位完成竣工退场；

（2）该项目竣工验收报告已备案；

（3）该项目设施达到设计文件中的有关技术标准及要求，客观反映竣工验收报告的验收意见，功能完备，达到可使用条件；

（4）有关文档资料复印件均完整、清晰；

（5）政府方指定机构提出的其他要求。

3. 移交程序

（1）移交前提条件是项目已通过竣工验收；

（2）项目公司向区建设局或政府方指定机构移交项目竣工验收文件资料复印件；

（3）区建设局或政府指定机构在项目公司配合下完成项目现场踏勘验收；

（4）项目公司与区建设局签署移交确认书；

（5）移交各方各自承担相应产生的费用及自行完成财务处理。

第三节　物有所值评价

一、物有所值评价内容

（一）主要参与方

《政府和社会资本合作物有所值评价指引（修订版征求意见稿）》指出："初始物有所值评价由项目实施机构或同级行业主管部门组织实施，同级财政部门对物有所值评价报告进行审核并出具审核意见。定量评价可委托专业咨询服务机构开展，定性评价组织专家开展"。

该项目物有所值评价所涉及相关参与方包括南康区人民政府、南康区财政局、赣州市南康区建设局、赣州市南康区城市建设发展集团有限公司等。

（二）评价对象

物有所值评价包括定量评价和定性评价，中华人民共和国境内拟采用、已采用 PPP 模式实施的项目应开展物有所值定量和定性评价。当该项目处于 PPP 项目识别阶段时进行物有所值评价，评价对象为南康区公共服务（三期）PPP 项目。

物有所值评价应在项目可行性研究报告（或申请报告等具有同等效力与深度的文件）获得相关主管部门批准后，在 PPP 项目识别阶段开展，在准备阶段可根据项目实施方案予以修正。

（三）评价范围

该项目物有所值评价的范围包括南康区公共服务（三期）PPP项目的定量评价的PSC值、PPP值的测算依据、测算过程和结果以及定性评价程序、指标及权重、评分标准、评分结果、专家组意见等。

二、物有所值评价依据

该项目物有所值评价结合政府方的实际情况，以项目可行性研究报告、项目运营方案、项目初步实施方案等资料及相关资料文件为基础，主要依据以下文件。

（一）国务院政策文件

（1）《国务院关于创新重点领域投融资机制鼓励社会投资的指导意见》；

（2）《国务院关于加强地方政府性债务管理的意见》；

（3）《关于在公共服务领域推广政府和社会资本合作模式指导意见的通知》；

（4）《国务院关于深入推进新型城镇化建设的若干意见》。

（二）财政部政策文件

（1）《财政部关于推广运用政府和社会资本合作模式有关问题的通知》；

（2）《关于政府和社会资本合作示范项目实施有关问题的通知》；

（3）《政府和社会资本合作模式操作指南（试行）的通知》；

（4）《关于规范政府和社会资本合作合同管理工作的通知》；

（5）《关于政府和社会资本合作项目政府采购管理办法的通知》；

（6）《关于市政公用领域开展政府和社会资本合作项目推介工作的通知》；

（7）《关于进一步做好政府和社会资本合作项目示范工作的通知》；

（8）《关于规范政府和社会资本合作（PPP）综合信息平台运行的通知》；

（9）《PPP物有所值评价指引（试行）》；

（10）《政府和社会资本合作物有所值评价指引（修改版征求意见稿）》；

（11）《关于进一步共同做好政府和社会资本合作（PPP）有关工作的通知》；

（12）《关于规范政府和社会资本合作（PPP）综合信息平台项目库管理的通知》；

（13）《关于进一步加强政府和社会资本合作（PPP）示范项目规范管理的通知》。

（三）发改委政策文件

（1）《关于开展政府和社会资本合作的指导意见》；

（2）《政府和社会资本合作项目通用合同指南》（2014 年版）；

（3）《关于推进开发性金融支持政府和社会资本合作有关工作的通知》；

（4）《关于切实做好基础设施和公用事业特许经营管理办法贯彻实施工作的通知》；

（5）《关于印发项目收益债券管理暂行办法的通知》；

（6）《国家发展改革委关于印发〈传统基础设施领域实施政府和社会资本合作项目工作导则〉的通知》；

（7）《关于鼓励民间资本参与政府和社会资本合作（PPP）项目的指导意见》。

（四）江西省、赣州市及南康区相关文件

（1）《江西省人民政府关于鼓励社会资本进入社会事业领域的意见》；

（2）《江西省人民政府关于创新重点领域投融资机制鼓励社会投资的实施意见》；

（3）《赣州市人民政府关于开展政府和社会资本合作的实施意见》。

（五）项目批复及其他有关文件资料

（1）《赣州港至机场快速路连接线工程可行性研究报告》及其批复；

（2）《和谐大道西延（南康区段）工程可行性研究报告》及其批复；

（3）《南康区城区背街小巷提升改造及城区道路"白改黑"工程可行性研究报告》及其批复；

（4）《南康区 2018 年农村公路拓宽改造提升工程》及其批复；

（5）《南康经济开发区工业园基础设施 PPP 项目可行性研究报告》及其批复；

（6）项目有关规划、技术标准规范、项目单位提供的其他相关文件资料。

三、物有所值评价工作流程

根据《关于印发〈PPP 物有所值评价指引（试行）〉的通知》并参照《关于征求政府和社会资本合作物有所值评价指引（修订版征求意见稿）意见的函》，物有所值评价主要包括评价准备、定量评价、定性评价以及信息管理四大流程。

（1）评价准备阶段包括能力准备及资料准备。能力准备是指财政部门（或 PPP 中心）、行业主管部门、实施机构、专家、咨询服务机构等涉及物有所值评价的相关主体应持续加深对物有所值的认识；资料准备包括项目初步实施方案和运营方案，存量公共资产的历史资料，新建或改扩建项目的可行性研究报告或具有同等工作深度的报告、设计文件等。

（2）物有所值评价按照先定量评价后定性评价的顺序进行。定量评价阶段主要在假定采用 PPP 模式与政府传统投资运营方式产出绩效相同的前提下，通过对 PPP 项目全生命周期内政府方净成本的现值（PPP 值）与公共部门比较值（PSC 值）进行比较，判断 PPP 模式能否降低项目全生命周期成本。定性评价阶段主要是项目同级行业主管部门细化和明确定性评价基本要求，组织专家依据评分标准对该项目对各项评价指标的影响进行打分，最终形成定性评价结论。

（3）物有所值评价结论分为"通过"和"未通过"。定性结果不低于 80分的，初始物有所值评价结论为"通过"，可以不考虑定量评价结果；定性评价结果不低于 60 分且低于 80 分的，定量评价物有所值量大于 0 时为"通过"，定量评价物有所值量值小于等于 0 时为"未通过"；定性评价结果低于60 分的，初始物有所值评价结论为"未通过"。

未通过物有所值评价的项目，可在调整实施方案后重新评价，仍未通过的不宜采用 PPP 模式。

（4）信息管理阶段主要是由区财政局将经审核的物有所值评价报告逐级报至省级财政部门备案，并将报告除附件外的内容电子版上传全国 PPP 综合信息平台。

区财政局按照有关 PPP 项目信息公开制度要求，及时将物有所值评价相关信息通过全国 PPP 综合信息平台等渠道向社会公开，涉及国家秘密和商业秘密的信息除外。同时，也加强了物有所值评价数据库的建设，做好定量和定性评价数据的收集、统计、分析和报送等工作。

区财政局会同行业主管部门，加强了对物有所值评价专家和咨询服务机构的监督管理，通过全国 PPP 综合信息平台进行信用记录、跟踪、报告和信息公布。

四、物有所值评价定量分析

（一）定量评价方法

该项目采用 PPP 项目全生命周期内政府方净成本的现值（public private partnerships，以下简称"PPP 值"）与公共部门比较值（public sector comparator，以下简称"PSC 值"）进行比较来定量评价。公共部门比较值（PSC 值）与采用 PPP 模式下的预计全寿命周期成本（PPP 值）进行对比衡量，两者的差额部分体现的就是"物有所值"（value for money，VFM），即 VFM = PSC − PPP。

1. PSC 值计算方法

PSC 值是一个标杆价格，它综合考虑了服务质量、价格、时间、风险分担等因素，主要由三部分构成：模拟项目的建设和运营维护净成本、竞争性中立调整值、政府承担 PPP 项目全部风险的成本。

（1）模拟项目的建设和运营维护净成本，主要包括模型项目每年的建设净成本及模拟项目每年的运营维护净成本。模拟项目每年的建设净成本主要包括当年设计、施工、升级、改造、大修等建设行为投入的现金、固定资产等实物和土地使用权等无形资产，以及建设期利息，并扣除当年资产转让、出租等资产处置行为所获的收益。模拟项目每年的运营维护净成本主要包括全生命周期内运营维护所需的原材料、设备、人工等成本，以及管理费用、销售费用、财务费用等，并扣除假设模拟项目与 PPP 项目付费机制相同情况下能够获得的使用者付费收入等。

（2）竞争性中立调整值主要是采用政府传统投资运营方式比采用 PPP 模式实施项目少支出的税额，以实现 PSC 和社会投资投标方案之间进行公平、公正地评价比较。

（3）项目全部风险成本应充分考虑各项主要风险出现的概率及其后果，可采用情景分析法、比例法及概率法进行测算。参照《政府和社会资本合作物有所值评价指引（修订版征求意见稿）》第十六条及有关规定测算。

2．PPP值计算方法

PPP值主要由三部分构成：政府方投入PPP项目的建设和运营维护净成本、政府自留风险承担成本、政府其他成本。

（1）政府方投入PPP项目的建设和运营维护净成本主要包括PPP项目准备、设计、施工阶段政府以现金、固定资产、土地使用权等提供的股权投入，以及运营维护阶段政府支付给社会资本的运营维护费、财政补贴等，并扣除全生命周期内PPP项目公司转让、出租等资产处置行为所获的资本性收益以及除政府支付外的运营收入。政府方是项目公司股东且不参与股利分红的，运营维护阶段政府支付给社会资本的运营维护费、财政补贴等应是扣除所放弃股利分红后的金额。

（2）政府自留风险包括PPP项目政府方分担的风险，以及政府和社会资本共担风险中政府承担的部分。PPP项目全部风险由政府自留风险和可转移风险组成。政府自留风险承担成本测算方法与PSC值中全部风险承担成本测算方法相同。

（3）政府其他成本，主要包括：①政府承担的未纳入建设成本的咨询服务和市场调研相关前期费用、移交补偿款等交易成本；②政府负责的连接设施和配套工程建设成本，政府授予社会资本的项目周边土地或商业开发收益权，政府向社会资本提供的投资补助和贷款贴息等在内的政府配套投入，并扣除其中确定将由社会资本方承担的费用。

（二）定量评价测算及结果

折现率用于将各年度的成本、收益、收入、竞争性中立调整值等按照资金时间价值原理折算为现值，参照同期地方政府债券收益率合理确定，用于测算PSC值与PPP值的折现率、现值所在时间等均应相同。

江西省于2018年3月发行2018年江西省政府一般债券（一期至四期）13.08亿元，其中3年、5年、7年、10年期限的票面利率分别为3.68%、3.97%、4.34%、4.41%。该项目以江西省一般债券10年期的票面利率4.41%为基准，结合赣州市及南康区主体信用实力及经营社会发展水平，按照上述基准利率上浮10%作为该项目的折现率,即为4.9%。

1. PSC值的测算

(1) 模拟项目的建设和运营维护净成本的测算。

建设净成本:该项目建设投资现值约为256049万元。

运营维护净成本:主要是项目运营过程中发生的费用,现值约为3416万元。

综上,该项目建设和运营维护净成本为259464万元,具体如表7-3所示。

(2) 竞争性中立调整值的测算。

该项目假定缴税,则竞争性中立调整值为PPP项目预计应缴税额与模拟项目应缴税额之差。

经测算,该项目竞争性中立调整值约为18011元,具体如表7-4所示。

(3) 全部风险成本。

项目建设期间或运营期间可能发生的组织机构、施工技术、工程、投资估算、资金、市场、财务等风险,风险承担成本按模拟项目的建设和运营维护净成本的10%考虑,具体如表7-5所示。

综上计算可得:政府传统采购模式下公共部门比较值(PSC)为303422万元,具体如表7-6所示。

2. PPP值的测算

(1) 政府方投入PPP项目的建设和运营维护净成本。

经测算,该项目政府方投入PPP项目的建设和运营维护净成本为285447万元,具体如表7-7所示。

(2) 政府自留风险承担成本。

政府自留风险包括PPP项目政府方分担的风险,以及政府和社会资本共担风险中政府承担的部分。政府自留风险承担成本测算方法与PSC值中全部风险承担成本测算方法相同。

经测算,该项目政府自留风险承担成本约为2856万元,具体如表7-7所示。

(3) 政府其他成本。

该评价中,关于政府其他成本,该项目所有方案模式均已覆盖全部工程范围,因此不考虑对其他成本进行量化分析。

表 7 – 3　　2018～2034 年政府传统投资模式下的建设和运营维护净成本值明细

单位：万元

序号	项目	合计	2018年	2019年	2020年	2021年	2022年	2023年	2024年	2025年	2026年	2027年	2028年	2029年	2030年	2031年	2032年	2033年	2034年
1	参照项目建设运营维护净成本（1.1+1.2）	371581	49954	23517	15294	16713	22131	22322	22352	22371	22390	22411	22432	22455	22478	22503	22530	14667	5061
	参照项目建设运营维护净成本现值	259464	47621	21372	13249	13803	17423	16753	15992	15257	14557	13890	13254	12647	12069	11518	10993	6822	2244
1.1	建设净成本（1.1.1+1.1.2）	365892	49954	23517	15294	16713	21909	21909	21909	21909	21909	21909	21909	21909	21909	21909	21909	14375	5040
	建设净成本现值	256049	47621	21372	13249	13803	17248	16442	15674	14942	14244	13579	12945	12340	11764	11214	10690	6687	2235
1.1.1	建设投资（资本金）	81354	49954	23517	7883	0	0	0	0	0	0	0	0	0	0	0	0	0	0
1.1.2	还本付息	284537	0	0	7410	16713	21909	21909	21909	21909	21909	21909	21909	21909	21909	21909	21909	14375	5040
1.2	维护运营净成本—经营成本	5690	0	0	0	0	222	413	443	462	481	502	523	546	570	595	621	291	21
	维护运营净成本现值	3416	0	0	0	0	175	310	317	315	313	311	309	308	306	304	303	136	9

表 7-4　2018~2034 年政府传统投资模式下竞争性中立调整值计算

单位：万元

序号	项目	合计	2018年	2019年	2020年	2021年	2022年	2023年	2024年	2025年	2026年	2027年	2028年	2029年	2030年	2031年	2032年	2033年	2034年
1	竞争性中立调整值	33591	0	0	0	0	0	0	0	320	616	3355	4361	4604	4863	5138	5431	3628	1273
	竞争性中立调整值现值	18011	0	0	0	0	0	0	0	218	400	2080	2577	2593	2611	2630	2650	1688	564
1.1	审批费	0	0	0	0	0	0	0	0	0	0	0	0	0	0	0	0	0	0
1.2	所得税	11034	0	0	0	0	0	0	0	320	616	761	968	1211	1470	1745	2037	1407	499
1.3	土地费用	0	0	0	0	0	0	0	0	0	0	0	0	0	0	0	0	0	0
1.4	增值税	20139	0	0	0	0	0	0	0	0	0	2316	3029	3030	3030	3030	3030	1983	691
1.5	税金及附加	2419	0	0	0	0	0	0	0	0	0	278	364	364	364	364	364	238	83

表 7-5　2018~2034 年全部风险成本计算

单位：万元

项目	合计	2018年	2019年	2020年	2021年	2022年	2023年	2024年	2025年	2026年	2027年	2028年	2029年	2030年	2031年	2032年	2033年	2034年
项目全部风险成本	37516	4995	2352	1529	1671	2213	2232	2235	2237	2239	2241	2243	2245	2248	2250	2253	1467	506
项目全部风险成本现值	25945	4762	2137	1325	1380	1742	1675	1599	1526	1456	1389	1325	1265	1207	1152	1099	682	224

表 7-6

单位：万元

传统模式 PSC 值

序号	项目	净现值
1	建设和运营维护净成本	259464
2	竞争性中立调整值	18012
3	全部风险调整成本	25946
4	初始 PSC 值（1＋2＋3）	303422

表 7-7

单位：万元

2018~2034 年 PPP 值明细

序号	项目	合计	2018年	2019年	2020年	2021年	2022年	2023年	2024年	2025年	2026年	2027年	2028年	2029年	2030年	2031年	2032年	2033年	2034年
一	PPP 值	288302	4863	2350	10688	21231	26654	25566	24395	23269	22196	21173	20198	19268	18382	17537	16732	10386	3414
1	建设和运营维护成本现值	285447	4815	2327	10582	21021	26390	25312	24153	23039	21976	20963	19998	19077	18200	17364	16566	10284	3380
1.1	股权投资	8635	5051	2561	958	65	0	0	0	0	0	0	0	0	0	0	0	0	0
	股权投资现值	8026	4815	2327	830	54	0	0	0	0	0	0	0	0	0	0	0	0	0
1.2	运营补贴	438277	0	0	11257	25389	33521	33728	33760	33780	33801	33823	33846	33871	33896	33923	33952	22108	7622
	运营补贴现值	277421	0	0	9752	20967	26390	25312	24153	23039	21976	20963	19998	19077	18200	17364	16566	10284	3380
2	自留风险成本	4470	51	26	122	255	335	337	338	338	338	338	338	339	339	339	340	221	76
	自留风险成本现值	2856	48	23	106	210	264	253	242	230	220	210	200	191	182	174	166	103	34
3	配套投入	0	0	0	0	0	0	0	0	0	0	0	0	0	0	0	0	0	0
	配套投入现值	0	0	0	0	0	0	0	0	0	0	0	0	0	0	0	0	0	0

综上计算可得：该项目全生命周期内政府方净成本的现值（PPP 值）为 288301 万元，具体如表 7 - 8 所示。

表 7 - 8　　　　　　　　　　传统模式 PPP 值　　　　　　　　单位：万元

序号	项目	折现值
1	政府方投入建设和运营维护净成本	285447
2	自留风险成本	2854
3	其他成本	0
4	PPP 值（1 + 2 + 3）	288301

3. 物有所值（VFM）定量测算

该报告对 PPP 项目全生命周期内政府方净成本的现值（PPP 值）与公共部门比较值（PSC 值）进行比较，结果如表 7 - 9 所示。

表 7 - 9　　　　　　　　　PPP 值与 PSC 值比较结果　　　　　　单位：万元

项目	折现值
PSC 值	303423
PPP 值	288301
VFM 值	15122
VFM 指数	4.98%

$$VFM = PSC - PPP = 303423 - 288301 = 15122（万元）> 0；$$

$$VFM 指数 = 15122/303423 \times 100\% = 4.98\%$$

通过测算可得，该项目物有所值量（VFM）大于零，可通过物有所值定量评价。

五、物有所值评价定性分析

该报告以《关于征求政府和社会资本合作物有所值评价指引（修订版征求意见稿）意见的函》为指导，针对"南康区公共服务（三期）PPP 项目"

进行物有所值评价分析。物有所值评价是判断是否采用 PPP 模式代替政府传统采购模式实施基础设施及公共服务项目的一种评估方法。该报告主要围绕定性分析展开，遵循真实、公允、客观、公正等原则。

（一）基本指标分析

物有所值定性评价的基本指标包括全生命周期整合潜力、风险识别与分配、绩效导向与鼓励创新、潜在竞争程度、政府机构能力、可融资性、项目内固定资产相关度。对于该项目而言，每个基本指标的评价分析如下所示。

1. 全生命周期整合潜力

该指标主要是通过查看项目计划对全生命周期各环节的整合情况来评分。采用 PPP 模式，将项目的建设、投融资、运营和维护等全生命周期环节整合起来，通过一个长期合同全部交由社会资本合作方实施，是实现物有所值的重要机理。

在该项目中，项目的建设、投融资及运营由城发公司与中化南投公司合资成立的项目公司完成。由此可见，该项目符合如下要求：投融资、建设和运营维护将整合到一个合同中，该项目在全生命周期整合程度这一指标方面有利。

2. 风险识别与分配

该指标主要通过察看在项目识别阶段对该项目风险的认识情况来评分。清晰识别和优化分配风险，是物有所值的一个主要驱动因素。在项目识别阶段的物有所值评价工作开始前，着手风险识别工作，有利于在后续工作中实现风险分配优化。

该项目在识别阶段已根据实际情况充分考虑了未来将会面临的各种风险，主要包括项目审批风险、设计风险、资金风险、融资风险、工程建设风险、运营风险、移交风险、政治和政策风险、不可抗力等，并且对各类风险在政府和社会资本间进行明确的合理分配。可见该项目符合如下要求：进行了较为深入的风险识别工作，预计其中的绝大部分风险或全部主要风险将在政府方与社会资本合作方之间进行明确和合理分配，该项目在风险识别与分配这一指标方面评分较高。

3. 绩效导向与鼓励创新

绩效导向与鼓励创新指标主要考核是否建立以基础设施及公共服务供给

数量、质量和效率为导向的绩效标准和监管机制，是否落实节能环保、支持本国产业等政府采购政策，能否鼓励社会资本创新。项目绩效指标，特别是关键绩效指标，主要确定对项目运营维护和产出进行监测的要求和标准。例如，公共产品和服务的数量和质量（或可行性）等。绩效指标越符合项目具体情况，越全面合理，越清晰明确，则绩效导向程度越高，并且从绩效考核与监管机制中也可看出政府对社会资本创新的鼓励程度。

政府和社会资本在项目合同中将明确约定，社会资本未来需要提供的基本服务为项目建成可用及后续运营维护。在此基础上，政府鼓励社会资本基于自身的优势与能力，围绕项目核心内容开展各种多元化的、或创新的可经营性资源收入，尽可能地创造更多的社会效益和经济效益。该项目通过子项目运营增加了产生租赁收入及其他收入等的可能性，在鼓励创新这一指标方面较为有利。

4. 潜在竞争程度

该指标主要通过预估有资格、意愿和能力实施本项目的社会资本合作方的数量来评分。具体评分还应该考虑社会资本合作方的能力与该项目具体情况的匹配程度。社会资本合作方的能力包括综合实力、项目经验、拥有或能够高效整合建设、投融资和运营维护等方面的人财物资源，以及其他相关能力。

该项目主要通过独立法人资格、财务能力、融资能力、行业运营经验、团队资质与能力等方面来选定有资格、意愿和能力实施该项目的社会资本合作方。经前期市场测试，对该项目有参与意愿的社会资本较多，可实现通过充分竞争的过程来选择合作企业，在潜在竞争程度这一指标方面较为有利。

5. 政府机构能力

该指标主要根据通过察看政府的 PPP 理念，结合该项目具体情况来判断政府的 PPP 能力。PPP 理念主要包括依法依合同平等合作、风险分担、全生命周期绩效管理等。PPP 不仅是基础设施及公共服务融资手段，更是转变政府职能、建设现代财政制度等的重要手段。政府的 PPP 能力主要包括知识、技能和经验等，包括可通过购买服务获得的能力。

政府方紧跟国家 PPP 项目有关政策趋势，对于采用 PPP 模式实施多种类项目有着较为全面、清晰的理解，有意愿且有能力依法依合同积极寻求与社会资本进行沟通、谈判，并促进合作，在风险分担、全生命周期绩效管理方面能够形成客观的认识。由此可以判断，该项目在政府机构能力这一指标方面较为有利。

6. 可融资性

该指标主要考核项目的市场融资能力。一般来讲，项目的融资能力，一方面是考察金融机构对项目提供资金的意愿，另一方面是被项目吸引企业的财务能力与融资能力情况。项目的付费来源主要是项目所在地政府的财政付费，金融机构与社会资本主要关注的也是政府的财政实力与政府信用评级。

该项目前期与多家社会资本及其合作的金融机构沟通，融资可行性比较高。

（二）附加指标分析

1. 项目规模

该指标主要依据项目的投资额或资产价值来评分。一般情况下，基础设施及公共服务项目规模越大，越能够采用 PPP 模式吸引社会资本和金融机构参与。

经过测算，该项目的 PPP 项目范围投资总额约为 271183 万元（见表 6 - 10），在公共服务类 PPP 项目中，是投资规模较大、投资金额较高的项目。因此可以判断该项目在项目规模这一指标方面评分较高。

2. 全生命周期成本估计准确性

该指标主要通过察看该项目对采用 PPP 模式的全生命周期成本的理解和认识程度，以及全生命周期成本将被准确预估的可能性来评分。全生命周期成本是确定 PPP 合作期长短、付费多少、政府补贴等的重要依据。

经测算，该项目的全生命周期成本主要包括建设成本、运营维护和管理成本等，总投资能够被准确地预估。根据全生命周期成本，可以测算项目的合作期限、收费机制及政府补贴方式。因此可以判断，该项目在全生命周期成本这一指标方面评分较高。

（三）物有所值定性评价意见

经过以上分析可知，该项目在基本指标中的全生命周期整合程度、风险识别与分配、绩效导向与鼓励创新、潜在竞争程度、政府机构能力、可融资性及项目内固定资产相关度等指标方面评价较高；在补充指标中，根据该项目的实际情况，项目规模、全生命周期成本估计准确性作为评价指标且评价较高；综合判定，该项目符合物有所值要求，建议采用 PPP 模式操作。

（四）物有所值定性评价结论

根据《关于征求政府和社会资本合作物有所值评价指引（修订版征求意见稿）意见的函》，对该项目展开了物有所值定量评价与定性评价，评价结果如下所示。

物有所值定量评价是在假定采用 PPP 模式与政府传统投资方式产出绩效相同的前提下，通过对项目全生命周期内政府方净成本的现值（PPP 值）与公共部门比较值（PSC 值）进行比较。两者的差额部分体现的就是"物有所值"（VFM），即 VFM = PSC − PPP。该项目折现率取值为 4.9%，经计算本项目 PSC 净现值为 303423 万元，PPP 值为 288301 万元。VFM = PSC − PPP = 303423 − 288301 = 15122（万元）> 0，物有所值指数为 4.98%。

根据物有所值定性评价评分办法，对基本指标中的全生命周期整合程度、风险识别与分配、绩效导向与鼓励创新、潜在竞争程度、政府机构能力、可融资性、项目内部固定资产相关度和补充指标中的项目规模全生命周期成本估计准确性进行评价，专家评分结果为 60 分（含）以上，即该项目通过物有所值定性评价。

综上可知，该项目通过物有所值评价，可采用 PPP 模式进行操作。

第四节 财政承受能力评估

本节结合南康区公共服务（三期）PPP 项目的运作方式、交易结构等实施方案内容，分别进行财政支出能力评估及行业和领域均衡性评估工作，综合评估财政承受能力。

一、财政支出能力评估

财政支出能力评估，是根据 PPP 项目预算支出责任，评估 PPP 项目实施对当前及今后年度财政支出的影响。下面将合理预测南康区未来财政支出情况，并结合上面关于 PPP 项目预算支出责任的预测，评估 PPP 项目实施对财政支出的影响。

（一）2012～2017 年南康区财政收支情况

根据区财政局披露的相关数据，2012～2017 年南康区财政支出情况如表 7－10 所示。

表 7－10　　　　　　　2012～2017 年南康区财政支出情况

年份	财政支出情况	
	一般公共预算支出（万元）	增长率（％）
2012	300009	
2013	336910	12. 30
2014	372076	10. 40
2015	446475	20. 00
2016	481218	7. 78
2017	587860	22. 16

资料来源：北京中咨海外咨询有限公司. 南康区公共服务（三期）PPP 项目财政承受能力论证报告〔R〕. 2018.

分析南康区过去六年财政收支情况可以看出，2012～2017 年南康区一般预算支出的平均增长率为 14.53%，复合增长率为 14.4%。

（二）南康区未来财政一般公共预算支出预测

根据《关于印发〈政府和社会资本合作项目财政承受能力论证指引〉的通知》，在进行财政支出能力评价时，未来年度一般公共预算支出数额可参照前六年相关数额的平均值及平均增长率计算。2012～2017 年政府方一般预算支出平均增长率为 14.53%、复合增长率为 14.4%，结合我国当前经济发展新常态以及南康区实际情况，考虑到未来一般财政支出增长率与目前增长水平相衔接，政府方基于谨慎原则对未来一般预算支出进行保守测算。以 2016 年政府方一般预算支出数据为基数，区财政局预计 2018～2034 年政府方一般公共预算支出的增长率为 12%，供该项目财政支出能力评估使用。据此预测，2018～2034 年政府方一般预算支出预测值如表 7－11 所示。

表 7 – 11　　　　　　　　　2018～2034 年南康区财政一般公共预算支出预测

年份	一般公共预算支出规模（万元）	增长率（%）
2018E	658403	12
2019E	737412	12
2020E	825901	12
2021E	925009	12
2022E	1036010	12
2023E	1160331	12
2024E	1299571	12
2025E	1455520	12
2026E	1630182	12
2027E	1825804	12
2028E	2044900	12
2029E	2290288	12
2030E	2565123	12
2031E	2872938	12
2032E	3217690	12
2033E	3603813	12
2034E	4036271	12

注：E 为 Estimate（预算数）。

资料来源：北京中咨海外咨询有限公司 . 南康区公共服务（三期）PPP 项目财政承受能力论证报告［R］. 2018.

（三）PPP 项目实施对财政支出的影响

根据《关于印发〈政府和社会资本合作项目财政承受能力论证指引〉的通知》，在进行财政支出能力评估时，要求"每一年度全部 PPP 项目需要从预算中安排的支出责任，占一般公共预算支出比例应当不超过 10%"。

基于该项目的区域带动和公共服务功能的要求，该项目的财政支出责任的 30% 将由项目周边区域未来的土地增值等产生的基金收入承担，70% 由区财政一般公共预算支出承担，如表 7 – 12 所示。

该项目合作期（2018～2034 年）内每一年度纳入一般公共预算支出的部

分占一般公共预算支出比例最高为 2022 年的 2.29%。

表 7 - 12 　　　　　2018～2034 年项目财政支出责任分担情况（一）

年份	财政支出责任（万元）	纳入一般公共预算支出的财政支出责任（万元）	纳入基金收入的财政支出责任（万元）	纳入一般公共预算支出规模的支出责任占一般公共预算支出的比例（%）
2018E	5101	3571	1530	0.54
2019E	2586	1811	776	0.25
2020E	12337	8636	3701	1.05
2021E	25709	17996	7713	1.95
2022E	33856	23699	10157	2.29
2023E	34065	23845	10219	2.06
2024E	34098	23868	10229	1.84
2025E	34118	23883	10235	1.64
2026E	34139	23897	10242	1.47
2027E	34161	23913	10248	1.31
2028E	34185	23929	10255	1.17
2029E	34210	23947	10263	1.05
2030E	34235	23965	10271	0.93
2031E	34263	23984	10279	0.83
2032E	34291	24004	10287	0.75
2033E	22329	15630	6699	0.43
2034E	7699	5389	2310	0.13

　　注：E 为 Estimate（预算数）。
　　资料来源：北京中咨海外咨询有限公司．南康区公共服务（三期）PPP 项目财政承受能力论证报告［R］．2018.

　　根据该项目财政一般预算支出分担情况和南康区目前正在实施的 PPP 项目财政支付责任，可以得出南康区目前正在实施的 PPP 项目合作期（2018～2034 年）内每一年度的财政支出责任占一般预算支出比例最高为 2021 年的 8.78%，符合《关于印发〈政府和社会资本合作项目财政承受能力论证指引〉的通知》规定的 PPP 项目财政支出责任占一般公共预算支出比例应当不超过 10% 的要求，如表 7 - 13 所示。

表 7 - 13　　　　　2018 ~ 2034 年项目财政支出责任分担情况（二）

年份	一般公共预算支出（万元）	大广高速项目支出责任（万元）	公共服务（一期）项目支出责任（万元）	南康家具小镇（万元）	G105 南康段一期改建工程（万元）	一般公共预算支出的支出责任（万元）	所有 PPP 项目占一般公共预算支出比例（%）
2018E	658403	18493	5821	3044	195	3571	4.73
2019E	737412	13829	10902	1193	407	1811	3.82
2020E	825901	10850	11583	36759	2554	8636	8.52
2021E	925009	10138	11906	36494	4684	17996	8.78
2022E	1036010	3993	10932	36285	4700	23699	7.68
2023E	1160331	1236	7433	352862	4720	23845	6.30
2024E	1299571	1200	4739	35788	4722	23868	5.41
2025E	1455520	1165	4490	35801	4724	23883	4.81
2026E	1630182	—	2501	35668	4726	23897	4.10
2027E	1825804	—	—	35550	4728	23913	3.52
2028E	2044900	—	—	35432	4731	23929	3.13
2029E	2290288	—	—	35359	2269	23947	2.80
2030E	2565123	—	—	35159		23965	2.39
2031E	2872938	—	—	35012		23984	2.05
2032E	3217690	—	—	24864		24004	1.83
2033E	3603813	—	—	34717	—	15630	1.40
2034E	4036271			34717		5389	0.99

注：E 为 Estimate（预算数）。
资料来源：北京中咨海外咨询有限公司.南康区公共服务（三期）PPP 项目财政承受能力论证报告［R］.2018.

二、行业和领域均衡性评估

行业和领域均衡性评估是根据 PPP 模式适用的行业和领域范围以及经济社会发展需要和公众对公共服务的需求，平衡不同行业和领域的 PPP 项目，防止某一行业和领域 PPP 项目过于集中。该项目为政府方实施的第四个 PPP 项目。该项目的实施有利于缓解区域交通压力，提高出行效率，提升市政基础设施维护标准和效率，改善城市形象和提高环境品质，推进地方经济全面可持续发展。

三、财政承受能力评估结论

财政承受能力评估包括财政支出能力评估以及行业和领域平衡性评估。结合南康区政府 2012～2017 年一般公共预算支出情况，对 2018～2034 年南康区政府一般公共预算支出进行保守预测；综合考虑南康区 PPP 项目财政支出责任，得出合作期（2018～2034 年）内南康区目前正在实施和拟实施的 PPP 项目每一年度纳入一般公共预算支出的财政支出责任占一般公共预算支出比例最高为 2021 年 8.78%，符合《关于印发〈政府和社会资本合作项目财政承受能力论证指引〉的通知》规定的 PPP 项目财政支出责任占一般公共预算支出比例应当不超过 10% 的要求。

此外，结合该项目为政府方实施的第四个 PPP 项目，结合已经落地的其他三个 PPP 项目，四个项目分属不同行业和领域，该项目的实施不会造成某一行业和领域 PPP 项目过于集中的情况。

综合以上分析，该项目财政承受能力论证结果为"通过论证"。

第五节　项目合同体系

一、合同体系框架

PPP 项目合同通常包括《PPP 项目合同》、股东协议、履约合同（包括工程承包合同、运营服务合同、原料供应合同等)、融资合同和保险合同等。在 PPP 项目合同体系中,各合同间并非完全独立、互不影响,而是紧密合作、互相贯通的,合同之间存在着一定的"传导关系"。《PPP 项目合同》是整个 PPP 项目合同体系的基础和核心,具体如图 7-2 所示。

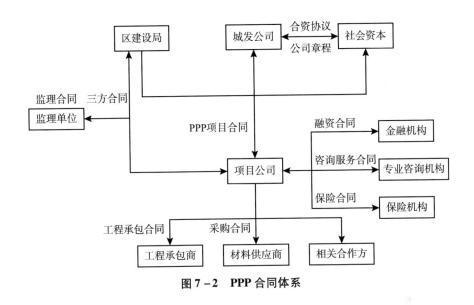

图 7-2　PPP 合同体系

该项目合同体系的具体情况如下所示。

(一)《PPP 项目合同》

南康区人民政府授权赣州市南康区建设局作为该项目的实施机构,将与项目公司依法就本项目签订《PPP 项目合同》。《PPP 项目合同》为该项目的主合同,将明确双方权利和义务、合作范围和期限、投融资结构、风险分配机制、项目建设和运营、项目付费机制、终止和补偿、违约处理、争议解决等约定,确保该项目在合作期限内的顺利实施。

该 PPP 项目在确定中选社会资本后且项目公司尚未成立前,区建设局经采购结果确认谈判后将与中选社会资本签订《谈判备忘录》。该项目采购结果依法公示及公告后,经政府审核同意后,区建设局将与中选社会资本草签《PPP 项目合同》,待项目公司正式成立后,由区建设局与项目公司正式签署《PPP 项目合同》,或签署关于承继《PPP 项目合同》的补充合同。

（二）股东协议

政府方授权城发公司与中化南投公司签订《股东协议》，以在长期合作关系中约束双方。该协议将约定项目公司的设立和融资、经营范围、股东权利、治理结构、决策机制、风险分担、收益分配、股权转让等事项，以及中选社会资本的退出机制和政府给予的政策支持等。

（三）融资合同

该项目的融资安排是 PPP 项目实施的关键环节。融资合同可能包括项目公司与融资方签订的项目贷款合同、担保人就项目贷款与融资方签订的担保合同等多个合同。该项目的项目公司与融资方签订的融资贷款合同是最主要的融资合同。

（四）保险合同

保险合同由项目公司及其他相关参与方对项目建设、运营等不同阶段的不同类型的风险进行投保，是与保险公司约定权利义务关系的契约。通常涉及的保险种类包括工程一切险、团体意外伤害险、财产险等。

（五）履约合同

履约合同包括工程承包合同、运营服务合同、原料供应合同、产品或服务购买合同等。该项目工程进行开工准备时，项目公司将与施工总承包单位签署《施工总承包合同》；项目建设过程中，项目公司通常会与原材料主要供应商签订长期《原材料供应合同》，确保供应商以稳定的价格和质量品质为项目提供长期、稳定的原料；该项目运营期间，项目公司将与项目产品或服务的购买者签署《产品或服务购买合同》，保证项目稳定提供服务。

（六）其他合同

该项目还会涉及《监理合同》《造价咨询合同》等项目实施过程中有关的咨询服务合同，以及与其他专业中介机构签署的投资、法律、技术、财务、税务等方面的咨询服务合同等。

二、《PPP 项目合同》主要内容

《PPP 项目合同》的主要内容包括《PPP 项目合同》中约定的各方权利

义务、交易条件、履约保障和调整衔接等边界。

（一）基本权利义务

1. 政府方基本权利义务

（1）政府方在合作期内的基本权利。

①对项目公司投融资、建设、运营、维护及移交项目进行全程监管的权利；如发现存在违约情况，有权根据《PPP项目合同》进行违约处理。

②有权在项目工程建设期要求项目公司提交建设相关文件（包括但不限于施工文件、建设进度和质量控制报告等）并进入项目建设场所进行检查；有权对项目公司为实施本项目而进行的招标及合同签署工作进行审查。

③有权在项目运营期要求项目公司提交运营记录并进入项目运营场所进行检查；有权对项目公司的经营、管理、安全、质量、服务状况等进行中期评估，并有权将评估结果向社会公示，接受公众监督。

④有权委托政府审计机构或中介机构对项目公司进行审计监察，包括但不限于项目公司设立情况、融资到位情况、资金使用情况、项目进度情况、工程质量情况、项目合同执行情况等。

⑤在项目公司严重违约时，有权终止《PPP项目合同》，并按照《PPP项目合同》约定要求项目公司提前移交项目资产并合理支付收购费用。

（2）政府方在合作期内的基本义务。

①已获得政府方及相关部门关于项目的前期立项批复文件、PPP项目批复文件和对项目实施机构的授权。

②协助项目公司获得项目建设相关的许可或批复，包括但不限于施工许可证。

③负责解决项目区域范围内的征地拆迁等土地问题，保证项目公司可在项目期内正常使用项目红线范围内的土地。

④按照《PPP项目合同》的约定及时、足额向项目公司支付政府付费，且政府方将项目的支出责任纳入跨年度的财政预算。

2. 项目公司基本权利义务

（1）项目公司在合作期内的基本权利。

①拥有投融资、建设、运营、维护本项目的权利。

②拥有《PPP项目合同》约定的运营权和收益权的权利。

③要求政府方按照《PPP项目合同》约定支付政府付费的权利。

④在政府方严重违约时，有权要求提前终止《PPP项目合同》，并根据《PPP项目合同》有关约定进行相应补偿。

（2）项目公司在合作期内的基本义务。

①按照批准的初步设计、施工图设计等规划设计文件要求进行项目的投融资和建设，确保项目质量，按期投入运营使用。

②按规定办理项目建设和运营所需的相关手续。

③接受政府方在项目合作期间进行监督管理，对政府方组织的审查工作给予充分配合，提供必要的、完整的、所需查看的各种文字资料，并对资料的真实性负责。

④配合政府方申请政府各类政策性优惠、政府补贴、资金补助、社会捐赠等。

⑤按照合同约定完成本项目的施工准备工作、招标采购（不含施工总承包合同范围内的招标采购）、建设管理及日常维护管理。

⑥完成项目所需的政府部门的各项批准、申报，保证该项目通过报批、审查及验收。

⑦及时向项目实施机构及政府有关部门汇报工程实施过程的重大问题。

⑧按照有关规定接受政府有关部门的管理、监督和协调。

⑨遵守江西省、赣州市制定的相关管理办法和细则的规定。

⑩按项目公司章程规定，健全完善法人治理结构，履行法人职责，承担相应义务。

（二）一般补偿

一般补偿是指合作期内由于特定事件导致项目公司经营成本或资本性支出增加，区建设局据实给予项目公司的补偿。

特定事件包括政府方提出或导致的事件（服务标准提高等）、政治不可抗力（国家征用、没收和重大法律变更等）。

一般补偿的方式可选择直接现金补偿或延长合作期限等方式。区建设局有权选择任意一种补偿方式，并可根据导致一般补偿的特定事件及届时项目实际情况具体确定及调整。

（三）协议终止

《PPP项目合同》终止分为提前终止及合作期限届满终止。在合作期限内，如果发生不可抗力、项目公司违约事件或南康区人民政府违约事件，守约方均可向对方提出协议终止意向并就此进行协商。若双方在一定时间内协商一致，则双方应继续履行《PPP 项目合同》规定的各自义务，否则守约方可以向对方提出协议终止通知，进行项目移交程序，提前终止《PPP 项目合同》。

《PPP 项目合同》届满终止，双方在本合同项下不再有进一步的义务，但到期应付的款项除外；《PPP 项目合同》的终止不影响该合同中争议解决条款和任何在该合同终止后仍然有效的其他条款的效力。

(四) 争议解决方式

甲乙双方在履行合同时发生争议，可以和解或者要求相关部门调解。当事人不愿和解、调解或者和解、调解不成的，双方应向项目所在地具有管辖权的人民法院提起诉讼。

(五) 履约保障

1. 强制保险方案

项目公司应遵循可保风险均应投保的原则，结合项目实际情况购买保险。保险主要包括工程一切险、财产一切险等。其中，工程一切险的受益人为项目公司或政府方指定机构。如项目公司认为需购买的必要的保险险种，经项目实施机构书面认可后，保费由项目公司承担并计入项目总投资或运营成本。项目公司购买保险后，应将保险合同复印件交项目实施机构备案。

2. 履约保函体系

（1）投标保证金。

潜在社会资本在参与该项目采购时，应按采购文件要求提交一定金额的投标保证金作为履行投标义务的保证。投标保证金采用保函形式，保函数额不得超过采购项目预算金额的2%，初步设置为 2000 万元，具体金额以采购文件约定为准。中选社会资本的投标保证金将在《PPP 项目合同》正式签订之日起 5 个工作日内，建设履约保函提交之后无息返还。

（2）建设期履约保函。

该项目要求社会资本向赣州市南康区建设局提交建设期履约保函，主要用于担保承担施工总包任务的社会资本方在建设期能够按照合同约定的标准进行建设，并且能够按时保质完工。

145

根据《政府和社会资本合作项目政府采购管理办法》第二十一条履约保证金数额规定，"履约保证金的数额不得超过 PPP 项目初始投资总额或者资产评估值的 10%"。该项目初步设置履约保函金额为 1.5 亿元。

建设期履约保函的有效期从《PPP 项目合同》生效之日起到建设期结束。在建设期内，如果项目公司未能合格地履行建设义务，政府方有权提取建设期履约保函的相应金额。如果政府方在项目合作期内根据《PPP 项目合同》的有关规定提取建设期履约保函项下的款项，中选社会资本应确保在甲方提取后的 15 日内，将建设履约保函的数额更新到《PPP 项目合同》约定的数额。

（3）运维移交履约保函。

在项目正式运营时，项目公司向区建设局提交运维移交履约保函。运维移交履约保函的有效期从项目正式运营之日起至项目移交日后质保期结束。保函金额不超过项目初始投资额的 10%，初步设置为 1000 万元，具体金额以采购文件和《PPP 项目合同》的约定为准。

在运营期内，如果项目公司未能合格地履行运营义务，政府方有权提取运维移交履约保函的金额。如果政府方在项目合作期内根据《PPP 项目合同》的有关规定提取运维移交履约保函项下的款项，项目公司应确保在政府方提取后的 15 日内，将运维移交履约保函的数额更新到《PPP 项目合同》约定的数额。

三、《股东协议》主要内容

（一）项目公司设立

城发公司作为政府方授权出资代表，与中化南投公司共同出资设立项目公司。项目公司的组织形式为有限责任公司。

（二）项目公司的注册、出资、股权及管理权

1. 项目公司注册地址及时间

（1）注册地点：江西省赣州市南康区。

（2）注册时间：草签《PPP 项目合同》后 30 个自然日内到工商行政机关办理登记注册手续。

（3）项目公司形式为：有限责任公司，公司以其全部财产对其债务承担责任。

（4）注册资本：项目公司注册资本为 2 亿元，按照城发公司与中化南投公司出资比例 1:9 各自以货币形式出资到位。项目公司注册资本要求中选社会资本和城发公司按照出资比例在《PPP 项目合同》约定时间内一次性出资到位。

2. 合作双方出资比例、股权及管理权

（1）项目资本金：该项目资本金为项目总投资的 30%。中化南投公司与政府方授权出资代表的出资比例为 9:1。项目资本金在公司成立 2 个月内到位 50%，双方按出资比例同步到位，其余按施工进度需要、资金拨付要求和融资需要逐步到位。

（2）项目公司股权结构：城发公司股权比例为 10%，中化南投公司股权比例为 90%。

（3）管理权。项目公司是具有独立法人资格的企业。项目公司的管理人员主要由中选社会资本、城发公司共同推荐，由项目公司聘用，履行公司经营、组织管理、人事任免、财务管理的职责。项目公司设股东会，股东会议由股东按实缴出资比例行使表决权。重大事项须经全体股东表决一致通过。

（三）项目公司的运作管理

项目公司成立后具体负责该项目的投融资、建设、运营和维护管理工作，项目公司应始终遵守一切有关的法律、行政法规和部门规章以及其他规范性文件的规定，保证签订的与该项目有关的《PPP 项目合同》《公司章程》《股东协议》、履约合同、工程文件、融资合同、保险合同等文件符合国家有关法律、法规的规定，并与本方案不相抵触。

（四）项目公司的财务运作及监管

在该项目建设过程中，项目公司资金只能通过工程项目资金专用账户用于该项目投资建设，不得用于与其无关的经济活动。该项目资金的提取应本着必须、合理的原则。

（五）项目公司股权变更

在该项目合作期内，未经政府方书面同意，项目公司各股东之间在合作期内不得减持股份、相互转让股份或退出，不得将其所持有的项目公司的股权转让给项目公司股东以外的第三方。

（六）相关配套安排

政府方负责实施项目用地范围内的征地拆迁和三通一平工作，并保证项目公司在项目用途范围内能够正常使用项目用地。该项目征地拆迁等土地费用，除子项目1外（金额上限为4亿元），不纳入该PPP项目投资范围。

政府方还将为该项目建设施工所必需的包括水、电、临时配套设施等给予必要的协助支持，由此所发生的任何费用由项目公司承担，并纳入该PPP项目投资范围。

第六节 交易结构

一、项目法人组建

（一）注册资本

项目公司注册资本约为2亿元，由城发公司与中化南投公司按照出资比例1:9以货币形式出资到位。城发公司和中化南投公司的注册资本到账时间要求保持一致[①]。

项目公司注册资本要求城发公司和中化南投公司按照约定出资比例在项目公司成立1个月内全部到位。项目资本金在项目公司成立后2个月内到位50%，双方按出资比例同步到位，其余按施工进度需要、资金拨付要求和融资需要逐步到位。

中化南投公司的注册资本及项目资本金在筹集过程中所产生的融资成本政府方不予承担。如股东任何一方的注册资本或项目资本金根据《PPP项目合同》约定出现迟缴，则区建设局有权要求向其支付违约金，每逾期一日，按照应缴未缴注册资本或项目资本金总额的日万分之五向区建设局支付违约金；迟缴超过三十日的，区建设局有权解除《PPP项目合同》。

---

① 赣州市南康区建设局. 南康区公共服务（三区）PPP项目实施方案［R］. 2018.

（二）公司治理结构

（1）项目公司按《公司法》设股东会、董事会。

（2）项目公司董事会设 5 人，中选社会资本委派 4 人（股东各方至少委派 1 人），城发公司委派 1 人。董事长在中选社会资本委派的代表中产生，并担任项目公司的法定代表人；副董事长在城发公司委派的代表中产生。

（3）项目公司不设监事会，设监事 1 名，由城发公司直接委派。项目公司高级管理人员中，总经理由中选社会资本提名，由董事会聘任。城发公司委派 1 名副总经理，其他副总经理由中选社会资本委派。

（4）项目公司财务总监由中选社会资本委派，城发公司委派 1 名财务副总监，履行财务监管职责，并掌管项目公司财务章。项目公司向施工承包单位支付工程款时，必须经过城发公司委派的财务副总监签字、加盖印鉴后方能支付。

（5）董事经批准可受聘兼任高级管理人员。

（三）公司股权变更

在该项目合作期内，未经政府方书面同意，项目公司各股东之间不得对其所持有的项目公司股权进行转让，且在合作期内不得减持、退出或将所持有项目公司的股份转让给第三方，因融资所需的股权变更须经政府方书面同意后执行。

（四）项目公司收益分配机制

项目公司在项目合作期内将获得政府方按照《PPP 项目合同》约定支付的政府付费。项目公司利润分配应以项目公司不影响《PPP 项目合同》的履行为前提，城发公司不参与项目公司税后利润的分红，也不承担任何经营风险和经营亏损。

二、项目投融资结构

该项目资本金不低于项目总投资的 30%，由中化南投公司与城发公司按照出资比例 9∶1 分别自筹解决，双方均以货币形式出资。该项目资本金要求在公司成立 2 个月内到位全部资本金的 50%，其余资本金按照项目进展情况、资金拨付使用需要和融资需求逐步出资到位。资本金逾期到位的违约机制按照注册资本逾期到位的违约机制执行。

如因项目规模或贷款条件调整等导致需要追加或减少项目资本金的，由中化南投公司和城发公司根据项目建设情况按照约定出资比例同比例追加或减少项目资本金。追加或减少项目资本金后，项目公司治理结构和决策机制保持不变。

项目所需的除项目资本金以外的其余资金由项目公司申请银行贷款或通过其他融资渠道解决，政府方对项目公司的融资行为不提供任何担保或信用支持。合作期满，项目不得附带任何债务、抵押、质押、留置或担保。若未来项目公司因社会资本的资本金不按期足额到位或融资协议未按期落实等原因导致项目无法正常建设的，应由中化南投公司向项目公司提供股东借款，确保项目顺利实施。

三、项目回报机制

该项目回报机制采用"政府付费"机制，项目公司提供项目设施建设、运营维护服务。财政部门将根据预算管理要求，依据项目合同约定将财政支出责任纳入年度预算和中期财政规划，按项目绩效考核结果向社会资本支付相应对价。

（一）项目收益条件设定

（1）项目合作期内，该项目社会资本承担建设成本的合理利润率不高于8%，以中选社会资本报价为准。

（2）该项目的工程预、决算编制执行江西省现行的清单计价规范、相关定额和相应工程类别取费标准。

（3）该项目融资资金由项目公司申请银行贷款或通过其他融资渠道筹集，政府方不提供任何担保或信用支持。

（4）项目资本金以外的债务性资金的融资成本按照中国人民银行人民币贷款五年期以上基准利率的130%测算确定。融资成本高于上述规定，超出部分融资成本由社会资本或项目公司自行承担。

（5）城发公司不参与项目公司税后利润的分红，也不承担任何经营风险和经营亏损。

（6）项目公司在合作期内拥有项目运营维护权、收益权，项目资产所有权始终归政府所有。

（二）政府付费计算方法

该项目采用政府付费模式，项目公司提供建设、运营维护服务，政府方支付政府付费。政府付费计算公式如下：

$$政府付费 = (社会资本承担建设成本及合理回报 + 养护费) \times S$$

$$年度政府付费 = \left[\frac{社会资本承担的建设成本 \times 合理利润率}{1 - (1 + 合理利润率)^{-13}} + 年度养护费 \right] \times S$$

$$社会资本承担的建设成本 = 项目总投资 - 政府方出资资本金 - 投资补助$$

其中：

投资补助是指该项目获得的上级补助资金，并在建设期用于建设支出的资金。

1. 社会资本承担的建设成本及合理利润

社会资本承担的建设成本及合理利润是指在项目竣工验收后，以该项目社会资本承担建设成本（项目总投资减去政府方出资代表出资资本金及投资补助的建设成本）为基数，按照项目的合理利润率采用年金法方式计算得出的项目运营期13年内每年均匀支付额度。

2. 养护费

该项目养护费指项目公司按照《PPP项目合同》约定的养护范围进行养护，政府方根据中选社会资本对养护费的报价和绩效考核结果进行支付，并根据价格调整机制进行调整的项目养护费用。

3. 绩效考核系数S

绩效考核系数S是该项目进入运营期后根据绩效考核机制考核得出的绩效考核系数S。

（三）政府付费支付方式

该项目中各个子项目竣工验收后，分别进入运营期。政府方在各个子项目进入运营期后每年支付一次，每年年底按照《PPP项目合同》的约定并依次执行调整机制、绩效考核机制核算当年政府支付规模，在第二年的6月30日前按照政府有关部门审核认定的支付规模再行支付。

（四）政府付费规模

该项目财务测算假设在整个合作期内，社会资本承担的建设成本的合理利润率暂按8%测算，项目资本金占项目总投资比例为30%，社会资本承担的建设成本及合理回报采取年金法计算支付给项目公司。

该项目按照规定测算依据、计算方法和支付方式执行，且暂不考虑项目调整机制、绩效考核机制对支付规模的影响，据此测算该项目在合作期内支付给项目公司的支付规模。经测算，运营期内政府支出规模共计438278万元。

合作期内年度政府支付规模在项目实操过程中，将因项目投资变更、建设进度调整、中标人投标项目合理利润率及造价下浮率、项目定价调整等因素同步调整，并根据价格调整机制、绩效考核机制对政府支付规模进行调整核定，确定各年政府支付规模的实际值。

（五）价格调整机制

该项目因通货膨胀、人力成本增加等因素，对项目整体收益产生重要影响时，可由中化南投公司向该项目实施机构提出调价申请，经政府方批准同意后调整，而其他如项目公司因为自身管理不善导致的经营成本上升则不在调价范围之内。

该项目的运维养护费在第 3n 个财务年度进行第 n 次调价，具体调价公式如下：

$$P_{3n+1} = P_{3n} \times K_n (n = 1, 2, 3)$$

其中：

P_{3n+1} 表示经调整后的第 3n + 1 年实行的运维养护费；

P_{3n} 表示第 3n 年的运维养护费；

K_n 表示调价系数，计算公式为：

$$K_n = C_1 \times \left(\frac{E_{3n}}{E_{3n-2}} \right) + C_2 \times \left(\frac{L_{3n}}{L_{3n-2}} \right) + C_3 \times (CPI_{3n} \times CPI_{3n-1} \times CPI_{3n-2} \times 10^{-6})$$

C_1 表示第 3n 个财务年度的能耗费（包括水费、电费等）占运维养护费的比重；

C_2 表示第 3n 个财务年度的人工费占运维养护费的比重；

C_3 表示第 3n 个财务年度的其他费用占运维养护费的比重；

$\dfrac{E_{3n}}{E_{3n-2}}$ = 第 3n 个财务年度电价/第 3n - 2 个财务年度电价 × 第 3n 年电费占运营成本比重 + 第 3n 个财务年度水价/第 3n - 2 个财务年度水价 × 第 3n 年水费占运营成本比重;

$\dfrac{L_{3n}}{L_{3n-2}}$ = 第 3n 个财务年度江西省在岗职工平均工资/第 3n - 2 个财务年度江西省在岗职工平均工资;

$CPI_{3n} \times CPI_{3n-1} \times CPI_{3n-2}$ = 第 3n 个财务年度江西省居民消费价格指数 × 第 3n - 1 个财务年度江西省居民消费价格指数 × 第 3n - 2 个财务年度江西省居民消费价格指数。

| 第八章 |

项目运营绩效

第一节　绩　效　考　核

项目通过竣工验收正式进入运营期后，区建设局根据绩效考核评分办法进行考核，据此得出绩效考核评分，并根据绩效考核机制实际核定年度政府支付规模。

一、考核原则

坚持公开、公平、公正和量化数据考核为主的原则，坚持日常考核和定期考核相结合的原则，坚持考核与评议相结合的原则。

二、考核对象及内容

（一）考核对象

项目公司：赣州市南康区拓康工程项目建设有限责任公司。

（二）考核内容

该项目的设施维护、运行管理、应急保障措施、财务规章制度情况及公众满意度等。

三、考核方法

区建设局负责联合行业主管部门等组织考核工作。考核分为定期考核、随机考核及监督考核。

（一）定期考核

占总分值80%。定期考核每年考核两次，在项目公司向政府相关部门每半年提交一次运维报告后 5 日内进行，并在 15 个工作日内完成。定期考核覆盖全部运营范围内容。

（二）随机考核

占总分值20%。在每个考核周期内频次不低于 1 次，政府方可以随时自行考核项目公司的运维服务绩效，如发现缺陷，则需在 24 小时内以书面形式通知项目公司。项目公司在接到政府的书面通知后，应在绩效考核要求的时间内修复缺陷。

（三）监督考核

出现社会媒体曝光、公众举报等情形，经调查情况属实的酌情扣减考核得分。无论是定期考核、随机考核还是监督考核不合格的，项目公司皆应及时修复缺陷。定期考核或随机考核的绩效考核结果低于 80 分的，或者监督考核有明显需要进行项目整改的，区建设局有权告知项目公司评分结果并要求项目公司进行必要的整改工作，整改费用由项目公司支付。对于项目公司怠于或延迟修复缺陷/整改的，区建设局有权介入自行或聘请第三方进行整改，并根据《PPP 项目合同》提取项目公司履约保函中相应金额已支付整改实际发生的费用，不足部分可从项目公司应获得的政府付费中扣除。

（四）综合评分

区建设局在每个自然年的所有考核结束后汇总评分结果，并按照（定期考核平均分×80% + 随机考核平均分×20%）计算得出年度考核综合得分。绩效考核的年度考核综合得分与政府付费挂钩，作为核算当年政府付费数额的依据。项目政府付费根据绩效考核得分情况支付情况如表 8 - 1 所示。

表8-1　　　　　　　　　　　　　项目绩效考核得分

考核综合得分	绩效考核系数 S	政府付费付费额
[80，100]	100%	政府付费×100%
[70，80]	90%	政府付费×90%
[60，70]	80%	政府付费×80%
[00，60]	60%	政府付费×60%

注：年度考核综合得分在60分及以下的，乙方须在甲方规定的时间内整改合格，并通过验收，乙方再行支付政府付费。

（五）考核内容

绩效考核采用百分制。项目绩效考核评分细则在项目进入运营期第一年内由项目公司根据项目实际建设及运营情况细化完善，形成《项目运营维护管理工作考核评分实施细则》后报区建设局审议通过后执行。在运营期第二年及以后，区建设局会同行业相关主管部门等按照《项目运营维护管理工作考核评分实施细则》的考核办法每半年至少进行一次定期考核和一次随机考核，并按照《项目运营维护管理工作考核评分实施细则》进行评分。

该项目绩效考核内容如表8-2所示。

表8-2　　　　　　　　　　　　　绩效考核内容

	考核内容	权重占比
公司规章制度	建立完善的规章制度且正常执行，包括目标管理制度、人力资源管理制度、考勤制度、值班工作制度、设施运营维护手册、应急管理制度、物资管理制度、档案管理制度等	5%
公司财务	建立完善的企业财务管理制度，规范财务管理，执行财务预算和核算工作，资金到位正常，维护资金和财产安全，按期完成各类报表及说明书工作，会计档案齐全，财务管理有序	5%
设施养护	项目设施养护管理制度健全，技术措施完善，管理得当；养护机构健全，管理有序；资料档案齐全，管理规范；设施使用正常，整洁有序，正常养护且修复及时	60%
经营管理	项目经营管理机构健全，管理有序；项目年度经营计划清晰详尽且落实到位，项目经营执行情况基本实现项目经营计划	10%

续表

	考核内容	权重占比
运营安全	安全管理机构健全，安全工作规范，应急预案完善；事故处理及时妥当，基本无人员、财产等重大安全事故发生，记录完整、档案齐全	10%
环境保护	环保管理制度和措施完善；加强环保设施、环境污染事故的管理，运营过程实行全过程污染控制；基本无重大环境污染事故发生	5%
社会稳定	加强落实项目维护稳定工作；建立完善群体性事件等应急预案；定期开展重大隐患排查工作，妥善处理群众投诉；基本无突发重大群众性事件，项目运行稳定	5%
合计		100%

第二节　效益评价

一、子项目1

子项目1为赣州港至机场快速路连接线工程项目，该项目建成后对南康区的交通运输发展有巨大的推动作用，其效益主要体现在以下两个方面。

（1）该项目工程建成后，由于行驶车速提高和行驶里程缩短，同时也吸引了附近路网的交通量，使附近网行驶车速提高，从而获得了车辆运输成本节约效益和时间节约效益。

（2）该项目国民经济投资内部收益率为12.13%，均大于社会折现率；当成本增加10%、效益减少10%时，内部收益率大于8%，说明该工程具有较好的抗风险能力。该项目的建成可以较大程度地提高原有道路的通行条件，提高道路服务水平；而良好的道路通行条件可以减少交通事故的发生，并为附近居民的出行带来极大的便利，取得一定的社会效益。

二、子项目2

子项目2为和谐大道西延（南康区段）工程项目，该项目的效益主要体现在受益群体及社会影响两方面，具体如下所示。

（一）项目主要利益群体分析

该项目建设有利于推进城区整体发展，为实现南康区"十三五"规划作出贡献；项目建设采用当地物质资源和人力资源，社会效益显著。项目实施后有利于城区与其他地区的经济交流，实现货物的快速流通和交换，同时使得周围居民出行更方便，从而为其提供了更为广阔的就业交流机会。

该项目的建设是改善区域干线路网布局的需要，是城市总体发展规划的需要，是社会经济发展的需要，是促进沿线经济发展的需要。沿线各级政府及广大的居住群体是项目的直接受益者，沿线区域的运输条件得到改善，有利于社会与经济的发展，有利于提高沿线人民的收入，改善人民的生活环境。因此，该项目得到了区、乡镇各级政府及村委会的积极支持。

该项目的建设，最直接的受益者就是路线区域范围内的居民，在项目组进行现场调查过程中，当地居民对项目的建设给予了极大的关注，不时询问项目的进展情况，对项目组的调查给予了积极的配合，也明白项目建设的最大受益者是谁。因此，可以说不同利益群体都对该项目的建设持积极的态度，这为该项目的建设提供了较好的群众基础。

（二）项目对全社会的有利影响

城区道路建设工程是关系到国家民计民生的社会公用工程，其本身不能带来直接收益，但道路基础设施建成以后，可以带动周边地块的增值，带动城市开发与利用。该项目属于城市道路基础设施建设，不生产实物产品，而是为社会提供运输服务。

该项目建成后对区域经济发展起到极大的推动作用和综合效益，具体体现在以下四个方面。

（1）促进区域工业产业转型升级，改善城区的交通环境，完善城市道路基础设施，提高道路通行能力，方便出行，缓解周边相关道路的交通压力，减少交通事故发生。

（2）土地综合开发利用和增值，该工程的建设可带动道路两侧土地的改造、土地开发和增值；改善城区投资环境，提高地块价值，吸引外资；促进区域工业产业转型升级和加快地方城镇化进程。

（3）有利于拓宽城市骨架，扩大城市的规模，美化城市环境，提高城市整体形象，推动文明城市建设和城区经济发展。

（4）扩大就业，为区域农民脱贫致富创造条件。且沿线对基础设施的需求将不断上升，为满足社会需求，促进社会综合事业、通信、文教、卫生等事业将得到迅速发展。

三、子项目 3

子项目 3 为南康区城区背街小巷提升改造及城区道路"白加黑"工程项目，该项目建成后的效益主要体现在以下四个方面。

（一）促进区域经济发展

该工程的建设较大程度地改善了当地的环境和城市状况，有助于新的城市面貌形成，完善城市功能，对进一步发展南康区城市经济起到了应有的保障作用。同时，该工程的修建为优化城区的投资环境、加快城市化进程创造了有利条件，城市品位的提高将会对区域经济的发展起到良好的推动和促进作用。

（二）改善城区交通现状

该项目建成后，该区域将基本形成东西南北横竖贯通、四通八达的城市交通网，大大缓解目前市区交通拥挤、通行不畅的局面，有利于扩大城市容量，改善交通环境，缓解市区交通拥挤状况，实现车辆分流，提高车辆速度，减少交通堵塞和交通事故，每年可减少交通损失 300 万元以上。项目建成后，与区工业园区相通连的干道路网基本形成，城区道路网络将得到进一步的完善，可促进该区现代化城市的道路框架尽快形成，提高城市服务功能。

（三）带动产业经济发展

该项目的建设实施，将直接带动当地工程建筑业、运输业等相关行业，带动大批的剩余劳力就业，并全面带动该地区第二、第三产业的提升，有力地拉动内需。同时，道路的改善有利于进一步沟通对外网络，使该地区地处淮海经济区腹地的战略地位和东向长三角经济圈、北依环渤海经济圈的综合优势更加明显，综合经济实力将得到进一步增强，从而为进行投资的企业发展提供更加广阔的空间。

（四）沿线土地增值

该项目的实施，将会较快地拉动项目影响区域的开发建设，带动该地段区域经济的发展，提高地域经济价值，使其土地资源得以充分开发利用，加快可用土地增值速度及功能转换，形成城市骨架，构筑城市发展热线。同时，刺激道路两侧的土地增值，将收益应用于城区道路路网改造工程等以扩大城市基础设施建设，可有效地解决城市基础设施建设的资金问题，促进现代化城市建设的良性循环。

四、子项目4

子项目4为南康区2018年农村公路拓宽改造提升工程项目，该项目属农村基础设施建设项目，其效益主要表现在社会效益和环境效益上，也可产生显著的间接效益，具体如下所示。

（一）交通运输

（1）该工程的建设较大程度地改善了区域内农村路网和公路网结构。通过项目的建设，将进一步拉大区域内的框架。同时，项目的建设提高了车速，大大缓解了这一区域的交通拥堵状况和区域内道路交通压力，真正发挥其在农村路网中的主干作用和整体作用，保证了路网体系的正常运行和功能发挥，改善了区域内的交通出行条件和交通环境，增加了该地区的交通出行能力。

（2）随着车速的提高和车辆行驶外部环境的改善，极大地增加了车辆行驶的经济效益，项目投入使用当年就可节约相当大的时间效益，且燃油及轮胎的消耗也将大大减少；同时，随着该工程建设中各种交通构筑物和交通防护设施的运用，也较大地减少了车与车、人与车等之间的交通事故，将事故引起的经济损失降到最低，相应提高了经济效益。

（二）居民生活

（1）随着工程各项基础配套设施的修建，区域内农村公路整体作用得到增强，城市功能进一步发挥，该地区居民的生活质量和生活水平也将得到较大的改善；随着工程的修建，增加了区域内的土地硬化面积，这样极大地改善沿线卫生状况，整洁了空间，卫生死角得以消除，居民的生存环境和生活环境得到改善。

（2）由于该项目的建设，极大地改善了农村的交通环境，增强了招商引资的吸引力，大量工业企业的聚集，将为当地居民提供更多就业岗位，从而增加了当地居民的收入，使居民的生活水平有了显著的改善和提高。

（三）经济发展

（1）随着该工程的修建，将会较快地拉动区域内的总体开发建设、带动资源土地开发，提高地域经济价值，使其土地资源得以充分开发利用，加快可用土地增值速度及功能转换，形成城市骨架，从而大力提升赣州市的城市品位，进而充分带动城乡一体化的建设。

（2）该工程的修建为改善优化区域内的投资环境，加快产业发展和城市化进程，扩大城市规模创造了有利条件；同时，对赣州市现代经济的发展起到了良好的推动和促进作用。

五、子项目5

子项目5为南康经济开发区工业园基础设施项目，该项目建成后，其效益主要体现在社会效益、环境效益方面，具体如下所示。

（一）经济发展

（1）该项目的建设将极大地改善南康经济开发区的交通物流环境，缩短在途时间和运输距离、降低机动车耗油量及运输单位成本，体现出良好的节能效益。同时，该项目的实施可以大幅度提高经济影响区域的通行能力、运输能力，实现经济发展，达到高效率通行与运输的效果。

（2）该项目实施，将带动区域内经济开发区的基础设施建设，完善工业园区功能，对当地的相关行业发展具有巨大的带动作用，为将区域内经济开发区建设成为该地区工业发展平台，对推进南康区实现工业强区战略具有积极的意义。

（3）该项目实施后，该地区区域经济结构得到进一步优化，对区域经济和社会发展将起到极大推动作用，也对促进区域经济持续发展具有积极作用。

（二）保障民生

（1）该项目的建设对解决下岗再就业起着重要作用。首先，该项目建设投资大、需要大量的水泥、砂、卵石等材料的劳动力；其次，项目建成后，诸多生产企业的入园，对解决下岗职工再就业和农村剩余劳动力，增加就业者收入都具有重要的作用。

（2）该项目的实施将大大改善区域内及下游地区的水质，美化居住环境，提高人民生活质量，保障人民身体健康，有助于促进人与自然的和谐发展，建设一个生态可持续发展的社会。

| 第九章 |

项目风险分析

该项目各子项目风险类型如表 9 - 1 所示。

表 9 - 1　　　　　　　　　　子项目风险类型

序号	子项目名称	环境风险	社会风险	其他风险
1	赣州港至机场快速路连接线工程项目	√	√	
2	和谐大道西延（南康区段）工程项目	√		√
3	南康区城区背街小巷提升改造及城区道路"白加黑"工程项目		√	√
4	南康区 2018 年农村公路拓宽改造提升工程项目	√		
5	南康经济开发区工业园基础设施项目	√		

第一节　环境风险

一、子项目 1 和子项目 2

子项目 1 与子项目 2 风险分析较为类似，合并为一节进行说明。

（一）环境风险分析

1. 工程施工期

（1）施工期间修筑路基的挖方填土、借土弃土、场地平整，施工队伍入 163

场等都会造成地表植被一定程度的破坏，影响生物栖息的生态环境，增加水土流失，改变自然流水形态，加剧水质恶化，不利于农田水利灌溉。

（2）筑路材料采购运输、拌和、借土弃土和土石方调运等会造成短期内粉尘对空气的污染。运输车辆的增加和运土石方的落土也会影响公路网的交通条件，对原有交通秩序产生较大干扰。施工机械作业产生的噪声，对沿线附近居民生活和休息产生不同程度的影响。施工队伍大量副食品供应和供水供电给当地经济市场带来一定的压力。同时大量施工人员产生的生活污水、粪便、垃圾对当地的环境产生较大的局部污染。大量机械作业的尾气排放和油污也对空气和土壤造成一定污染。

（3）施工期项目对空气的污染主要是尘污染，以总悬浮颗粒物（TSP）为评价指标。该项目推荐方案采用沥青砼路面，施工期污染来自三个方面：一是灰土拌合工序；二是施工现场车辆和筑路机械运输产生小灰尘；三是水泥砼拌合站及筑路材料装卸过程中产生的少量粉尘。施工车辆在未铺装道路上产生的扬尘污染较严重，影响范围较大，与气象因素相关很大，采取对施工道路的洒水措施，可减少起尘量。

2. 项目营运期

（1）道路交通。

营运期意味着项目巨大的经济效益和社会效益，同时也意味着对环境长期影响的开始。随着交通量的与日俱增，噪声和汽车尾气及粉尘污染逐渐加剧。噪声对沿线附近居民工作和休息产生长期的不利影响，尾气、粉尘对居民生活、农田、土壤、水质等影响较明显，呈逐步加重的发展趋势。同时，随着营运期而来的一些恶性运输交通事故将对公共健康、地面水质产生污染影响。

（2）道路空气。

大气污染受到污染源、气候条件、地形条件、交通条件和道路结构等因素影响。汽车尾气排放是道路大气污染的污染源。它与交通量大小及构成、车辆运行状况等有关，尾气排放源强度取决于发动机排放特性和运行情况。汽车尾气对大气影响最大的是氮化合物。建议汽车采用无铅汽油，降低汽车尾气污染物的排放浓度，如安装尾气净化装置等。

（二）环境保护措施

赣州港至机场快速路连接线工程的建设一方面对加快城区建设、促进社会进步和经济繁荣具有重要意义，另一方面对环境也带来一些不利影响，采取如下措施。

1. 项目施工期

（1）路线方案对策。

①路线布设应尽可能与自然景观协调，少占农田、尽可能避免占用基本农田，少占可耕地和经济林，少拆房屋，保护自然资源；路线穿过水田，隔断了原有的灌溉系统和水利设施，应适当增加涵洞数量，保证灌溉系统的完整性。

②桥涵孔径必须满足泄洪要求，保证水流通畅，不淹没农田，不冲毁道路、民用建筑及农田水利设施。

③沿线设施除道路及房屋建筑外，均应植树或植草，其造型和色调应与自然景观协调，为司乘人员提供安全、优美、舒适、整洁的旅行和休息环境；公路两侧栽植树木、种植草皮等，恢复植被，美化沿线自然景观。

④提高工程质量，加强维修养护和管理，保证路面的平整度，以减少汽车行驶过程中产生的振动和噪声。

（2）路基边坡防护对策。

①路线两侧尽量植树造林，填方和挖方边坡宜采用必要的工程措施进行防护，并植草或种植其他植物，使道路形成绿色林带。

②做好路基路面排水设计，应设置必要的边沟、排水沟、截水沟、急流槽、盲沟等排水设施，将水排至路基外的天然河流中。

（3）借方、弃方及水土保持对策。

①施工时，路基取土、弃土应做到规范化，取土场应尽可能设置在荒山、坡地，弃土尽可能堆积在低洼荒地上，能复垦的取土场及弃土堆可恢复为耕地，不可复垦的可种植树木，防止水土流失。

②取土场及弃土场应进行复垦设计，不能复垦的应栽植树木或采取工程措施，防止水土流失。

③临时便道、施工场地应植树或植草，以防止水土流失。

（4）绿化恢复植被对策。

①经过村屯的路段应栽种多排高低相间的树木，防治或消除噪声对居民的干扰；经过学校的路段，应采取栽种树木或设置隔音墙等措施，确保学校正常的教学环境。

②施工结束后，被破坏的植被要恢复原貌，被碾压的农田需要松土，将施工前堆放在一起的种植土重新覆盖耕地表面。经过精心设计和施工，使公路建成后与自然环境相协调，保持生态平衡，从而对沿线的环境起到改善和美化的作用。

（5）水环境保护措施。

该项目对水环境的污染主要为施工期桥墩施工产生的含泥沙废水和其他施工废水以及施工人员产生的生活污水。洗砂石料用水，经过沉淀后循环使用，对地下水质的影响较小；施工营地生活污水通过用化粪池处理后排放，对地下水质的影响较小。

（6）立交施工期保护措施。

扬尘污染主要在施工前期路基填筑过程，以施工道路车辆运输引起的扬尘和施工区扬尘为主。通过及时洒水防尘，并经常清扫路面防止二次扬尘，路基填筑时，根据材料压实的需要相应洒水，以保证材料不在空中飞扬，可减小扬尘对环境空气的污染。

沥青在拌和站进行加热、拌和过程以及路面工程铺设时均会产生沥青油烟，造成局部区域的空气质量下降。沥青在加热、铺设时烟气污染影响在一个较小的范围内，对沿线居民的影响较轻，但对操作人员有一定的影响，因此需要对施工人员采取一定的保障措施。

施工期混凝土集中搅拌时搅拌机应有除尘装置。施工现场应合理布置，堆场、混凝土搅拌场应远离居民点，对易起尘物料实行库内堆放或加盖篷布。运输水灰、石灰时，装载不宜过满，对易起尘的物料要加盖篷布。运输材料的道路及施工现场应配合洒水设备，定时在作业区洒水，并及时清扫道路上的积土。

（7）声环境保护措施。

快速系统施工期间的噪声主要来自施工机械和运输车辆，一般都具有噪声强度高、无规律等特点，如不加以控制，将会对附近产生一定的影响。

2. 项目营运期

（1）营运期会给周边环境带来一定的噪声污染，可对所有噪声敏感点采用声屏障、加高围墙或绿化降噪等措施，使噪声污染程度达标。

（2）立交营运期对地下水环境的污染主要表现在汽车尾气排放物、路面滴油、轮胎摩擦微粒、尘埃等随桥面雨水径流集中收集进入雨水井。

（3）进行道路两侧植被的恢复和绿化工作，车辆行驶过程中所产生的噪音和粉尘会被大量吸收，减轻或消除对周围环境的影响。

二、子项目4

（一）环境风险分析

城市道路改造建设同其他建设项目一样，在建设和营运阶段会对环境产生一定的影响。其对环境的影响主要包括以下四个方面。

1. 声环境影响

交通噪声污染是对城市道路沿线人群影响最直接的环境污染之一。道路施工时不可避免地要穿越或擦过村庄、学校、医院等噪声敏感区域，城市道路建设期和营运期的噪声会对这些敏感点产生影响。

（1）城市道路改造施工期间，作业机械品种多，这些机械运行时在距声源15米的噪声值为75～105分贝（A），在距打桩机15米处声级范围为95～105分贝（A），这些突发性非稳态噪声源将对周围环境产生严重影响，但施工期噪声影响随着施工的结束而消失，因此其影响是暂时的。

（2）在城市道路上行驶的机动车辆噪声源，为非稳态源。城市道路营运后，车辆的发动机、冷却系统、传动系统等部件均会产生噪声，另外，行驶中引起的气流湍动、排气系统、轮胎与路面的摩擦等也会产生噪声。由于城市道路路面平整度等原因而使高速行驶的汽车产生整车噪声。营运期交通噪声的影响是长久的，且随着营运时间的推进，营运车辆也将逐步增长，从而其噪声影响也将越来越大，当车流量达到5000辆/日（折合成标准小客车）以上时，其影响范围较大。

（3）对于不同等级的城市道路而言，由于路况不同，车速不同，因此在相同车流量时，其影响范围也有所不同。

2. 大气质量影响

城市道路建设中环境空气质量的影响主要为粉尘污染，城市道路营运期对环境空气的影响主要为氮氧化合物、碳氢化合物。

（1）路基施工中渣土的装卸、运输、拌合过程中有大量粉尘飘散到周围大气中；道路施工时运送物料的汽车引起道路扬尘污染；物料堆放期间由于风吹等也引起扬尘污染。尤其是在风速较大或装卸、汽车行驶速度较快的情况下，粉尘的污染更为严重。

（2）运送城市道路施工材料、设备的车辆，内燃机、打桩机等施工机械的运行都会造成一定程度的大气污染，但影响范围和程度较小。

（3）城市道路营运期间产生的废气污染因所处区域位置的不同而存在一定的差别，通常城市中心区的道路废气污染影响较大。由于该工程道路多在开阔的郊外，废气相对较易迁移、扩散，且车流量和道路密度都要比城市中心区相对较小，因此大气污染相对较轻。

3. 水环境影响

城市道路建设产生的水污染主要在施工阶段比较集中，且主要是点的污染。

（1）施工期可能使原表层及地中层的地下水和排水系统遭到破坏，从而影响局部地表或地下径流，甚至改变局部地区土壤的特性。

（2）施工中堆场占地，或因工程需要使一些水利渠道填埋或改线，影响原有排水方式，尤其在暴雨之后常可以见到城市道路一侧农田积水现象，使农作物生长受到短暂的影响。

（3）施工营地的生活垃圾往往就地堆放或直接倾入河流，有可能污染周围水体，需要配置相应污染处理设施，生活垃圾则要集中堆放和及时清运。

4. 固体废物影响

施工期使用的大量建筑材料，物料运输中抛洒、使用后剩余的堆积的石块、土方，以及挖方路段的弃土等固体废物，若没有及时处理，在一定条件下会发生化学的、物理的或生物的转化，对周围环境造成一定的影响。如果处理、处置不当，污染成分就会通过水、气、土壤、食物链等途径污染环境，危害人体健康。

（二）环境保护措施

南康区城区道路"白改黑"建设工程的建设和营运阶段会对城区及沿线周边的社会环境、生态环境、水环境、声环境和大气环境等产生一定的影响，其中以交通噪声对环境的影响最为严重。

1. 声环境保护措施

加强施工期间的噪声防治。在道路运营期间，对城市道路附近的学校、工厂和其他单位，根据具体情况采取噪声防治措施，如修建高围墙、设置声屏障、临路两侧密集植树绿化、建筑物设置双层窗或封闭外走廊等；同时，通过设置禁止鸣笛标志，以及加强交通管理等一系列综合防治措施，可以将噪声的影响降至最低。

2. 大气环境保护措施

道路两侧密植乔木、灌木，既可净化吸收车辆尾气中的污染物，减少大气中的总悬浮微粒物，又可美化环境、降低噪声和改善道路路域景观。

3. 水环境保护措施

注意处理施工期的施工废水，并制订好营运期道路排水方案，可有效地减少道路建设对地表水的环境污染。

4. 固体废物保护措施

应将危险品泄漏污染事故应急纳入地方政府事故应急体系，同时要求道路管理部门做好应急计划，完善道路通信联络系统，在发生紧急事故时，可对事故进行应急处理，将事故控制在最小范围内，将污染影响降为最低。

三、子项目5

（一）环境风险分析

1. 水土流失影响

道路施工不可避免地会造成一定的水土流失，为此在道路施工期间，应切实执行《中华人民共和国水土保持法》，采取切实可行的防止水土流失的工程措施。

（1）施工时，应先做好坡脚挡土墙和沿河挡水墙，然后进行砌坡填土，并应注意避免雨季开挖修筑路基。

（2）沿河路段废弃土石方不得就近倾倒入河道中，必须设置弃土堆积处集中弃土，并采取必要的排水防护和绿化措施。

（3）作好路基排水。沿线气候温和，雨量充沛，暴雨强度较大，为防止路基边坡冲刷以保排水通畅，当挖方边坡较高时，于坡顶设置截水沟以防边坡冲蚀失稳，路基经过特别潮湿地段，设置纵横向碎石盲沟或用塑料排水管组成系统，将水排出路基外。

2. 水环境影响

（1）施工期。

施工期间对沿线的水源有一定程度的影响，因而要采取有效措施注意施工期水资源的保护。含有害物质的建筑材料堆放点要远离水源地，并用防雨材料遮盖。

（2）营运期。

汽车排放的尾气铅尘落水对水体的污染，其污染途径主要是地面径流随雨水排入水体中和由空气落入水中。根据其他园区的经验数据，可知沿线汽车排出的气体对水质的污染远远小于国家标准。

3. 大气质量影响

（1）尘污染。

施工期间工程对空气的主要影响是尘污染，故仅以总悬浮微粒（total suspended particulate，TSP）作为评价因子。尘污染主要产生于灰土拌合和施工材料的运输等。

施工期灰土拌和车辆扬尘的 TSP 监测结果证明，道路施工在拌和土工序阶段及灰土运输车辆的扬尘是最严重的污染，影响范围远比前几种情况大。因此，有必要采取洒水措施控制起尘量。

（2）汽车排出尾气对大气的污染。

影响最大的为氮化合物（NO_2），排放标准中限定 NO_2 年平均换算值为 $0.02 \sim 0.03$ppm，预测年平均换算值为 0.005ppm[1]，影响较小。

（二）环境保护措施

1. 水土保持

该项目土方工程量较大，在取、弃土后应及时修复平整；施工时应尽量避免在雨季挖修筑路基，做好路基临时排水工作；施工结束后废弃料要及时清运。施工占地应尽可能地占用废弃地和荒地，划出施工范围以避免机械碾压农田，施工结束后应尽快恢复原貌。沿线路段设计绿化，可较好地保护土坡路堤，防止水土流失。

---

[1] Parts Per Million，表示"百万分之……"。

2. 水环境

砂石冲洗水中悬浮物浓度较高，大多是粒径小于 0.15 毫米的无机颗粒，比重较大，不含有机质，成分单一。其他生产废水均为无机废水，含钙、硅等成分，不含易溶于水的有毒物。施工废水若直接排入河道将增加水体的浑浊度，对水质产生影响。因此对施工废水须沉淀后循环使用。机械设备保养和洗涤水要设集中水池进行隔油和沉淀处理。生活污水中含有致病病菌、病毒和寄生虫卵等，若直接排入河道，有机物进行氧化分解，在缺氧条件下发生腐烂发酵产生恶臭物质，从而影响水质。因此生活污水要集中后使用化粪池进行简易处理。

3. 大气质量

在施工期间做好作业区的污染防治，在砂石加工及砼拌和等作业区安装防尘设备，对施工人员加强劳动保护，在运输繁忙路段经常洒水，对弃土、石灰等易飞扬物料的运输应采取篷布遮盖措施，以减少扬尘的污染。由于施工场地开阔，废气容易扩散，加上一定的防范措施后可以减缓对周围环境的影响。

第二节　社　会　风　险

一、子项目 1

（一）主要社会风险因素

该项目征地拆迁按远期方案用地计算，征地拆迁总面积 730 亩，征地拆迁工程量大。能否妥善处理项目占地与原土地使用者之间的关系；能否减少拆迁安置，以及项目施工、运营中对当地环境的影响；能否协调项目与当地的社会关系，构成该项目主要的社会风险因素。农民失去土地后，必须另谋职业，由于文化背景、技能等方面的原因，失地农民面临着重新学习、重新就业的情况，如有失地农民无法进行职业转换，则易形成新的无就业或吃低保人员，这部分人员易发生心理失衡。

（二）主要风险预防措施

1. 征地拆迁

在建设用地征用、房屋拆迁时，在执行国家有关土地补偿、安置补助等标准的基础上，结合当地实际情况，进行充分沟通，达成一致意见。征用土地方案经依法批准后，由被征用土地所在地的人民政府组织实施，并将批准征地机关，批准文号，征用土地的用途、范围、面积以及征地补偿标准，农业人员安置办法和办理征地补偿的期限等，在被征用土地所在地的乡、村予以公告。征用土地的安置补助费必须专款专用，不得挪作他用。

2. 环境保护

在工程施工及项目投产运行中，严格执行环保措施，加强管理，降低或避免噪声、废水、废气等对周围环境的破坏，采用参与式途径增强项目所在地区民众有效参与项目建设和管理，充分利用地方资源、人力、技术和知识，增强地方的参与，防止或尽量减少该项目对地区社会文化造成的损毁。

二、子项目3

（一）主要社会风险因素

该项目是一个利国利民的项目，与项目有关的各方包括当地政府、当地居民等，对该项目的实施均持积极的态度，而且项目的实施不存在民族矛盾和宗教问题。因此，该项目实施过程中的社会风险较小。

（二）主要风险预防措施

1. 征地拆迁

组建征地拆迁工作小组，通过细致的工作，让拆迁户理解政府的举措，同时保障拆迁户的利益，使征地拆迁工作顺利进行；通过社会力量，利用社会人力资源做好群众工作，对重点户实施稳控、化解工作，做好政策宣传，让群众自愿参与到建设工程中。

2. 群众参与

广泛吸收群众全程参与，及时了解民意动态，听取群众诉求，作出调整对策，保障群众知情权、参与权和监督权。对丈量确定征地及确定补偿金过程的公开、公平、公正；对集体土地补偿金的分配问题要召开户主会讨论确定。

第三节 其他风险

一、工程风险

（一）工程风险内容

由于该项目工程风险较为相似，在此对子项目2和子项目3进行说明。

子项目2的建设已趋于标准化，只要精心设计、精心施工，风险较小；所需设备成熟、可靠，技术先进，均可在国内外市场采购。此外，通过对建设场地的勘探，场地的气候、地质、土壤条件均符合项目建设要求；供水、供电等各项基础建设条件良好；因此在工程建设上风险较小。

子项目3的工程风险是指因工程地质、水文地质和设计等因素发生重大变化，导致工程量增加、投资增加、工期延误所造成的损失。由于项目主要为道路及管网建设工程，该部分风险发生的可能性非常小，该风险为较小风险。

（二）工程风险对策

工程风险对策的探索、研究已备受政府有关部门、工程施工承包人等各方面的重视。工程风险基本对策主要有四种形式，即风险控制、风险转移、风险分散和风险自留。制定风险防范对策主要考虑四个方面的因素：可规避性、可转移性、可缓解性和可接受性。虽然项目建设风险不大，为了保证项目顺利实施，也必须制定切实可行的风险应对措施，力争使项目风险最小化。

（1）该项目的工程设计方案是至关重要的，要切合实际，不可盲目超前，否则将会造成投资的过度膨胀，超出项目资金供给能力。同时，还应通过加强地质、水文勘测测量工作，并在设计阶段全面考虑工程风险因素，采取针对性的措施，以避免或降低工程风险危害。建立项目管理法人责任制，建设一支高素质、高效率的工程施工管理队伍，制定相应的规章制度，协调好各方面的工作，为工程创造必要的条件。

（2）该项目成立项目建设指挥部，确定风险管理活动中每一类别行动的具体领导者、支持者及行动小组成员，将责任落实到人。根据项目实施进度，制订项目各阶段实施计划，将目标分解，实行目标管理，减少环境或内部对项目的干扰，保证项目按计划有节奏地进行，使项目实施时始终处于受控状态。

总之，在整个项目生命周期内进行项目风险应对审核，定期进行项目风险审查，了解项目实施是否符合计划要求，根据项目发展变化情况补充风险应对计划和措施。

二、资金风险

（一）资金风险内容

由于该项目资金风险较为相似，在此对子项目 2 和子项目 3 进行说明。

子项目 2 总投资 30000 万元，资金来源的 65% 为国内商业银行贷款、35% 为项目单位自有资金，资金风险较小。

子项目 3 投资额较大，资金如出现特殊情况，中断或延误资金供应，将影响项目建设，该风险为一般风险。如出现以上情况，以及来自工程方案变化、工程量增加、工期延长，人工、材料、机械台班费的提高而引起工程造价的提高，将影响项目建设，项目资金风险为一般风险。

（二）资金风险对策

一方面，项目单位应准备多方筹集资金方案，以保证项目资金的来源。另一方面，在建设过程中精打细算，并采用招标方式，控制和降低投资。建设单位必须设立专项资金管理，加强各个方面的管理，实行成本细项控制。

| 第十章 |

项目借鉴价值

第一节　政府政策

一、放管结合的谈判授权

PPP项目谈判是双方妥协的过程。谈判小组如果没有任何谈判权，事事需要汇报请示，谈判很容易反复甚至陷入僵局，但谈判小组的谈判权力如果不受到约束和监督，也容易产生权力寻租损害当地公共利益，所以合理充分的授权对项目谈判的推进至关重要。

政府方从该项目组建谈判小组时就将相关职能部门和法律顾问纳入进来，项目实施前明确谈判小组的谈判授权范围，谈判小组在政府方授权框架内与中化南投公司进行谈判，并将谈判结果报各部门及县政府审核。给予谈判小组充分权力的同时，也对谈判小组的权力进行了限制和监督。

二、专业有效的谈判过程

政府方高度重视赣州市南康区公共服务（三期）PPP项目，专门召开部署和动员会，并从财政、审计和法制办等各相关部门抽调专业能力过硬的人员组成谈判小组，选聘在基础设施购买力平价和基础设施建设行业皆具专业经验的赣州市润普工程咨询有限公司作为顾问，确保谈判小组的专业性。在谈判开始便明确谈判小组的谈判授权范围，谈判小组在政府方授权框架内与社会资本进行谈判，并将谈判结果报各部门及区政府审核，给予谈判小组充分的谈判授权的同时，也对谈判小组的权力进行必要的限制和监督。项目实施机构与相关部门密切联系、积极沟通，形成合力，加快推动了项目实施。

三、透明规范的审议流程

政府方先后多次召开区委常委会、政府常务会议、领导小组会及人大代表、政协委员会等，对方案和协议草案广泛征求意见，层层审议把关，确保每一项决策都做到有理有据、公开透明。在充分知情和广泛认可的基础上，政府方上下对该项目给予了大力的支持，保障项目能够高效顺利实施。项目实施及采购流程严格按照《基础设施和公用事业特许经营管理办法》《关于开展政府和社会资本合作的指导意见》《关于印发政府和社会资本合作模式操作指南（试行）的通知》、江西省人民政府《关于开展政府和社会资本合作的实施意见》等相关政策规定执行。

四、思虑周全的前期准备

政府方对赣州市南康区公共服务（三期）PPP项目非常重视，成立了专门的决策和工作机构，并聘请了高水平的顾问团队。整个团队在研究和确定项目条件以及落实前期各项工作等方面投入了很多精力，做了大量扎实的工作，避免出现拍脑袋决策的情况。从项目实施效果看，前期工作准备越充分，考虑越周全，后面的项目推进效率就越高，项目实施效果就越好。

五、灵活转变的政府职能

政府方从过去的基础设施公共服务的提供者转变成一个监管者的角色，从繁重的项目管理事务中脱身出来，减少对微观事务的直接参与。政府方与社会资本方取长补短，发挥政府公共机构和民营机构各自的优势，弥补各自的不足，形成互利的长期目标。有效促进政府职能转变，减少政府对微观事务的干预，腾出更多的精力放到规划和监管上。通过"让专业的人做专业的事"，提高项目的运营管理水平，增强公共产品的服务供给效率。

第二节　企业实施

一、稳健可行的融资模式

该项目资本金不低于项目总投资的30%，由中化南投公司与城发公司按照出资比例9∶1分别自筹解决，双方均以货币形式出资。该项目资本金在公司成立2个月内到位全部资本金的50%，其余资本金按照项目进展情况、资金拨付使用需要和融资需求逐步出资到位。项目所需的除项目资本金以外的其余资金由项目公司申请银行贷款或通过其他融资渠道解决，政府方对项目公司的融资行为不提供任何担保或信用支持。中化南投公司通过对该项目的投资能够盘活存量资产，更好地融通资金。同时，该项目融资模式的成功也为中化集团在市政基础设施建设项目上拓宽了融资渠道、提供了建设基金。

二、严格规范的项目采购

中化南投公司严格按照《中华人民共和国政府采购法》《中华人民共和国招标投标法》《市政公用事业特许经营管理办法》《江西省城市市政公用事业经营许可管理办法》等有关法律法规，通过合法采购方式，依据信誉、业绩、资本、技术等条件，严格筛选优秀合作方进行项目采购合作。

三、因地制宜的工程改造

该项目中的康唐路道路交通安全设施改造工程中，将全线中央隔离护栏改建为水泥隔离墩（已安装的隔离护栏在拆下后移交给区城管局），并对墩面刷反光漆、安装轮廓标，在调头处增设调头提示牌和爆闪灯，在辅道增设机非分离标志标牌，规范施划辅道停车泊位。水泥隔离墩安放在拥挤的道路中央，可循环使用，且最大程度减少拥堵与不安全因素；固定在人员密集场合，起到防护和疏散人群、车辆的作用，可减少警力；材质环保，不会对环境污染产生危害，产品结实耐用，与塑料墩相比，具有可连续使用性。

四、实施过程的环境保护

该项目实施过程坚持发展与环境兼顾的方针。首先，该项目土方工程量较大，施工过程要求少占可耕地和经济林、少拆房屋等，做到有效保护自然资源；其次，线路段设计绿化，能够较好地保护土坡路堤，防止水土流失；最后，结合地形和地貌进行科学规划布局，工程完工后恢复临时用地植被，保持了景观的完整性，同时也维护了区域生态平衡。

第三节　政企合作模式

一、适当合理的项目范围

合理划定项目范围是成功实施 PPP 项目的第一步。赣州市南康区公共服务（三期）PPP 项目范围的合理性体现在以下三个方面。

（一）投资规模合理

若规模太小，则 PPP 前期工作费用占比重较高，后期运营过程也无法产生规模经济效益；若规模过大，子项目过多，则容易导致项目过于复杂，投资方采购及谈判难度加大。

（二）子项目有关联性

将相关领域的子项目打包成一个 PPP 项目，有利于引进具备行业特长的社会资本。

（三）项目进度匹配采购进度

各子项目的前期工作进度能够与社会资本采购进度匹配，如此一来，多个项目打包捆绑成一个 PPP 项目可以节约谈判时间和成本。

二、专业务实的工作团队

PPP 项目涉及的工作团队主要包括实施机构、谈判小组、咨询机构。

（一）实施机构

PPP 项目实施程序复杂，且涉及的部门众多，协调、组织、汇报、说明等工作量较大。实施机构作为 PPP 项目的协调组织机构，不仅要能够协调组织好 PPP 相关程序流程，还要具备较强的学习能力，能够理解咨询机构所编制的方案和协议，并配合咨询机构向各部门机构汇报说明。同时，实施机构是潜在社会资本了解当地的一个窗口，实施机构的态度及专业性直接影响潜在社会资本对当地投资环境的判断。

该项目实施机构为赣州市南康区城市建设管理局，拥有较强的专业能力，了解当地的地情，很好地承担了该项目的协调、组织、宣传、说明工作，为项目的顺利实施打下了良好基础。

（二）谈判小组

PPP 项目谈判要求谈判人员要有良好的谈判技巧及扎实的专业能力。政府方高度重视谈判小组的建立，从实施机构、财政、审计、法律顾问和法制办等各相关部门抽调了专业能力过硬的人员组成谈判小组。谈判小组在谈判过程中充分发挥了专业能力，对 PPP 协议中政府权力和义务的落实提出了合规但又不失灵活的处理方式，谈判队伍专业务实的工作作风既为当地争取了公共利益，又向投资方展现了该地区良好的政治环境，增强了投资方的投资信心。

（三）咨询机构

作为 PPP 项目交易结构和协议设计的第三方机构，咨询机构的专业性直接决定了 PPP 项目方案的可行性和合理性。政府方选聘在基础设施 PPP 和交通运输行业方面皆具专业经验的赣州市润普工程咨询有限公司作为顾问。赣州市润普工程咨询有限公司针对该项目特点设计了收益保障可行、风险分配的实施方案，并编制了内容缜密、操作性强的 PPP 合作协议。项目谈判过程中，当政府方与社会资本方意见存在分歧时，咨询组人员本着专业、公平的原则分析利弊，阐述建议，协助双方达成一致意见，顺利实现该项目的签约。

三、科学有效的风险分担

风险分担是 PPP 模式的核心环节。在赣州市康区公共服务（三期）PPP 项目所处的不同阶段会遇到不同的风险，风险应由最能控制风险发生的一方承担。该项目通过协议将属于经营活动自身产生的风险，由投资者承担，而超出投资者控制范围的风险，如法律风险、政府信用风险、政策风险由政府承担，双方共担不可抗力风险。

四、公平合理的回报机制

该项目采用"政府付费"的回报机制，保障社会资本在运营过程中因实行政府定价较低或者交通量无法达到最低需求导致使用者付费无法覆盖项目的成本和合理收益时，仍然能够获得合理的投资回报。同时该合理投资回报的获得通过设置质量监控机制、投资控制监管及绩效监管，可保证项目公司建设工程质量，实现运营期的各项标准。

五、合理控制的项目费用

由社会资本与政府方共同参与项目的识别、可行性研究、实施和融资等项目建设过程，保证了项目在技术和经济上的可行性，缩短前期工作周期，使项目费用降低。PPP 模式只有当项目已经完成并得到政府批准使用之后，社会资本才能开始获得收益。PPP 模式有利于提高效率和降低工程造价，能够降低项目完工风险和资金风险。

六、政企合作的共赢范例

该项目采用 PPP 模式，将该项目的融资、建造、运营、维护进行整合，保证项目建设资金供应，整合项目全生命周期的管理，实现管理成本的最优化。

（一）对政府方而言

可实现"经营者"向"管理者"的转变，调整政府职能，提高工作效率；拓宽了资金来源，缓解了地方财政支出压力和地方债务负担，扩大了公共设施的投资规模和供给量；通过按绩效付费，实现了物有所值。

（二）对社会资本而言

该项目采用 PPP 合作模式，采用公开招标方式选用社会资本方，给社会资本方提供公平竞争机会。在运营期为了实现设定的绩效目标，激发社会资本方整合全生命周期资源，节约成本，减少变更，由于项目设施的生产、运营而产生的附加产品由项目公司负责销售，销售收入归项目公司所有。

（三）对社会公众而言

该项目包含的道路修建与改造，可以有效地提高交通运输力，进一步改善区域交通网，美化城区环境，提升社会满意度；同时项目建设、运营、维护需要一定人力，可给周边群众带来更多的就业发展机会。

政策建议篇

　　作为一种政府和企业合作提供公共服务的实践模式，PPP 项目的成功开展和执行在一定程度上依托于完善的立法基础和政策基础。本篇首先对国际 PPP 政策规范、国内 PPP 政策法规演进和体系进行梳理，总结了主要国际组织及典型国家的做法和经验，详细介绍了中国 PPP 政策法规的演进历程和基本框架，重点分析了中国 PPP 发展中的政策法规价值、方向及存在问题，从政府层面提出了 PPP 发展的政策建议，为 PPP 实践提供指引。同时，PPP 模式中企业往往也承担较大的风险，因此本篇还对国内外 PPP 失败案例进行了考察，从国家层面、市场层面和项目层面梳理了企业可能面临的风险，并据此提出了 PPP 模式中企业的风险应对策略。

| 第十一章 |

国际 PPP 政策规范解读与借鉴

第一节 国际组织的政策规范

PPP 作为受到国际社会认可的模式，也存在来自国际组织的规范约束。当前，众多国际组织出台了相关政策规定，本书以联合国、世界银行和欧盟为代表进行重点介绍与解读，以期为中国 PPP 政策规范提供借鉴和参考价值。

一、联合国

联合国系统在国际贸易法领域的核心法律机构是联合国国际贸易法委员会（United nations commission on international trade law，UNCITRAL）（以下简称"贸法会"）。PPP 领域是贸法会一个重要的立法领域。

（一）立法历程

2000 年，贸法会在第三十三届 PPP 年会上通过了《联合国贸易法委员会私人融资基础设施项目立法指南》，并于 2003 年制定了《联合国贸易法委员会私人融资基础设施项目示范立法条文》。这两项政策法规是建立在成员国广泛共识的基础之上的，因而被认为是 PPP 领域的重要国际标准，对成员国 PPP 立法产生了重要影响，对世界各国私人融资基础设施建设具有重要的借鉴和指导意义。

2012 年，贸法会第四十五届 PPP 年会上启动了《联合国贸易法委员会私人融资基础设施项目立法指南》和《联合国贸易法委员会私人融资基础设施项目示范立法条文》的修订工作，其目标是使这两项政策法规现代化，将其提升为一部综合性的 PPP 法。贸法会秘书处专门成立了专家组为 PPP 法律修订提供建议与支持，并多次召开现场和远程专家组会议，就这两项政策法规颁布以来被成员国采纳的情况以及 PPP 实践和国际立法的发展情况进行专题研究，提出 PPP 法律改革的范围及主要议题。为了在更大范围内协调其他机构在这一领域的工作，并凝聚更多共识，贸法会还先后召开了三次 PPP 立法专题研讨会，邀请贸法会成员国和其他国际机构的代表、私人部门、非营利性组织以及学界的广泛代表参加这些研讨会。

2019 年 7 月，贸法会在第五十二届年会 PPP 研讨会上通过了《联合国国际贸易法委员会公私伙伴关系（PPP）示范法》及《联合国国际贸易法委员会公私伙伴关系立法指南》，从而完成了 2012 年启动的修订工作。联合国 PPP 立法成果确立了 PPP 法律发展的新的国际标准，在 PPP 法律演进史上具有划时代意义。

（二）主要内容

《联合国国际贸易法委员会公私伙伴关系（PPP）示范法》和《联合国国际贸易法委员会公私伙伴关系立法指南》涵盖了与建立有利于公私伙伴关系的法律框架有关的主要问题。《联合国国际贸易法委员会公私伙伴关系（PPP）示范法》各章提供了以下方面的信息：一是公私伙伴关系法律框架的指导原则、行政协调和订立公私伙伴关系合同的权力范围；二是项目规划和准备，包括开展经济性和效率研究，并对项目的财政、社会和环境影响进行彻底评估；三是授予合同程序，强烈倾向于使用竞争性筛选程序，如《贸易法委员会公共采购示范法》所载的通过对话征求建议书；四是公私伙伴关系合同的内容及其期限、展期或终止，以及整个项目期间出现的争端的解决。《联合国国际贸易法委员会公私伙伴关系立法指南》还讨论了可能对建立有利于公私伙伴关系的法律框架产生影响的其他法律领域，如知识产权法、环境法、担保权益和消费者保护。

（三）政策价值

1. 对国际 PPP 发展的价值

传统的 PPP 法律政策，以促进私人部门参与公共服务及消除其参与障碍为中心，因此可以认为，过去的 PPP 法是一种"促（进）参（与）法"，而现代 PPP 法的使命，不仅要"促参"，更是要"选优"，通过比较物有所值理论和技术的引入来确立 PPP 的正当性，因而是对"促参法"的升华，是一种更高质量的发展理念和方式。另外，传统的 PPP 法律政策，以单一特许经营型 PPP 为中心，强调行政立法和管制，而现代 PPP 法以包容各种 PPP 类型的综合立法模式为中心，强调当事人之间法律地位平等和长期合作伙伴关系。

联合国 PPP 立法首次确立物有所值评价和财政影响论证制度，确立了 PPP 立法的新的国际标准。其中，物有所值评价制度在 PPP 法上的确立，是现代 PPP 法形成的标志。PPP 模式也是一种积极的财政政策，其合理利用和规范发展会促进经济、社会和环境的全面高质量发展，但同时也要做好风险防控工作。联合国 PPP 立法在促进 PPP 全生命周期管理、国家治理转型等许多方面也都取得了重要的立法成果。可以期待，随着联合国 PPP 法律国际标准的形成，全球将迎来一个 PPP 法律政策和良好实践高质量发展的新时代。

2. 对国内 PPP 发展的价值

中央财经大学曹富国教授指出，联合国 PPP 立法成果对进一步深化我国 PPP 改革，推动我国 PPP 法高质量发展具有重要意义。

首先，联合国 PPP 立法更加坚定了我国在 PPP 改革中的理论自信、制度自信和道路自信。甚至可以认为，联合国 PPP 立法的许多重要成果，就是对中国 PPP 改革经验的总结。推动联合国 PPP 立法实现从特许经营为中心向 PPP 为中心的转型、项目前期准备问题、一方案两论证问题、风险分配与按效付费问题、合同性质与合同管理问题、可持续与包容性 PPP 问题，都是推动联合国立法改革的主要方面。比如，物有所值问题，经过我国专家组的努力，尤其最后代表国家审议最终法律案文时，由商务部组团、财政部 PPP 中心及财政部条法司同志亲自参与的中国政府代表团，成功地在联合国立法上确立了物有所值评价制度的应有地位，并赋予其新的时代内涵。中国政府代表团致力于推动联合国 PPP 立法的另一个重要议题就是，通过 PPP 改革和立法推动国家治理转型与治理体系的现代化。PPP 改革是推进国家治理体系和治理能力现代化的重要举措，推进国家治理体系和治理能力现代化也正是党的十九届四中全会的议题，PPP 法对此应该有所作为。中国 PPP 良好实践推动联合国立法重视处理 PPP 的治理问题，中国 PPP 良好实践案例提供了丰富的经验。这些中国 PPP 改革的良好实践，是我国在 PPP 国际法治和标准的形成与发展过程中，实现从"跟随"到"引领"的最大的理论自信、制度自信和道路自信。

其次，联合国立法有利于进一步推动我国 PPP 立法工作。联合国立法进一步说明了制订 PPP 基本法对确保 PPP 改革和 PPP 项目成功的必要性和紧迫性。这一建立在全球共识基础之上、反映了 PPP 法律发展现代趋势的 PPP 国际立法标准，对于解决我国 PPP 立法在一些重要立法议题上的纷争具有积极意义。同时，联合国 PPP 立法文件还是一部兼具立法案文与详细指导、实用价值极高的法律文件，对我国理解和解决很多立法议题，以及实践中的许多法律问题，都具有重要的参考价值。

最后，联合国 PPP 立法成果对实施我国"一带一路"倡议也具有重要意义。在联合国平台上，推动联合国 PPP 立法成果在"一带一路"地区实施，是开展"一带一路"工作的一个重大机遇。与联合国机构合作共同推动联合国 PPP 示范法及中国 PPP 良好实践在"一带一路"和世界其他地区的实施，推动联合国 PPP 立法成果的转化。

二、世界银行

世界银行发布的最具代表性的政策法规是《PPP 合同条款指南》。

（一）政策背景和主要历程

PPP 项目的开展通常基于一个复杂的法律协议网络，其核心通常是 PPP 合同，这种合同以特许协议或类似文件的形式在公共机构和社会资本之间存在。PPP 项目具有复杂性和精密性，这通常意味着编制和完成 PPP 合同需要耗费相当多的时间和费用。因此，如果对公共机构和社会资本之间的特许权协议或其他 PPP 合同中的规定加以规范，则有利于降低成本并缩短 PPP 交易过程所需时间。

在此背景下，世界银行集团制定了《2015 版 PPP 合同条款建议》（以下简称《建议》），这是多边开发银行首次尝试为 PPP 中一系列常见的条款编制"建议"语言。由于全球进行的 PPP 交易种类繁多，各国存在不同的法律制度，需要"定制"的合同条款来处理具体的项目，不太可能实现在全球范围内制定一个完整的 PPP 合同的目标。因此，《建议》主要针对在实际情况中每个 PPP 合同所涉及特定法律问题的某些合同条款，例如，在不可抗力、终止权利或争议解决等方面的通用合同语言提出了建议。

2017 年 8 月，世界银行集团在完成了年初开展的公众咨询工作后，在其官方网站发布了 2017 年版《PPP 合同条款指南》（以下简称《指南》）。《指南》反映了讨论期间收到的业界反馈，以协助目标受众更好和更全面地了解《建议》中概述的合同条款。同时还就特定国家不同层级的 PPP 交易和不同法律制度的特点，详细解说与公共机构有关的重要考虑事项，以帮助他们在制定合同条款时，认真评估关于自身 PPP 项目和管辖权的具体问题。在全球基础设施基金（GIF）的支持下，《指南》还增加了两个新的章节，专门针对债券融资 PPP 合同和企业融资 PPP 合同。

世界银行 PPP 伙伴小组的律师克里斯汀娜·保罗（Christina Paul）指出，《指南》所载的样本起草既不是全面的，也不是规定性的，具体来说，这些样本起草并不意味着强制性用于世界银行集团资助的所有 PPP 交易。相反，其目的是制定和分析构成诸多成功 PPP 交易的合同语言，描述这些条款的理论基础，并促进和建立与这些条款相关的讨论和共识，在 PPP 交易中普遍采用适当的合同语言，以期帮助减少上述与 PPP 合同开发相关的时间和费用。

（二）主要内容

《指南》借鉴了过去 20 多年间 PPP 在国外的市场实践，内容涉及政府机构出台的、为订约当局提供支持的指导文件，以及 PPP 项目中为订约当局提供支持的法律顾问、社会资本和不同类型的资助者的广泛经验，均来自发达国家和新兴市场。为使订约当局在制定和协商 PPP 合同的条款时考虑到一些必备的关键因素，《指南》首先简要概述了政府组建 PPP 项目的缘由、PPP 的内容、各方之间风险分配的关键因素，确保"可融资性"的办法，以及针对不尽相同的法律制度、部门和国家的 PPP 方案概览。然后重点从 PPP 合同涉及的十个领域（包括不可抗力、重大不利政府行为、法律变更、终止付款额、再融资、贷方介入权、保密性与透明度、适用法律及纠纷解决、债券融资和企业融资）进行深入解析，对每个内容的关键问题、订约当局的重点考虑因素、终止付款额计算方式、样本起草等方面给出了指导建议，具体内容和规定如下所示。

1. 不可抗力

《指南》给出了"开放式全面定义"与"具体事件或情况的详尽清单"两种不可抗力定义方法，前者较为接近国内当前合同编制思路，而后者则建议根据PPP项目的特点，明确列出或将发生的不可抗力因素，进而令不可抗力的应对措施更有针对性。在应对不可抗力的具体方法上，《指南》指出，政府与社会资本方在合理协商的基础上可以采用违约责任减免、违约赔偿救济、延长执行时间、增加融资成本、增加可用性支付，以及增加使用者付费单次金额等方法平滑不可抗力风险所造成的损害。同时，针对某些不可抗力或将发生的"不可保险"情况，该合同还提出了如下谈判方式：如果根据商定的合同定义，一个特定的风险变得不可保险（且不是由社会资本的行为造成），双方将协商采用令双方都满意的解决办法管理这一风险，否则，合同授予方将成为最后的保险人。同时，合同授予方将相应减少任何可用性付款。

2. 重大不利政府行为

《指南》指出，"重大不利政府行为"事件与"不可抗力"事件二者之间有着明确的区别，因前者而产生的风险完全由订约当局承担，并且它们在各自的合同条款中被给予单独的处理。在合同上，《指南》提出了基本方案，即发生的"重大不利政府行为"事件的后果由订约当局承担，因此，订约当局仔细考虑什么是符合要求的做法，以及如何使任何事件的风险最小化。建议列出一份有关事件详尽清单，这些事件的共同点是，其发生对社会资本履行其义务的能力、或对PPP合同下享有的权利、或对其财务状况有重大不利影响。然而，应明确界定这种不利影响，以避免发生争端。政府与社会资本方可以基于此方法制定合同，防止项目因不利政府的重大行为而流产。

3. 法律变更

在PPP合同这类长期合同中，必须引入法律变更才能够充分保证各方利益。《指南》明确了订约当局的重点考虑因素：一是了解市场惯例，从缺乏定价灵活性、银行可融资性、订约当局的成本三个方面进行法律变更风险转移权衡；二是定义法律变更，从适用法律、适用法律的变更、合格日期、变更意识四个方面进行展开；三是明确不同的风险分配方式，包括所有风险由订约当局承担、基本风险由社会资本共担、更为先进的风险分担、所有风险由社会资本承担四种选择；四是明确了法律变更的救济与赔偿，即根据实际情况，从避免违约、成本补偿、延长执行时间、缓解四个方面进行补偿。

4. 终止支付额

《指南》首先给出了政府方针对终止支付的思考框架——即确定性、了解相关协议、抵扣、谈判框架、终止的其他后果、终止支付额计算结果。而后基于四种合同终止类型，即社会资本违约导致终止——在社会资本不履行其实质性义务的情况下；自愿终止——由订约当局自行出于方便或出于公共政策原因（也称为公共政策终止）；订约当局违约导致终止——由于订约当局不履行其实质义务（主要是支付义务的情况下），社会资本终止合同；以及持续的不可抗力、"重大不利政府行为"或法律变更——在没有预备解决办法以继续履行 PPP 合同的情况下，任何一方都可终止合同，分别从市场惯例、补偿方式的角度对各种终止情况的补偿模式作出了更为明确的指导。

5. 再融资

《指南》全面地阐述了 PPP 项目再融资的目的，即救援性再融资、微长期再融资、债券融资的桥梁、实现价值再融资等。《指南》还为双方如何在合同中明确再融资收益共享、同意权、再融资收益的计算、分享与支付方式给出了明确的指导和合同文本参考。同时该文本明确提示道：由于再融资可能降低社会资本的债务成本，增加收入，进而提高股本回报——通常称为"再融资收益"。PPP 合同中若无具体规定，招标方共享社会资本所获再融资利益的能力将非常有限、甚至没有，并且关于其他合同条款（例如，终止付款）的立场可能会含混不清。

6. 贷方介入权

《指南》全面地为贷方的介入方式提出了建议：贷方与政府、项目公司主要约定要素应包括介入的时机与持续时间、假设负债、整顿权、其他保护措施等，并提出直接协议，即规定贷款机构与招标方之间的介入权力，使得贷款机构能够在招标方处理合同终止及其产生后果之前，直接参与进来挽救 PPP 项目的协议。

7. 保密性和透明度

根据全球经验，透明度和披露是 PPP 项目的高度优先事项，因为招标方是公共部门实体或机构。招标方要求在 PPP 合同中建立有利于透明度和披露假设的做法越来越普遍，从而确保 PPP 项目、合同和有关文件的信息能够最大限度地与公众共享。《指南》的第七章给出了 PPP 合同有关信息披露相应的文本参考，提示招标方应从披露义务、透明度和披露承诺的范围进行考虑，在兼顾保密性的同时以能够平衡各方利益的方式将 PPP 项目信息披露完善执行。

8. 适用法律和争议解决

《指南》谈及，争议解决条款规定了解决 PPP 合同中可能产生的任何争议的预先商定的机制，同时给出了争议解决条款的关键要素，即：（1）PPP 合同的适用法律（如未在另一条款中规定）；（2）尽快达成和解的义务；（3）独立专家解决特定技术纠纷的规定；（4）诉诸有权裁定争议的法院，或最终决定所有由专家正式解决或解决的所有争议的国际仲裁；（5）在解决争议期间继续履行 PPP 合同的义务；（6）酌情放弃主权和其他豁免，并同意执行；（7）费用分配。此外，文中还在"合同样本"处依据谈判、专家裁定、司法管辖权或国际仲裁等模块对争议的解决方案进行了全面讨论，并对仲裁的关键步骤进行了详细的解析。

9. 债券融资

《指南》并未针对债券融资的相关条款在 PPP 合同中的植入给出相应的"样本起草"，仅强调了：通过债券再融资是预先设定的，合同条款起草过程就必须考虑进去。这可能需要适当地修改在财政结算签署的 PPP 合同中起草的条款（如考虑再融资情况），并可能安排在债券再融资执行时生效的计划修正案。如果在 PPP 合同中没有考虑到债券再融资，那么在讨论同意和相关事项时，需要商定适当的修正案。

10. 企业融资

《指南》提议道：如果 PPP 项目是由企业融资的，那么就没有在启动之后再融资或引入高级债务的可能性。因此，需对 PPP 合同条款进行各种调整，来反映所涉及的结构、当事人和文件。这些将包括：有关融资文件的参考和规定（如高级融资文件），有关各方的参考和规定，定价调整条款、保险条款、再融资，终止支付额等内容的修订。虽然目前国内企业通常不会全额投资 PPP 项目，即使在资本金部分也不会完全出自表内，但是此处的合同内容还是值得研习，在应对纷繁多变的任务时，此部分的策略也可根据项目实际融资需求与行使其他融资职能的合同条款结合使用，以使 PPP 合同约束的范围更为完整。

（三）政策价值

从文件本身来看，《指南》首先基于全球 PPP 业务发展的全貌，对当前 PPP 大背景进行了论述；其次基于实践说明了许多 PPP 项目运作过程中需要掌握的基本理论，十分值得借鉴。且不同于我国财政部、发改委合同文本的"大而全"，《指南》主要针对 PPP 项目协议存在的共性问题、关键问题，甄选了十个方面进行了详细分析，并给出合同条文参考样本，这对于规范我国当下 PPP 项目落地工作具有较强的指导意义。360 金融 PPP 研究中心投资总监唐川等认为，《指南》的政策价值主要体现在以下几个方面。

1. 合理归纳了 PPP 项目融资的基本理念与模式

《指南》在开篇的"PPP 大背景"一章中就对"PPP 项目融资结构"进行了精练且精准的说明，即大多数 PPP 合同中的社会资本专门组建的项目公司——通常称为"特殊目的企业"或"特殊目的公司"（以下简称"SPV"）。SPV 通常通过股东提供的股权结合——由其借贷人（可能是商业银行、债券投资者或其他融资提供商）提供的第三方债务来共同支付 PPP 项目的成本。社会资本需在投标准备中仔细考虑第三方出资人的选择以及此类资金的成本。

社会资本遭受的任何 PPP 项目损失首先由股东承担，只有在丧失股权投资的情况下，贷款人才会受到不利影响。这意味着相对于债务提供者，股权投资者承担着更高的风险，并要求其投资回报更高。由于股权通常比债务更为昂贵，降低 PPP 项目的总体加权平均资本成本的目的在于，使用尽可能多的债务来为 PPP 项目（通常为项目总成本的 70% ~ 95%）筹集资金，这会降低基础设施和为订约当局提供的服务的价格。预期股权回报的水平取决于特定 PPP 项目的情况，但竞争性投标过程的优势之一就是投标人能够寻求找到为订约当局提供最佳价值的资金解决方案。

从股权投资者的角度来看，以这种方式将其限制在一个 PPP 项目中，就能够推动他们组建其他更大甚至更多的项目。PPP 项目融资通常分为"无追索权"融资和"有限追索权"融资。在无追索权的 PPP 项目中，借贷人只能从社会资本的收入中获得报酬，而不对股权投资者进行追索；在有限追索权的 PPP 项目中，借贷人主要依靠社会资本的收入偿还贷款，但对股权投资者有一定追索权。

从我国 PPP 投融资实践来看，由于国务院通过《关于调整和完善固定资产投资项目资本金制度的通知》对项目最低资本金进行了硬性约束，以及国务院法制办 2017 年 7 月 21 日公开发布的《基础设施和公共服务领域政府和社会资本合作条例（征求意见稿）》提出，"项目公司不得从事与合作项目实施无关的经营活动"，所以我国的项目公司融资体系不具备全球其他地区那般的"灵活度"，但整体融资理念与模式还是极为相似的，尤其是资本金和项目贷部分的相互关系和回款模式此处概括得较为到位。

2. 提示先期考虑项目"可融资性"的必要性

《指南》结合当前实际梳理了项目"可融资性"的评估方式，阐述了考虑项目"可融资性"的必要性。即由于债务重组比例高，PPP 项目以外的债权偿还能力有限，第三方贷款人必须事先进行严格的尽职调查，来评估 PPP 项目的"可融资性"。想要使 PPP 项目具备可融资性，贷方需要确定社会资本有能力偿还因执行 PPP 项目而产生的债务。贷款人需要关注偿付机制和任何可能对预期收入流产生不利影响的风险。以上事项也是股权投资者的关键考虑因素，他们的目的是保护投资，并确保社会资本能够创造足够高的收入，这些收入不仅能用来偿付债务，而且还能满足预期的股本回报。从订约当局的角度来讲，PPP 项目的可融资性决定了缔约方是否能通过 PPP 采购基础设施。贷款人在采购过程的早期阶段参与，特别是在竞标人存在竞争压力的情况下，使得订约当局在签署 PPP 合同前能够了解并考虑可融资性。

从我国推进 PPP 三年多的市场经验来看，地方政府普遍对项目的"可融资性"考虑欠缺，这也是造成我国 PPP 落地率低、融资难的病根之一。所以，考虑项目的投融资不能只考虑融资结构，先期对项目的可融资性进行准确评估更为重要。未来，PPP 项目相关人员可根据《指南》的相关指引对项目的可融资性进行先期判断，在正式进行项目投融资操作之前做好应尽的准备工作，在 PPP 模式下不具备可融资性的项目，也要及时建议政府不做 PPP 模式，通过具有前瞻性的项目评估模式纠偏我国部分地区 PPP 无序发展的现状。

3. 说明了政府充分了解 PPP 项目整体情况的重要性

《指南》指出在订约当局制定和谈判 PPP 合同条款时，了解 PPP 项目的整体情况至关重要。风险分配能够直接影响银行的业务和定价，这决定了缔约方机构或用户方是否负担得起 PPP 项目，PPP 项目能否获得社会资本的资助，以及最终是否可以通过完成 PPP 项目来提供资产及服务。PPP 合同和合同条款相互联系，相互作用，不能孤立地看待，因此"一刀切"的情况不存在。具体来看，就是政府需了解：组建 PPP 项目的缘由、PPP 的内容、各方之间风险分配的关键因素、确保"可融资性"的方法等，当然也包括对本地区政治、经济和环境的了解。

此外，政府对项目整体情况的了解还有助于政府选择性地保留风险，控制风险溢价支出，提升物有所值效果。如"PPP 大背景"中的"风险分配"一节所述："如果能认真评估风险并转交给能够控制或减轻风险的缔约方，这将降低 PPP 项目的成本总体，从而提高订约当局的物有所值。因此，订约当局应考虑保留和管理那些不利于社会资本的定价或评估的风险，因为订约当局最适合管理这些风险。如此一来，订约当局能够避免向社会资本支付其必须承担的风险的溢价。"

从中可见，若地方政府相关负责人可以更为了解 PPP 项目本身，就可以更有"底气"地与社会资本进行谈判，谈判方向也能够更为明确，相应给予社会资本的风险溢价也就能更为合理。所以，从理念上来看，地方政府做 PPP 项目不应以政绩为先，而应以合理发展城镇化为前提，通过提高自身专业素养，多多研习相关知识，来为 PPP 项目做好统筹规划。尤其是地方行业主管部门的相关人士要发挥关键作用，根据项目实际情况给予系统的协助，使 PPP 项目可以根据自身特点得到资源、政策、宣传等方面的支持，使其可以真正发挥出市场价值、社会价值。

4. 通过重点问题补充使 PPP 合同更为完整

当前我国 PPP 项目正由爆发式增长阶段进入规范实施阶段，项目前期粗放式发展带来的弊端在项目落地、实际运营过程中将会逐渐呈现。《指南》是在总结国际 PPP 项目实际操作问题和经验的基础上，对全球 PPP 项目存在的共性问题和关键问题提供规范解决方案，在项目的前期工作和采购阶段充分考虑项目建设运营可能存在的问题，防患于未然。在实际操作层面，可以通过《指南》与财政部、发改委合同指南相结合的方式进行 PPP 合同的编制，在整体框架下以部委发布的合同指南为准，但在各项关键细节补充上可以借鉴《指南》。整体而言，《指南》的发布对于我国 PPP 项目的顺利实施具有较强的借鉴作用和指导意义，也是我国企业开展境外 PPP 业务的重要参考资料。政府与各类企业应全面研习、合理采纳，在未来的 PPP 项目推进中找寻到更能够平衡收益、风险和各方利益的落地模式，使我国 PPP 项目风险管理工作真正做到事前、事中、事后全面控制，政府与社会资本方都能在保障自身利益的同时协作使项目达到物有所值，令 PPP 项目真正走上前瞻、科学、健康的发展道路。

三、欧盟

欧盟是世界上最大的推动 PPP 政策的综合组织。主要欧盟成员国家在结构上初步形成了既统一又相对独立的 PPP 法律体系和管理机制，建立了从欧盟到各联邦政府的 PPP 知识、能力和经验的总结和交流渠道。

（一）政策概况

欧盟早在 2000 年前后就开始以法律文件的形式推动 PPP 的发展。最早的法律文本为 2000 年颁布的《欧共体法中对特许经营的解释》。欧盟委员会和议院对于 PPP 的探索始于 2003 年 5 月发布的《统一市场战略（2003～2006)》。2004 年，欧盟发布《公私合作绿皮书》，重点讨论如何将采购法应用于不同类型的公私伙伴关系之中。2005 年 11 月 15 日，欧盟委员会通过了《PPP 及共同体公共合同和特许经营绿皮书》（以下简称《欧盟绿皮书》），强调 PPP 模式的适用性，希望在欧盟公共事业市场和特许经营市场中推广 PPP 模式。2008 年，欧盟出台 PPP 新规，即《欧盟委员会对 PPP 公共采购和特许经营制度化的规定》，规定了 PPP 的原则、程序、私人伙伴的选择等基本内容。2014 年，欧盟议会和委员会通过了《特许经营合同授予法令》（2014/23/EU），该法作为欧盟采购法令的重要组成部分，是对所有欧盟成员国采购制度的全面更新，新法令中包含欧盟为私人供应商授予特许经营合同的最低要求。同年颁布的《公共采购指令》（2014/24/EU、2014/25/EU），将购买服务类（PFI）纳入公共采购体系。新的公共采购指令进一步细化和改进了公共采购程序，引入竞争性对话（competitive dialogue）程序，增强采购主体的自主灵活性，更加适应 PFI 项目等复杂项目的采购需求。与公共采购指令不同，考虑到特许经营合同安排较为复杂，特许经营合同授予程序指令并未对采购程序作详细规定，而是赋予采购主体更大自主权。

虽然欧盟并没有统一的法律来专门完全约束和管理 PPP，但 PPP 在欧洲各国的发展必须满足欧盟《马斯特里赫条约》的要求。该条约规定了欧盟对各国财政赤字的要求和政府采购的法律。根据《马斯特里赫条约》，成员国政府财政赤字占 GDP 的比重（即赤字率）不能超过 3%，政府债务占 GDP 的比重（即债务率）不能超过 60%。如果判定某一成员国赤字率可能或已经超过 3%，欧盟委员会就向该国提出警告并要求其进行纠正；如果成员国仍不执行，欧盟就会启动过度赤字惩罚程序。成员国赤字率连续三年超过 3%，最多可处以相当于国内生产总值 0.5% 的罚款。PPP 项目对财政的影响主要体现在对政府表外资产或负债的影响上，所以欧盟投资银行提供了确认政府表外债务的相应技术和程序。欧盟委员会出台了 PPP 的统计和财务会计处理准则。PPP 项目在政府统计和财务处理技术上的标准、规范和立法是财政约束有效的重要前提条件。

（二）PPP 的类别

关于 PPP，《欧盟绿皮书》将之划分为交易型 PPP（contractual PPP，CPPP）和制度型 PPP（institutional PPP，IPPP）两种类别。其中，CPPP 包括特许经营类和购买服务类（PFI）；IPPP 则是由公私伙伴双方共同创办一个实体，以提供公共工程或服务。

关于特许经营，欧盟 2014 年颁布的《特许经营合同授予程序指令》（2014/23/EU）将其划分为工程和服务两类。"特许经营包括工程特许经营和服务特许经营。工程特许经营指一种为获取经济利益达成的书面合同，在该合同项下，一个或多个缔约经济运营商，对价可以是对作为合同标的的工程进行开发经营的权利，也可以是开发经营以及与其相关的收费权。服务特许经营指一种为获取经济利益达成的书面合同，在该合同项下，一个或多个缔约部门或订约实体将除工程实施以外的服务提供或管理委托给一个或多个经济运营商，对价可以是对作为合同标的的服务进行开发经营的权利，也可以是开发经营以及预期相关的收费权。"

关于 PFI，欧盟在共同体立法层面没有做出界定，但在《欧盟绿皮书》中有如下描述："在其他模式中，私人部门合作方受托为公共当局实施或管理一项基础设施（如学校、医院、交通基础设施等），典型模式是 PFI。在

PFI 模式下，私人部门的报酬不是来自使用者付费，而是由公共部门定期支付。这种付费可能固定，但也可能基于工程或服务的可用性或使用程度发生变化。"

由于在特许经营类 PPP 和购买服务类 PPP 中均可能创办有政府方参股的实体，所以严格说来，IPPP 并非独立的 PPP 类型。欧盟之所以将 IPPP 独立出来，主要是由于公方的参与，需要在采购程序上对 IPPP 作特别处理。

从上述绿皮书和指令的效力而言，《欧盟绿皮书》类似于英国、美国等国政府就某项重要政策或议题而正式发表的咨询文件，是欧盟委员会就欧盟范围以内的 PPP 立法向公众征求意见的咨询文件；而《特许经营合同授予程序指令》属于欧盟次级法，其目的在于为全部或部分欧盟成员国设立在特定范畴以内需要实现的目标或适用的原则。但至于如何充分有效地达成这个目标，则交由成员国通过其国内的立法，以它们认为合适的方式和手段进行。倘若成员国认为自己既有的法律已经实现了指令设定的目标，它也可以不采取任何额外措施，但成员国仍有义务向欧盟委员会报告其实现目标的方法；若指令涉及的欧盟成员国没能在规定的时间内报告措施或达成上述目标，成员国可能会被其公民诉至欧盟法院，欧盟委员会也有权采取进一步的措施。

（三）政策目的

欧盟认为，PPP 作为建设基础设施项目、提供公共服务和在更大范围内的创新举措，可有效发挥投资基础设施项目在解决金融和经济危机中的重要作用。

自 2008 年全球金融危机和欧洲债务危机冲击以后，欧盟国家对于 PPP 的态度从观望逐渐转为积极主动，但其中也有欧盟法律对于各国稳定财政、缩减财政赤字的客观要求和影响。PPP 模式从某种程度上迎合了欧洲经济统一和崛起的内在需求。欧盟成员国在区域经济和社会发展上存在一定的客观差距，弥合这些差异必然要求政府加大对基础设施和公共服务的投资，尤其是在基础设施比较薄弱的成员国。基础设施建设投资不足将从以下几个方面影响欧盟的发展：交通道路网投资不足将导致产品和服务成本的上升和交期的延迟；教育和医疗投资不足将导致国家经济发展缺乏持续潜力；政府公共服务供给不足将导致整个实体经济的负担过重，效率降低；落后的基础设施不足以吸引国际资本直接投资。

总之，欧盟整体基础设施投资的质量、规模和速度成为欧洲建立统一市场，生成可持续发展经济动力的关键制约因素。欧洲结构平衡基金（structural & cohesion funds）及泛欧交通网络—2020（TENs）正是在这样的战略设想和规划下建立的。

（四）参与主体

欧盟对于不同 PPP 模式中的公共当局的参与分别做出了界定，根据模式不同，政府方参与主体存在一定差别，对私人部门均未做界定。（1）《特许经营合同授予程序指令》在规定政府方主体时分别使用了"订约当局（contracting authority）"和"订约实体（contracting entity）"两个术语，前者指政府部门或公共企业等公法法人，后者则包括在具有垄断性的基础设施领域享有专属经营权的非公法主体。（2）《公共采购指令》在规定政府方主体时只使用了"订约当局"一词而没有包括"订约实体"。

（五）政策价值

1. 对我国 PPP 分类和针对性立法的借鉴价值

有关 PPP、特许经营及 PFI 的分类，我国的现有法规并无明确界定，正在进行的 PPP 立法据悉也在这个方面颇费斟酌。我们认为，主要有两个方面的概念需要厘清：一是如何定义 PPP，二是如何区分特许经营和政府购买服务这两种类型的 PPP。在这方面，欧盟的上述规定值得借鉴。同时，欧盟有关 PPP 的立法主要是针对采购规则和缔约程序，并针对特许经营和 PFI 之间的差异，分别制定了不同规则，但是未对 PPP 进行统一立法。我们认为这对中国的 PPP 立法具有很好的参考意义，即无须对特许经营或 PFI 进行扩大化解释，或对特许经营是否包含 PPP 进行论证。狭义的解释或定义，以及有针对性的规制或立法可能是更加合理的选择。

2. 对我国 PPP 政策目的调适和落实的借鉴价值

相比欧盟 PPP 政策目的的统一性而言，中国各级政府对于推广 PPP 模式的政策目的尚存分歧。在国务院层面，PPP 模式在较大程度上被视为"稳增长"与"调结构"两大政策目标之间保持平衡的路径之一；在部委层面，发展改革部门强调 PPP 模式促进民间投资及推动投融资机制改革的功能，财政部门则看重 PPP 模式的控债、减债功能；而在地方政府层面，PPP 其实更多被看作一种融资方式，而且是在地方政府相关政策空间被大幅收窄之后不得不作出的选择。

从政策目的的调适与落实来看，PPP模式在我国的推广还需重点关注并解决以下几个方面的问题：其一，通过体系性的立法明确PPP项目的管理体系与制度，避免政出多门，以及地方政府自行其是。其二，尊重项目实际情况及市场规律，在法无禁止的情况下，鼓励采取多元化的项目运作模式和融资方式，避免PPP模式的泛化应用。其三，兼顾效率与公平，在提高公共产品或服务供给效率、保障合理投资回报的基础上，仍需持续关注PPP项目的公共服务属性，确保公共利益得到应有的保护。

3. 对我国PPP参与主体规定的借鉴价值

我们需要考虑，对于特许经营项目，是否参照欧盟做法，允许"具有垄断性的基础设施领域享有专属经营权的非公法主体"作为特许经营合同政府方主体。

目前，国家发展改革委等6个部门出台的《基础设施和公用事业特许经营管理办法》规定，"县级以上人民政府应当授权有关部门或单位作为实施机构负责特许经营项目有关实施工作，并明确具体授权范围"，并未明确禁止项目所在地的国有企业和融资平台公司作为项目实施机构参与PPP项目；而《关于印发〈政府和社会资本合作模式操作指南（试行）〉的通知》中规定"政府或其指定的有关职能部门或事业单位可作为项目实施机构"，原则上对此等安排不予认可。法律法规、规章直接决定，或通过其明确的授权性规定由行政机关间接决定，将某方面或某项行政职权授予行政机关以外的组织行使并独立承担相应责任的行政职权配置方式。获得行政授权后，被授权者以自己的名义行使行政职权、实施行政管理，并对外独立承担相应的法律责任。据此理论，如果允许行业运营公司作为特许经营合同项目的政府方主体，考虑到行业运营公司的公司属性，需在有关法规中，对各个环节因此所引发的不同安排作出具体规定，包括授权的具体要求、被授权方如何独立行使合同下职权并承担合同下责任等。

另据2017年10月1日开始实施的《中华人民共和国民法总则》（以下简称《民法总则》）第九十七条："有独立经费的机关和承担行政职能的法定机构从成立之日起，具有机关法人资格，可以从事为履行职能所需要的民事活动。"按照一般理解，此处的民事活动仅限于机关法人为履职需要而从事的政府采购行为，并不及于机关法人基于上级政府授权而签署并履行 PPP 项目合同（包括政府特许经营协议）的活动。在此情况下，将 PPP 项目合同视为民事合同，并受民商事法律规制的主张，在目前的《民法总则》项下并不能找到充分的依据。

从保守一点的角度来看，我们可以借鉴《特许经营合同授予程序指令》项下的"订约当局"和"订约实体"两个概念，将 PPP 项目合同的政府方划分为两个层次的两个主体：一是项目所在地的县级以上人民政府，作为"订约当局"或"授权主体"，由其授权实施机构实施 PPP 项目；二是实施机构，作为"订约实体"，授权实施 PPP 项目，包括 PPP 项目的签署与履行。在 PPP 项目合同中，为避免民行交叉问题，可以明确将各种法定的行政权利、义务及行为尽可能排除在外，不在合同中复述；与此同时，授权主体的授权行为和实施机构等行政行为与 PPP 项目合同之间的关联，则应止步于政府特定权利及义务的让渡与撤销。

从更为积极的角度来看，PPP 项目中的实施机构如属机关法人，其与社会资本或项目公司之间签署和执行 PPP 项目合同的行为，倘若确实为其履行法定职能所需（可以通过立法予以明确，并对实施机构的适格性做出明确规定），则可理解为"从事为履行职能所需要的民事活动"（当然此处需要得到立法机关的背书）。而且其在履约过程中，作为机关法人的实施机构在 PPP 项目合同项下的履约行为的性质应可视为民事活动，而不应混合行使其行政权力或履行其公共管理职能；换言之，该等实施机构行使其行政权力或履行其公共管理职能的行为，应与 PPP 项目合同相互分离、区别对待，二者不应混为一谈。

总体而言，国际组织 PPP 立法的发展对各国 PPP 立法形成了巨大的推动作用。除了上述联合国、世界银行和欧盟建立的立法体系外，欧洲复兴开发银行（EBRD）于 2006 年发布了"现代特许经营法律核心原则"（core principles for a modern concession law），经济合作与发展组织（OECD）于 2012 年公布"公私伙伴关系中的公共治理原则"（principles for public governance of public-private partnerships），这些指导原则都在宏观层面引导了各国 PPP 立法。除此之外，世界银行（world bank）、欧洲投资银行（European investment bank）、美洲发展银行（Inter‒American development bank）、非洲发展银行（African development bank）、亚洲发展银行（Asian development bank）每年都会出版发行大量 PPP 专门研究和报告，为各国提供经验。

第二节　典型国家的政策规范

PPP 已经发展成为世界各国公共治理体系深化改革的重要工具，很多国家和地区针对 PPP 模式制定了专门的法律法规、政策规范和操作指南。据不完全统计，世界上共有 52 个国家（地区）拥有 PPP 法或特许经营法及其相应政策。英国、加拿大、法国是其中比较特殊的标杆。英国最早提出私人融资计划（private finance initiative，PFI），通过政府购买服务引入私人资本承担公共基础设施建设的国家。加拿大是世界公认的 PPP 发展运用最好的国家之一，法国则是在基础设施和社会事业投资建设领域应用特许经营模式最为成熟的国家之一。同时，日本 PPP 模式的推广始于 20 世纪 90 年代末，至今已形成了较为完善的制度规范，积累了大量的经验，可以将日本作为亚洲国家的典型示范。因此，本书对外国 PPP 法规的研究主要集中于这四个国家。

一、英国

英国是世界上较早引入社会资本开发公共项目、提供公共服务的国家之一。自 1986 年英法海底隧道项目开始至今，英国创新并实施了多种社会资本开发公共项目的建设模式，形成了一系列政策操作的规范性文件，建立了独特的项目审批、决策、论证和评估体系。英国 PPP 的政策管理和决策机制创立时间最早，实施期限最长，积累的经验或教训也相对丰富。因此，有必要对英国 PPP 政策体系加以研究。

（一）政策体系产生与演变

英国 PPP 的政策体系发展大体经历了四个阶段。

1. PPP 政策准备和项目试点阶段（1972 ~ 1992 年）

1972 年，港英政府以 BOT 模式建设了红磡隧道，开创了以私人资本开发公共项目的先河。当时使用私人资本开发公共项目必须遵循严格的莱利法则（Ryrie rules）：一是只有当私人和社会资本的项目方案比公共部门的传统投资方案更高效的情况下，PPP 模式才能用于公共项目或公共服务的开发建设；二是每当地方政府引入一定数量的私人资本，其地方公共投资财政预算的拨款将相应地减少数额。这使得很多潜在的 PPP 项目不能通过政府的审核批准，成为 PPP 模式大规模推行的主要障碍。

2. PPP 政策（PFI）正式推行阶段（1992~1997 年）

1992 年，时任财政大臣拉蒙特提出了私人融资计划（PFI），吸引私营部门加大资金投入。1993 年，财政部设立私人融资工作组和私人融资办公室，并在 1994 年制定了一条决策原则，即"普遍适用原则"（universal rule）。普遍适用原则要求英国地方政府和各中央部委在开发公共项目时，必须首先考虑利用私人和社会资本的可能性。从 1994 年起，政府将交通、医疗、教育、政府信息系统和司法（监狱）行业作为 PPP 模式的实施重点。

3. PPP 政策标准化和规范化阶段（1997~2011 年）

1997 年工党执政后，将 PFI 模式作为重要施政手段，几乎在所有社会类基础设施领域予以推广。这一时期的政策导向可以概括为：标准化、程序化、制度化与规范化。一方面，建立了专门制定与管理 PPP 政策的政府机构，PPP 的管理构架基本建成。另一方面，依据具体 PPP 决策程序和实施流程颁布了一系列规范的可操作性文件，使得地方与中央部委实施时有了可操作的标准和依据。

4. PPP 政策修正与改良阶段（2011 年至今）

2011 年英国保守党与自民党联合政府上台以来，联合政府对工党执政时期所推行的 PPP 政策和项目进行了评估与反思，针对 PFI 模式存在的可融资性偏低、透明度和灵活性不足等问题，英国政府在改进 PFI 模式的基础上，推出了 PF2 模式，并对相关 PPP 政策的治理结构和审批程序进行了一定的调整。

（二）PPP 制度体系

英国 PPP 金字塔形制度体系自上而下分为 4 层：相关通用法律、PPP 政策、PPP 指引及 PPP 合同。

1. 相关通用法律

英国没有针对 PPP 专门立法，主要通过《政府采购法》《公共设施合同法》（2009）和《公共合同法》（2015）等通用法律规范 PPP 行为。大陆法系（civil law）国家和英美法系（common law）国家因不同的立法传统，在 PPP 法律体系上存在较大差异。在大陆法系国家，政府行为需要取得法律授权，法无授权不可为，因此，PPP 相关各方需要同时了解法律和合同。而在英美法系国家，原则上政府可以从事一切法律未禁止的活动，法无禁止即可为，因此没有也不需要专门的 PPP 立法，合同决定一切，PPP 项目的所有事项都在合同中明确。总体看，法律侧重界定 PPP 的整体概念，明确 PPP 参与方、公共部门是否可提供付费和融资支持以及争议解决方式。

2. PPP 政策

英国 PPP 政策重在发挥宣言性作用，明确何时运用以及何时不运用私人融资。因此，PPP 政策重在明确商业计划方法、采购管理、合同管理、付费机制、适宜采用 PPP 模式的建设项目和公共服务类型、使用者付费和政府付费模型、税收政策、再融资政策、持股和股权转让、终止补偿、透明度和信息披露等内容。与此不同，上述部分内容在大陆法系国家是通过法律而非政策予以明确的。英国财政部基础设施局（以下简称"IUK"）认为，不宜在法律中规定过多，以便能及时按需调整。英国政府最快可在 24 小时内调整政策，修订法律则可能耗时一年。

3. PPP 指引

PPP 指引主要指一些具体的操作性细节，重在发挥解释作用，细化了公用事业中各种类型或行业的相关规划、技术标准、管理要求，同时也有所侧重地对一系列政策展开指引，确保能够对 PPP 项目的识别、准备、采购、执行、移交的全生命周期给予有效的指导，也有利于缺乏 PPP 项目经验的相关部门参考，如《绿皮书：政策评审、项目规划与评估论证手册》（英国财政部公共项目投资手册），针对所有项目，包括起草、拟定、评估、论证和审核必须要遵守的规定。卫生部、国防部、司法部、高速公路管理局等部委和行业主管部门基于绿皮书的指导原则，编制了本行业 PPP 模式评估、决策的实施文件。《大项目评估办法》针对的是中央发起的规模较大、较为复杂的公共项目。

类似指引文件还有《PFI/PPP 采购和合同管理指引》《关于公私协作的新指引：公共部门参股 PF2 项目的条款磋商》《PFI/PPP 金融指引》等。此外，财政部还通过对大量的 PFI 案例经验的总结，及时公布并更新指引文件。

4. PPP 合同

PPP 合同体系重在发挥法律作用，在指引的基础上进一步细化 PPP 政策和特定领域事宜。比如，法律保护变更、协议条款、担保、赔偿、补偿、信息披露、保密责任、违约、项目特殊事项等。1997 年，英国开始编制 PFI 标准合同范本，1999 年颁布了《标准化 PFI 合同》第一版，然后在 2002 年、2004 年和 2007 年分别颁布了第二版、第三版和第四版。2012 年，英国政府在总结以往 PFI 不足的基础上作了修订，颁布了《PPP 新路径》，也就是后来的 PF2。2012 年 12 月，英国财政部正式出版了《标准化 PF2 合同》。

《标准化 PF2 合同》的发布标志着英国 PPP 以 2012 年为时间轴被划分为 PFI 和 PF2 两个阶段。在 2012 年以前，PFI 模式涉及的领域包括了一系列的公用设施建设，是当时应用最广泛的模式。然而，按照英国的立法体系，英国的 PFI 模式还是存在很多问题，包括股权结构不合理、采购流程较烦琐、合同灵活性较低、财务信息透明度缺乏、风险分担不合理等。2012 年，英国政府对 PFI 总结反思后，对《标准化 PFI 合同》进行了修订，出台了《标准化 PF2 合同》。该政策的主要特点在于，政府方开始以少量参股的方式，主动参与到 PPP 项目的建设、运营、管理过程中，加强对 PPP 项目的监管和合作。

(三) PPP 管理体系

1. 管理机构变革

英国财政部是 PPP（PFI/PF2）的主管部门，具体下属管理机构形态经历了多次变革。

（1）1993 年，英国政府在财政部设立私人融资工作组和私人融资办公室，负责研究制定 PPP 相关政策。

（2）1997 年，政府成立 PPP 专门工作组，其主要职能是制定 PFI 政策、合同范本、负责 PFI 规划及市场管理、审查 PFI 商业计划及为 PPP 执行工作组和基础设施融资中心制定政策。

（3）2000 年，政府牵头成立英国伙伴关系组织（partnership UK，PUK），主要从事 PPP 项目管理咨询等业务，协助公共部门和私营部门实施 PPP 项目。在地方政府层面，英国财政部与地方政府协会联合成立了地方合作伙伴关系组织（local partnership），独立于财政部，按公司化运营，市场投资人控股，为地方政府提供 PFI 项目技术援助和评估服务，并帮助制定标准化的合同，以市场化方式对项目和公司进行投资。

（4）2011 年，政府整合 PPP 工作组和 PUK，在财政部设立基础设施局 IUK，统一管理 PF2 项目，主要负责制定基础设施领域政策，为 PFI 项目融资和交付管理提供服务。

（5）2016 年 1 月 1 日，基础设施局 IUK 与重大项目机构（major projects authority）再次合并，改为基础设施和项目管理局（infrastructure and projects authority，IPA），主要负责大型基础设施项目和重大转型项目的规划、审批、竞标、监管、融资、执行和保障等工作。IPA 提出了推进 PPP 的"八项计划"，即整体治理框架、PPP 机构、公共部门能力专长、出资和融资、管理和监督、法律政策和合同、投资和宣传、行政管理。

2. 现行管理框架

英国 PFI 项目涉及的政策制定、审批、财政、招标采购、绩效评估与审计等职责由不同部门分别承担，部门之间既相互制约又相互协调。英国政府围绕 IUK 建立起了一个涵盖中央和地方、涉及多个行业和部门的 PPP 管理架构，主要包括三个层面六类机构。

（1）中央层面，主要包括 IPA、行业主管部门和审计署。其中，IPA 在 PPP 管理中处于核心地位，既负责 PPP 政策的顶层设计和项目审批，也负责提供技术支持、业务咨询等服务。此外，IPA 还负责制定国家基础设施规划，明确国家基础设施战略、优先发展领域、项目库、融资渠道等。同时，在卫生部、教育部等行业主管部门设立私人融资管理部门，负责对特定领域 PPP 事务提供支持。审计署主要负责 PPP 项目的事前、事后审计。

（2）地方层面，主要是享有一定政策自主权的地方当局，包括威尔士、苏格兰和北爱尔兰，可在一定范围内自行制定 PPP 政策。

（3）中央和地方交叉层面，主要包括地方伙伴关系公司、政府采购管理当局。其中，地方伙伴关系公司由财政部持股 50%，地方政府协会持股 50%，主要负责协助地方政府开展项目准备、采购、执行等工作。为确保地方政府对该机构的信任，地方伙伴关系公司独立运营，不受财政部控制。中央和地方采购管理当局分别负责开展各自层面的项目识别、选择、准备、采购、监测等工作。

（四）PPP 决策体系

1. 决策流程

英国在长期实践中逐步形成了一套 PFI 项目决策流程，大体分为项目发起、项目准备、项目初选、项目初审、公共采购指导和监督、最终审批、审计和监管 7 个环节。

（1）项目发起。

英国 PPP 项目通常由地方政府或中央政府各部委发起。PPP 项目的筛选和初步准备及需求分析由地方政府或部委的财政部门或专职 PPP 中心承担。

（2）项目准备。

在项目的准备过程中，英国地方合作伙伴关系协会或财政部基础设施局负责相关 PPP 项目的咨询和指导工作，尤其是关于 PPP 项目的挑选、初步决策过程中的疑问排除及审批文件的编制等。

（3）项目初选。

英国的 PPP 项目或项目群大都需要政府补贴或政府付费，由于涉及公共资金的使用，需要经财政部基础设施局和英国首相办公室大项目局一同审核筛选。地方政府发起的 PPP 项目由地方政府相关部门报送英国财政部遴选及批复。

（4）项目初审。

在地方政府或部委报送中央后，英国财政部或首相办公室大项目局则委派工作人员对各 PPP 项目的正式申请进行评估和审查，在与项目发起单位进行沟通、协调，并经过工作人员完善的基础上，组织召开 PPP 项目的论证会议。PPP 项目的论证评估会定期召开，由项目发起单位财务负责人或代表、有关部委代表、财政部工作人员、会议特聘专家等相关人士参加。财政部（或会同首相办公室大项目局一道）依照评审材料及评估结果与有关部门共同决定是否批准该 PPP 项目，并指定管理人员对获批项目进行跟进监督。在 PPP 项目通过了财政部的初审后，则进入项目的招投标及谈判过程。

（5）公共采购指导和监督。

英国政府商务部（OGC）负责指导或监督所有公共项目的准备与招投标。招投标须遵守欧盟和英国的公共项目招投标及公共采购的法律、文件和规定。同时，政府商务部作为相对独立的机构，对公共项目尤其是 PPP 项目进行同行审查与过程监督。

（6）最终审批。

当地方政府或部委在完成 PPP 项目的招投标并签署合同后，须再次报送财政部审核并批准。PPP 项目在政府与项目公司谈判的过程中，若对标准通用 PPP 合同模板条文进行修改的，必须报财政部审批。

（7）审计和监管。

PPP 项目投入运营后，其绩效或产出由英国审计署抽查并出具审计报告。英国审计署并不对所有 PPP 项目绩效情况进行审查，但会对某些 PPP 项目群及重大公共项目、或应议会公共账目委员会特别要求的项目进行审查。其审计重点是：PPP 项目的建成是否达到预期的绩效指标或是否实现了预期的政策目标，该项目相关公共支出是否"物有所值"。由于英国审计署对英国议会下议院负责，其审计报告和结论须报送议会。议会各委员会将就 PPP 项目在审计中发现的问题，对有关部门进行问责、质询或监督整改。议会和审计署对 PPP 项目的督查及审计，促使政府部门对相关问题进行反思并提出相应的解决方案。其最终结果或是对政策的改进，或是形成新的制度、规范、标准以及流程，使 PPP 项目的决策、实施方案得到进一步完善。

2. 决策原则与依据

在 PPP 的政策设计、项目决策或项目绩效评估过程中，无论地方政府或中央政府都必须遵循"物有所值"的核心原则。就英国 PPP 的语境来看，"物有所值"指的是在对项目的多种备选方案进行比较之后选出的最优方案，同时也是通过制度安排、取得最佳效果并最终实现政策目标的方案。备选方案既包括传统的政府财政投资方式，也包括 PPP 等由私人和社会资本参与的方式。

物有所值不仅是英国政府在公共服务或公共项目投资领域的绩效评估原则，也是 PPP 项目的核心决策原则。PPP 项目前期的物有所值评价会对后期的绩效评估产生重大的影响，同时也对后续 PPP 项目的决策提供一定的参考依据。针对 PPP 项目的决策要求，英国有关部门专门制定了 PPP 项目的物有所值评价细则及办法。这些细则和办法均体现在以下文件中。

（1）《绿皮书：英国财政部公共项目投资手册》。

该书直译为《绿皮书：政策评审、项目规划与评估论证手册》（以下简称《英国绿皮书》）。英国所有公共项目或公共投资政策的起草、拟定、评估、论证和审核必须遵守财政部的规定。这些规定主要由《英国绿皮书》体现。《英国绿皮书》的主要目的在于，确保中央部委或地方公共部门对所有公共项目的实施方案必须进行考察比较，对将要实施的政策、项目或项目群可能造成的影响必须进行财务评估和论证，对相关项目备选方案和方法必须进行成本—收益分析。

（2）《大项目评估办法》。

该办法规定，由中央财政支出的公共项目、中央政府或部委发起的 PPP 项目、规模较大且较为复杂的公共项目，须由英国首相办公室大项目局（major project agency at cabinet office）会同财政部审批。此类项目包括超过中央政府各部委审批权限的、未来有巨大后续支出或运营支出的、项目资本超过 10 亿英镑的、存在高风险且较为复杂的、或具有高度创新的项目等。

（3）《物有所值评估指导》。

根据 PPP 项目的特点，英国财政部在 2004 年推出了专门用于 PPP 模式的决策指导性文件——《物有所值评估指导》。该文件是基于《英国绿皮书》的规定和方法发展而来。英国 PPP 项目的物有所值评价，从定性和定量的角度分三个阶段对项目进行评估。第一阶段，通过定性与定量的方法考察某一大类或某个行业的公共项目是否适用 PPP 模式。比如，医院类、公路类、污水处理类及其附属设施工程是否适宜、有无必要使用 PPP 模式。第二阶段，通过定性与定量评估考察具体行业中的单个项目是否适用、有无必要采用 PPP 模式。第三阶段，对项目的判定。主要根据项目采购招标过程中的实际情况及发生的变化，对前两阶段的评估结果进行统筹考量并作出最终决策。

二、加拿大

加拿大 PPP 的成功依赖于强有力的法律政策环境，能够对 PPP 项目的筛选和采购提供帮助，获取公众的支持，从而推动基础设施的发展，创造经济和社会效益。

（一）立法特点

加拿大政府自 20 世纪 90 年代开始对 PPP 进行立法管理，至今联邦、省、地方三级政府都有各自的法律及管理政策，业已形成三级政府间相互独立且特色鲜明的分工。

加拿大作为普通法系国家，以判例法或不成文法为主要特点。全国目前还没有一部完整的 PPP 法案。联邦和几个省制定了与基础设施有关的法律，其中涉及 PPP 的规定，不过各省和地区主要是通过制定一系列 PPP 指导性原则或框架政策，引导和规范 PPP 发展。

加拿大为市场主导型国家，强调市场机制的作用，如在 PPP 项目招标过程中通过充分竞争选择最优的合作者，将 PPP 视为政府采购的模式，合同是 PPP 的核心，PPP 项目主要强调政府与私营之间的合作与风险的分担。此外，还更强调 PPP 项目中的民主性和透明度，强调项目的收益和物有所值。

（二）立法实践

1. 联邦层面的立法实践

2002 年 3 月 27 日，加拿大正式颁布了《加拿大战略基础设施融资法》，此法是迄今为止加拿大有关 PPP 模式最直接的立法。这一法律的主要内容有两点：第一，设立加拿大战略基础设施投资基金（Canada strategic infrastructure fund），基金的宗旨是为参与有助于促进加拿大经济发展与提升人民生活水准的战略基础设施项目的合格投资者（eligible recipients）提供融资便利。第二，要在适当的时候促进公共部门与私人部门的合作，推动 PPP 模式的运用和发展。《加拿大战略基础设施融资法》全文极短，主要是对 PPP 模式在加拿大的推广和实施进行了肯定和鼓励，对于促进加拿大 PPP 的发展具有重要的作用。

加拿大工业部（industry Canada）还曾发布了《对应公共部门成本：加拿大最佳实践指南》（PSC：A Canadian Best Practice Guide）和《公私合作（PPP）：公共部门物有所值评估指南》对物有所值方法进行了详细地介绍。加拿大的 VFM 与其他国家的物有所值计算并没有太多区别，因而在此不做专门介绍。

2011 年 11 月，加拿大公私合作委员会（CCPPP）联合加拿大公私合作局（PPP Canada）发布了《公私合作：地方政府适用手册》（Public – Private Partnerships：A Guide for Municipalities），对 PPP 的概念、模式、项目实施过程、PPP 项目中公共部门的职责、外部咨询、资源要求、沟通与参与技巧、市政债券发行和过往经验教训进行了全面总结。虽然这一手册并不是立法也不是规章，但对于各地方政府全面深入了解 PPP 模式有着重要的积极意义。

加拿大 PPP 中心为规范 PPP 项目的识别、准备、采购、执行、移交等各环节的操作流程，制定了一系列指导原则或指南，成为指导联邦政府各部门实践操作的重要依据。具体包括：《PPP 采购政策》《确定 PPP 应用潜力指南》《联邦筛查指标体系》《采购模式分析准备指南》《PPP 项目申请准备指南》《PPP 项目发展资金计划》《方案设计成本估算指南》《市级政府 PPP 指南》等。

2. 各省和地方政府的立法实践

加拿大几个省已对具体项目或行业进行了 PPP 立法，特别是针对交通和健康行业，如安大略省 1998 年通过了《高速公路 407 法案》和 2001 年通过了《高速公路 407 东段完成法案》，不列颠哥伦比亚省 2008 年通过了《健康部门伙伴关系协议法》。省级具体的 PPP 立法一般仅限于设立负责项目采购和交付的机构。因此，通常在以下方面没有法律要求：必须包含的合同条款、应用 PPP 的项目限额、选择 PPP 作为项目交付模式之前必须考虑的评价标准等。然而，可通过政策来规范 PPP 采购的某些方面，或者是 PPP 机构制定内部政策，或者是政府部委出台指导性准则。

另外，加拿大各省形成了许多标准做法。例如，包括维护的大多数项目都规定竣工后 30 年的期限，公平性监督员（fairness monitor）从项目采购的初期就参与监督，确保过程公开、公平等。但这些是各省基于市场预期不断完善而形成的最佳做法，并非法律要求。各省可能有政府内部政策，规定如何选择适合 PPP 采购的项目。大多数政府使用物有所值指标来选择适于应用 PPP 模式的基础设施项目。这种做法要求政府考虑某些具体的指导原则，以确定 PPP 采购模式是否会实现物有所值。这些指导原则一般包括以下内容：（1）项目投资规模应达到一定水平；（2）确定产出的技术规格和性能要求、实现有效的风险转移的可行性；（3）在设计、建设、运营和维护阶段项目复杂性程度高，实现风险转移的成本效益；（4）至少有 3 个竞标者，形成一个竞争性的市场。

（三）管理体系

加拿大从联邦到各省都对 PPP 极为重视，因而在联邦政府和各省地方层面都成立了一些 PPP 的服务或管理机构，建立了一套较为完善的 PPP 管理服务体系，基本涵盖了 PPP 设计、执行、融资、服务、管理等各个环节，这一点是走在其他目前 PPP 发展较为活跃国家前列的。

1. 加拿大公私合作委员会

1993 年，加拿大公私合作委员会成立，成为加拿大 PPP 发展史上的重要事件。加拿大公私合作委员会是一个全国性的非营利、非党群的会员组织，其会员广泛囊括了来自公共部门和私人部门的代表，委员会的宗旨是为了促进在加拿大基础设施建设和公共服务提供中推广 PPP 模式。这一组织成立并延续至今，对加拿大 PPP 的发展起到了不可估量的作用。

2. 加拿大 PPP 中心

2008 年，加拿大政府组建了国家层级的 PPP 中心（PPP Canada 或者 P3 Canada），这一中心于 2009 年 2 月开始正式运营。加拿大 PPP 中心是一家国有公司，通过基础设施与通信部长（the minister of infrastructure and communities）向议会进行汇报。加拿大 PPP 中心专门负责协助政府推广和宣传 PPP 模式，参与具体 PPP 项目的开发和实施；同时加拿大政府专门设立了 PPP 基金（P3 Canada fund），由该中心负责管理和运营。加拿大 PPP 中心的目标是通过更加完善的资金援助、成功案例展示、技能传授等方式带来更佳的 PPP 实践。

3. 加拿大基建及社区事务部

2014 年，加拿大政府颁布了《新建设加拿大规划》（the 2014 new building Canada plan，NBCP），设立了新建设加拿大基金（the 2014 new building Canada fund，NBCF）。这一基金的运作由加拿大基建及社区事务部（infrastructure Canada）进行管理，计划利用 140 亿加元的基金，在 10 年的时间里去支持联邦、地区和地方政府基础设施建设，促进 PPP 项目的发展。

4. 加拿大公共工程及政府服务部

加拿大公共工程及政府服务部（public works and government services Canada）是加拿大中央政府的行政管理部门之一，其主要职责是对中央政府的采购行为进行监督管理。加拿大公共工程及政府服务部在招标过程中极为强调合规完整性，要求所有中标的主体提供完整的资质证明，证明其有足够的资源和资质去完成应标项目，如果中标主体无法按时提供完整的资质文件，则中标信息将被认定为无效。

　　另外，在中央政府层面，加拿大交通局（transport Canada）、加拿大通信安全局（communications security establishment Canada）、加拿大防卫建设公司（defence construction Canada）等主体也在加拿大 PPP 发展过程中有一定的管理和服务职能。

　　5. 省和地方层次的管理服务机构

　　加拿大的省和地方也设立了一些专门的 PPP 机构，用来对 PPP 项目的招标管理等事项进行统筹协调，这些机构包括以下三个。

　　（1）安大略省基础设施公司。

　　安大略省基础设施公司（infrastructure ontario，IO）是安大略省属的国有企业，主要负责安大略境内基础设施项目的建造、管理和融资，在基础设施项目建造过程中，代表省政府采取替代性融资模式用于项目的融资。自成立以来，安大略省基础设施公司参与了安大略省内主要的基础设施建设项目，为推动 PPP 模式在该省的运用起到了不可替代的作用，在实践过程中，安大略省基础设施公司也探索出了一条行之有效的 PPP 项目招标实施流程，并且制定了完善的标准文件条款。

　　（2）英属哥伦比亚省公私合作公司。

　　英属哥伦比亚省公私合作公司（partnerships British Columbia，PBC）和安大略省基础设施公司类似，也是一家属于英属哥伦比亚省的国有公司，主要职责是对英属哥伦比亚省内的主要基础设施建设项目提供设计、招标和监督管理。同 IO 一样，PBC 在运营过程中也有一条行之有效的 PPP 项目招标实施流程，并且制定了完善的标准文件条款。

　　（3）SaskBuids 公司。

　　SaskBuids 是一家由萨斯喀彻温省筹资建立的省属国有企业，成立时间为 2012 年 10 月 17 日。SaskBuids 公司的主要职责是主导关于传统以及创新基础设施建造方案（包括 PPP 模式）的研究，以专业细致的分析对政府的基础设施建设项目可采用的模式进行建议，同时负责萨斯喀彻温省省内重大基础设施建设项目，尤其是 PPP 项目的设计和执行。

　　以上三个是比较典型的加拿大省和地方的 PPP 管理服务机构，在其他一些省份（如阿尔伯塔省、新不伦瑞克省等）虽然没有设立专门的机构，但是在 PPP 发展比较活跃的省份，政府都会赋予政府的某个或者某些机构以一定的 PPP 管理服务职能。

三、法国

（一）PPP 的类别

在法国，PPP 有广义和狭义之分。广义的 PPP 包括特许经营（concession）、合伙合同（contrat de patenariat），以及适用于特定领域的行政长期租赁、医疗长期租赁合同等。其中，特许经营和合伙合同是法国两种最主要的 PPP 合同模式。狭义的 PPP 仅指合伙合同。

法国很早就开始探索采用特许经营模式引入私人资本参与基础设施和公共事业领域的项目建设，以授予特许经营权的形式准许私人资本投资、建设和运营交通运输、市政工程等基础设施项目。由于法国基础设施和社会事业投资领域私有化程度相对较低，目前还存在大量特许经营项目。从 2004 年开始，法国借鉴英国推行 PFI 的经验和做法，应用合伙合同模式吸引私人资本投资公益性社会事业项目，通过政府购买服务回收私人投资成本，发挥私人部门的专业化作用。合伙合同模式主要应用于健康、教育、体育、文化、市政大楼等领域，且绝大多数为地方项目。所以，法国 PPP 项目中以特许经营项目为主、合伙合同为辅。

（二）立法概况

法国目前尚无统一的 PPP 立法，但针对特许经营和合伙合同分别有一些成文立法。由于现行的有关特许经营及合伙合同的法令分别是对欧盟有关特许经营及 PF1 程序指令的转化，所以许多安排遵从了欧盟有关指令的规定。

1. 特许经营

1993 年，法国出台《预防腐败与经济生活和公共程序透明法》，要求特许经营必须采用竞争规则，对合同期限和采购程序做出了规定，并明确了合同期限和采购程序。2009 年、2010 年，法国颁布了有关工程特许经营的法令。2016 年，响应欧盟对 PPP 的推广，法国对欧盟 2014 年颁布的《特许经营合同授予程序指令》（2014/23/EU）进行了转化，颁布了关于特许经营权合同的法令。

2. 合伙合同

2004 年，法国政府出台了《合伙合同法》，将借鉴英国 PFI 的政府付费类 PPP 以法律的形式正式确定下来。2016 年，为响应欧盟对 PPP 模式的推广，法国转化了欧盟在 2014 年颁布的新公共采购指令（2014/24/EU、2014/25/EU），将合伙合同纳入公共采购框架，并废除了 2004 年的《合伙合同法》。

（三）管理机制

在法国，特许经营项目主要由行业部门负责管理，没有另外设置针对特许经营的专门机构。

但是为了推广购买服务类 PPP，根据 2004 年《合伙合同法》授权，法国成立了 MAPPP（服务于合伙合同项目的 PPP 中心）。MAPPP 隶属于法国经济、财政和工业部，其主要职责是在合伙合同项目前期的准备、谈判和监管等环节为政府实施机构（政府职能部门、公共机构等）提供决策支持。2016 年 5 月，法国对 MAPPP 进行了改革，并将其更名为基础设施局（IUK）。

（四）适用条件

对合伙合同设置有门槛价。相比而言，特许经营的应用则非常灵活，只要存在实际的授权（即运营风险必须由特许权获得者承担）即可，无门槛价限制。

（五）项目准备

特许经营项目由于不涉及公共资金使用，决策和审批程序较为简单，仅需要在项目开始实施前开展社会经济分析（social economy analysis），该分析主要是针对项目的可行性，如回报是否能够覆盖投入，以及项目是否能够更安全、更快速地给使用者带来便利等。

合伙合同项目在前期准备阶段需要进行 3 个分析：社会经济分析、物有所值分析和公共资金可行性分析。

（六）合同性质及争议解决

在法国，特许经营合同和合伙合同属于行政合同的范畴，区别是特许经营合同项下的争议不可以通过仲裁解决，而合伙合同可以仲裁。

法国之所以在合伙合同的争议解决机制中引入仲裁，是因为在制定《合伙合同法》时受到国际立法和国外投资者的影响，作为对外资的妥协允许合同争议可以仲裁。

法国对特许经营合同及合伙合同的可仲裁性的分析与界定值得我们研究与借鉴。但是法国在行政法领域 200 多年的深厚积累，及其成熟的制度保障，却是其他国家无法比拟的。

四、日本

（一）立法历程

日本 PPP 发展主要效仿英国，起步较晚，日本政府从 1999 年才开始 PPP 立法管理，但是作为后起之秀，日本 PPP 立法进展十分迅速，已经形成了一套完整的法律政策体系和管理机制。

1999 年，日本政府首先颁布了《PFI 推进法》，该法案的核心要旨是鼓励民间资本参与公用设施建设，提升公共产品交付能力和服务质量。随后在 2001 年、2005 年、2011 年、2013 年和 2016 年，日本多次对该法案进行修正。此外，在《PFI 推进法》指导下，日本于 1999 年成立了 PFI 推进委员会，该组织作为日本唯一官方 PPP 机构，其职责类似于英国的 OGC（office of government commerce）。2000 年，日本出台《关于制定利用民间资金等公共设施整备相关项目实施的基本方针》，在该基本方针的指导下，日本又先后颁布了《PFI 项目实施程序指南》《PFI 项目风险分担指南》《物有所值指南》《合同指南》和《监督指南》等一系列实施细则，为 PPP 项目的开展提供了完整的管理体系。而且，日本注重指南在 PPP 项目指导过程中的调整，根据需要，在 2007 年重新修改了《物有所值指南》和《PFI 项目实施程序指南》。

总体而言，日本的 PPP 事业指导方针经历了三个关键性阶段。

第一阶段是 1999~2005 年，该阶段的项目比较简单、操作容易。从政府的角度看，其主要目的是先实践、后推广，做好前期的基础性工作，稳扎稳打。该阶段主要采用 BTO 模式，即政府购买服务的方式。项目主要是市政设施而非经济性设施，开展 PPP 模式的主体集中于地方政府，中央政府的参与比较有限。

第二阶段是 2006~2010 年，PPP 事业的外部环境得到了极大地改善，政府阶段性地放松了对 PPP 事业的管制，扩大了可以采用 PPP 模式的项目领域，阶段性地扩大了私营部门可以参与的项目环节和承担的风险，如项目的附属服务和联合建筑等环节被转移给了私营部门。而且这一阶段的 PPP 项目更加注重服务型项目。

第三阶段是 2011 年至今，政府将更多的风险转移给私营部门承担，而且参与的项目也更具挑战性。私营部门获得项目的（使用收费制）特许权。伴随着时间的推移，项目的复杂性、实现的难度和私营部门承担的风险水平都在逐步攀升。

（二）立法特点

日本属于典型的大陆法系国家，在推进 PPP 发展的过程中，大多数是以成文的法律形式加以管理。正是基于这一特点，日本 PPP 相关立法具有显著的国家主导的特点，政府对 PPP 项目范围和模式的管理较为严格。从政治体制的角度分析，日本属于中央集权的国家，政府更加注重在 PPP 项目推进中的主导作用，政府对 PPP 项目的所有权和控制权保持高度集权。私营部门参与 PPP 项目建设的前提是获得国家特许经营权，而且，即使私营部门被授予项目建设、经营的权利，依然要接受政府的严格监管。在日本，PPP 合同通常被视为一种行政合同。

此外，日本在进行 PPP 立法过程中特别强调两点：保障 PPP 项目流程的公平、公开和透明；减少政府干预，提高民间资金的自主性。为体现公平、公开、竞争的基本原则，日本政府要提前公开 PPP 项目政策、草案和有关信息等，同时公开 PPP 项目和私营部门选取工作相关资料，从而真正确保 PPP 项目流程的公平、公正和透明化。在 PPP 推进过程中，尽量减少政府干预行为，保障民间资金的独立性和自主性，最大程度地发挥民间资金在经营能力和技术能力方面的比较优势。

（三）管理机构框架

针对 PPP 项目，从宏观调控到微观指导，日本建立了健全的组织管理结构。中央政府负责统筹宏观调控，推进委员会对具体项目进行微观协调。地方政府和私营部门基于 PPP 项目建立合作意向和伙伴关系。其中，专业的组织机构作为智囊团，为 PPP 项目提供专业化的指导和服务。如投资咨询机构、项目评估机构、施工监管机构、培训机构、审计机构和法律顾问等其他组织机构，各专业组织机构分工明确，职能健全明晰，以 PPP 项目为中心，从咨询到融资，多方沟通，群策群力，共同推进日本 PPP 事业的发展。

与此同时，为推进 PPP 事业的发展，日本在机制上采取了应对窗口的一元化，即把来自民间的提案、咨询、对话窗口一元化，专门设置更加高效的机构。截至目前，这种一元化的服务窗口已逐渐成为一种惯例，原则上行政机构内部的协调功能全部由该窗口担当。但该窗口并没有过多的权限或财源，只是与民间对话、协调行政机构内部的一站式窗口，与广义上官民之间的开放式平台有所差异。

日本在设置常设咨询窗口的同时，另行设立对话及意见交流的场合（平台），如地方官民论坛，该做法作为一种有效的实践案例在日本已被逐渐接受。

（四）主要推进机构——PFI 推进委员会

根据《PFI 推进法》第 21 条，1999 年日本内阁设立了 PFI 推进委员会，秘书处设在内阁府民间资金促进公共设施推进室（以下简称"PFI 推进室"）。该组织是日本推进 PPP 项目的唯一官方机构，其发布资料及数据具有较高的权威性。委员会的委员和专家均须获得首相任命，负责调查 PPP 项目实施情况，并向首相提出建议。PFI 推进委员会除审议本法规定其权限内的事项外，还负责调查审议实施方针的制定状况、PPP 项目的选定状况、PPP 项目的客观评价状况、利用民间资金进行公共设施整顿的实施状况等。

由于地方政府对 PPP 项目理解不足，缺乏经验，影响了 PPP 模式的推广，为解决这一课题，日本 PFI 推进委员会在全国各地区建立了"区域平台"，促进 PPP 模式的有效运用。针对日本 PPP 项目发展面临的课题，"区域平台"将其职能主要定位为以下几个方面：推进 PPP 模式的普及和启发；促进人才培养；加强信息交流；拓宽信息传播渠道；搭建官民对话平台等。

五、经验启示

英国、加拿大、法国、日本四国 PPP 宏观管理体制的经验和做法给我们

提供了几点有益启示。

（一）PPP 宏观管理体制应立足国情

通过国际比较可以看出，PPP 宏观管理体制没有全球通行的统一做法和标准模式。由于政治经济体制、法律制度、基础设施完善程度等国情不同，英国、加拿大、法国、日本四国的 PPP 宏观管理体制存在较大差异。这给我们的重要启示是，不宜简单效仿和照搬单个国家的做法，而应根据我国的经济社会发展阶段、体制机制改革进展、PPP 政策目标等具体情况，广泛借鉴各国有益经验和做法，健全我国 PPP 宏观管理体制。

（二）PPP 立法中对两种 PPP 模式分类规制

特许经营和政府购买服务是 PPP 模式的两种基本类型，两者适用范围、管理思路、绩效评价机制等存在差异，如果在 PPP 立法中对各类 PPP 进行统一规范，难度很大，也容易造成管理思路和制度体系的混乱。为此，各国对 PPP 统一立法慎之又慎，通常分别制定相关法律法规对两类 PPP 模式予以规制规范。

（三）建立相互制约又相互协调的管理架构

各国因地制宜设置 PPP 管理机构，PPP 职能配置也不尽相同，但均强调要建立相互制约又相互协调的工作机制，确保权责一致，注重充分发挥各部门的优势和作用，共同完成 PPP 管理职能。例如，英国基础设施和项目管理局、财政部、政府商务办公室、审计署等相关部门既有分工又有协作，分别承担了 PFI 政策制定、财政、招标采购、绩效评估等不同职责。在日本，PFI 项目由地方自治团体等实施，但应获得地方议会的批准，PFI 决策权和执行权形成互相制衡的关系。

（四）政府重视与民间资本的平等对话

政府与社会资本特别是民间资本的平等对话可以缓解双方信息不对称的问题，增进双方的交流和信任，对鼓励和引导民间投资参与 PPP 项目大有裨益。各国为推进双方平等对话，建立了一些颇具特色的对话机制，例如，日本一些地方建立了 PPP 平台、合作社区等机制，为官民交流与对话提供了较为畅通的渠道。

| 第十二章 |

中国 PPP 政策法规演进和体系解读

第一节 中国 PPP 政策法规历史演进

我国现代意义上的 PPP 实践出现在改革开放以后。本节通过对 20 世纪 70 年代至今我国 PPP 政策颁布情况的梳理研究，将我国 PPP 发展的政策法规演进分为探索阶段（1978～1993 年）、试点阶段（1994～2002 年）、推广阶段（2003～2013 年）和深化阶段（2014 年至今）（见表 12－1），各阶段出台的 PPP 主要政府规章及政策如附表 1 所示。

表 12－1　　　　　　　　　　中国 PPP 政策演进阶段划分

PPP 发展阶段	时间跨度	政策出台背景
探索阶段	1978～1993 年	改革开放，鼓励外商投资
试点阶段	1994～2002 年	分税制改革
推广阶段	2003～2013 年	放宽非公有制资本准入限制，金融危机
深化阶段	2014 年至今	经济新常态

一、探索阶段（1978～1993 年）

（一）政策背景及目标

自中华人民共和国成立到改革开放之前，我国的城市基础设施和市政公用事业建设一直被政府部门垄断,该领域的投资体制单一。1978 年,党的十一届三中全会确立了我国以经济建设为中心的基本路线,作出了改革开放的重大决策。改革开放吸引了大量外资(包括港资)进入中国,一些外商顺势将发达国家在基础设施建设中采用 BOT 模式的先进经验引入国内。1984 年,我国第一个 BOT 项目——深圳沙角 B 电厂的成功签约,引发了地方政府通过招商引资方式,采用 BOT 模式建设当地基础设施的风潮。中央政府也开始探索 PPP 模式在我国基础设施领域内的应用。

1984 ~ 1993 年,分税制改革之前,非公有制经济的发展在国内还存在很大争议,因此在我国 PPP 发展的探索阶段,社会资本主要以外资(包括港资)为主。这一时期我国并没有专门针对 PPP 出台的政策,中央对地方 PPP 项目也没有专门的审批程序。中央出台的与 PPP 有关联的一些政策的目标主要是为改善我国投资环境,更好地吸引外商投资,促进国民经济发展。

(二)政策核心内容

在 PPP 探索阶段,我国的 PPP 还是新鲜概念,PPP 项目主要由地方政府自发与外商协商谈判后执行,具有地方自主性和自发性的特点,也未引起中央政府的关注和推广。因此在我国 PPP 探索阶段,中央政府层面出台的与 PPP 相关的政策数量极少,内容也以鼓励外商投资为主。

这一阶段的主要政策代表是 1986 年 10 月国务院颁布的《关于鼓励外商投资的规定》。该规定鼓励外国投资者在中国境内举办中外合资经营企业、中外合作经营企业和外资企业,并对外商投资企业给予特别优惠,为外资更多、更快、更好地进入我国基础设施建设领域提供了政策优惠和保障。

(三)政策阶段特征

在探索阶段,我国 PPP 的发展还处于启蒙状态,主要表现为地方政府通过与外商投资者直接谈判和协商,引入外资以 BOT 形式建设当地基础设施。这些 BOT 项目都是由地方政府自主发起,还并未得到国家的关注。因此,这一时期中央并没有与 PPP/BOT 直接相关的政策法规及审批程序,与 PPP/BOT 相关的政策主要是一些鼓励外商投资的政策。这些政策主要由国务院发布,不仅数量稀少、发布时间松散间断,并且都是些简单、初级、框架性的鼓励外商投资政策、没有涉及对 PPP/BOT 项目招商、审批、执行等程序的具体指导。对外商投资的鼓励也主要是对外商投资进行宏观指导,没有落实到具体的行业，因此这一期间也缺少对具体行业的 PPP 指导政策。

二、试点阶段（1994～2002 年）

（一）政策背景及目标

1994 年分税制改革后，我国 PPP 发展进入试点阶段，地方政府的大量财权被中央政府上收，但基础设施建设等事权却下放到地方政府。地方政府的财政收入与地方经济建设的资金需求之间的缺口，迫使地方政府加大吸收社会资本进入基础设施建设领域。这一时期的社会资本虽然依旧以外资为主，但我国民营资本也开始崭露头角。1995 年，我国第一个以内地民营资本为主的 PPP 项目——泉州刺桐大桥正式开工。鉴于上述背景，PPP 在基础设施建设中的融资作用得到了中央政府的一定重视。中央政府也开始着手研究 PPP 的可行性并选择了广西来宾 B 电厂、成都第六水厂、广东电白高速公路、武汉军山长江大桥和长沙望城电厂 5 个项目进行 BOT 试点。

在试点项目的带动下，各地政府也纷纷采用 PPP 模式（主要是特许经营）建设城市基础设施。一时间，全国各地通过 BOT 方式建设基础设施项目的情况，不断涌现。伴随这些 BOT 项目的开展，由于缺乏统一的政策指导和约束，地方在实施这些 PPP 项目时，也迅速暴露出大量的问题，乱象开始出现。此外，受 1997 年金融危机的影响，我国政府实行积极的财政政策，发行大量国债募集资金用来建设地方基础设施。社会资本对政府建设基础设施的吸引力减弱，这一时期我国 PPP 的发展也开始经历向下调整的过程，金融危机也暴露出了地方在 PPP 项目中的一些违规现象。为了解决地方 PPP 的不规范问题，中央政府在这一期间相继出台了一些政策，这些政策目标主要就是规范和管制地方政府对项目开出的无原则担保，以及防止地方 PPP 项目一哄而上的问题。

（二）政策核心内容

1. 试点阶段初期

2007 年金融危机之前，PPP 政策以限制和规范地方 PPP 项目为主。

1995 年 1 月，原对外贸易经济合作部发布《关于以 BOT 方式吸收外商投资有关问题的通知》。对规范采用 BOT 方式吸收外商投资于基础设施领域的招商和审批做出规定。

1995 年 8 月，原国家计委、电力部、交通部联合发布《关于试办外商投资特许权项目审批管理有关问题的通知》，规定特许权项目必须先进行试点，待取得经验后，再逐步推广，并规定了试点范围。

1999 年 10 月，原国家计委发布《关于加强国有基础设施资产权益转让管理的通知》，规定了 PPP 形式建设的国有基础设施资产权益转让的范围、要求、审批规定和其他事项。

2. 试点阶段后期

为了恢复金融危机时期我国 PPP 向下调整的颓势，试点阶段后期我国 PPP 政策回到以鼓励和引导社会资本进入基础设施建设领域为主。

2001 年 12 月，原国家计委发布《关于印发促进和引导民间投资的若干意见的通知》，要求进一步转变思想观念，促进民间投资发展，逐步放宽民间资本投资领域，鼓励和引导民间投资以独资、合作、联营、参股、特许经营等方式，参与经营性的基础设施和公用事业项目建设。

2002 年底，原建设部出台《关于加快市政公用行业市场化进程的意见》，要求开放市政公用行业市场，建立市政公用行业特许经营制度，鼓励社会资金、外国资本采取独资、合资、合作等多种形式，参与市政公用设施的建设，形成多元化的投资结构。对供水、供气、供热、污水处理、垃圾处理等经营性市政公用设施的建设，应公开向社会招标选择投资主体。

（三）政策阶段特征

试点阶段，PPP 已得到中央政府一定程度上的认识和重视，这一阶段 PPP 政策出台数量较之前有了明显的提升，并且包括了一系列直接针对 PPP 项目执行的指导政策。从内容上看，试点阶段前期，中央出台的大多数 PPP 政策是对地方 PPP 项目一拥而上的现象和暴露的违规之处进行规范和限制；试点阶段中后期，PPP 政策内容具有由规范和限制转变为鼓励和引导的演进特点，发文动机也具有从被动回应到主动指导的转变。从发文单位看，这一时期的发文主力不再是国务院，而是以原国家计委为代表的中央部委，这代表着我国的 PPP 政策也在从过去中央的宏观指导向具体行业的落实应用转变。

三、推广阶段（2003～2013 年）

（一）政策背景及目标

2003 年底，党的十六届三中全会通过的《关于完善社会主义市场经济体制若干问题的决定》明确要求放宽市场准入，允许非公有资本进入法律法规未禁止进入的基础设施、公用事业及其他行业和领域。该决定为我国 PPP 发展的进一步推进提供了坚实的理论基础，中国 PPP 发展进入推广阶段。

这一阶段我国经济高速发展，城镇化建设脚步加快，基础设施和市政公用事业建设资金缺口也进一步扩大，于是中央和各地政府又开始大力鼓励社会资本（尤其是民间资本）投资。由于 PPP 在基础设施建设领域拥有前面几个阶段的经验积累，因此开始被中央和地方政府大力推进，最具代表的就是市政公用事业的特许经营。这一时期的 PPP 政策目标主要有两个：一是鼓励市政公用事业市场化，并对市政 PPP 项目作进一步规范；二是鼓励社会资本投资，允许社会资本进入更多行业领域。

2008 年，全球金融危机的爆发以及中国推出的"四万亿"经济刺激计划使得我国 PPP 发展生态环境受到严重破坏。许多执行中 PPP 项目被迫提前终止或者转为国有企业接手，PPP 发展再一次进入向下调整的过程。在政府一系列刺激经济计划的驱动下。地方政府纷纷建立城市投资建设公司、交通投资公司、城市开发建设公司等政府投融资平台，这些政府投融资平台凭借政府的担保和银行宽松的资金信贷条件，直接以企业身份进行政府融资，大规模开展基础设施建设。

由于地方政府不再需要 PPP 模式就可以轻松解决基础设施建设的资金问题以及之前阶段的 PPP 项目开始暴露许多矛盾，以社会资本为主的 PPP 生存空间受到严重挤压。然而，政府的积极财政政策和政府的投融资平台暴露出许多问题，为化解这些问题，中央再一次开始重视社会资本。由此可见，这一时期出台的 PPP 政策目标还是促进和引导社会投资。

（二）政策核心内容

1. 国务院政策

这一阶段，国务院出台了多项鼓励社会资本投资的政策。2004 年 7 月，国务院发布《关于投资体制改革的决定》，要求进一步深化投资体制改革，落实企业投资决策权，充分发挥市场配置资源的基础性作用，进一步提高政府投资决策科学化、民主化水平，增强投资宏观调控和监管的有效性。该政策放宽了民间资本投资的审批程序，并允许更多行业向民间资本开放。

2005 年，国务院出台《关于鼓励支持和引导个体私营等非公有制经济发展的若干意见》（以下简称"旧 36 条"），要求放宽非公有制经济市场准入、加大对非公有制经济的支持、加强对发展非公有制经济的指导和政策协调等。该政策首次允许民间资本进入能源、通信、铁路、航空和石油等领域，并提出要进一步建设法律框架来支持民间资本进入基础设施建设领域。

2010 年 5 月，国务院发布《关于鼓励和引导民间投资健康发展的若干意见》（以下简称"新 36 条"），意见紧密结合当前应对国际金融危机的实际需要，在扩大市场准入、推动转型升级、参与国际竞争、创造良好环境、加强服务指导和规范管理等方面系统提出了鼓励和引导民间投资健康发展的 36 条政策措施，帮助引导民间资本进入基础产业和基础设施、市政公用事业和政策性住房建设、社会事业等领域。

与"旧 36 条"相比，"新 36 条"具有以下特点：一是针对民间投资，范围更小；二是突出执行性和操作性，提出了细化到二级科目的领域；三是不仅有准入的具体内容，还有鼓励民间投资进入的具体途径和方式。总体来看，"新 36 条"主要针对市场准入问题，鼓励和引导民间投资进入法律允许的行业和领域，通过放宽民营资本市场准入，为民营资本发展拓展了空间。

随后，国务院各部委又出台了一系列落实"新 36 条"的细则。

2012 年 5 月，国务院出台了《关于印发〈关于国有企业改制重组中积极引入民间投资的指导意见〉的通知》，要求毫不动摇地巩固和发展公有制经济、毫不动摇地鼓励支持和引导非公有制经济发展，积极推动民间投资参与国有企业改制重组。

2013 年 5 月，国务院、国家发展和改革委员会发布《国务院批转发展改革委关于 2013 年深化经济体制改革重点工作的意见的通知》，要求抓紧清理有碍公平竞争的政策法规，推动民间资本有效进入金融、能源、铁路、电信等领域。

2013 年 8 月，国务院发布《关于改革铁路投融资体制加快推进铁路建设的意见》，向地方政府和社会资本放开城际铁路、市域（郊）铁路、资源开发性铁路和支线铁路的所有权、经营权，鼓励社会资本投资建设铁路。

2013 年 9 月，国务院发布《关于加强城市基础设施建设的意见》，建立政府与市场合理分工的城市基础设施投融资体制。

2013 年 11 月，中国共产党第十八届中央委员会发布《中共中央关于全面深化改革若干重大问题的决定》，允许更多国有经济和其他所有制经济发展成为混合所有制经济；国有资本投资项目允许非国有资本参股；允许社会资本通过特许经营等方式参与城市基础设施投资和运营。

2. 原建设部政策

这一阶段，原建设部出台了多条政策，对市政 PPP 项目的开展进行规范，尤其是针对市政项目的特许经营。这些政策首次引入了竞争性招投标机制，改变了以往地方政府和投资方直接协商发起项目的简单方式。

2004 年 3 月，原建设部出台《市政公用事业特许经营管理办法》，鼓励利用社会资金、境外资本，采取独资、合资、合作等形式建设市政公用设施，从事特许经营；政府投资建设的市政公用设施，所有权属于政府；特许经营者按照城市规划投资建设的市政公用设施，在特许经营期满或者终止后，无偿归政府所有。该办法及各地出台的一系列特许经营条例是这一时期开展市政公用事业 PPP 项目的基本政策依据。

（三）政策阶段特征

PPP 推广阶段是我国 PPP 发展的一个小高潮。党的十六届三中全会《关于完善社会主义市场经济体制若干问题的决定》的出台及我国城镇化的飞速发展导致的城市基础设施和市政公用事业建设的资金缺口，迫使我国城市基础设施和市政公用事业加快走上市场化道路。这一阶段以政府特许经营为代表的 PPP 模式受到中央的高度重视，这一重视也反映在政策的出台和内容的转变上。

推进阶段的中央 PPP 政策发布由过去的被动回应转变为主动推进，内容也从过去粗略地鼓励社会资本投资和对社会资本运用的框架性指导转变为在具体的交通基础设施建设领域，如收费公路的特许经营项目面向社会资本进行公开转让，以及市政公用事业领域如城市供水、垃圾污水处理、轨道交通、管道煤气等行业领域特许经营权的推广和应用，政策的发布也落实到了原交通部、建设部等具体行业部门。且这一阶段中央 PPP 政策高度重视我国民间资本在基础设施和市政公用事业领域的应用，这一期间我国民间资本首次代替外资成为 PPP 项目资金的主力来源。

四、深化阶段（2014 年至今）

（一）政策背景及目标

国家为应对金融危机所采取的积极财政政策，虽然在一定程度上帮助中国渡过了金融危机难关，但也导致了地方政府债务问题的严重恶化。这一阶段，地方政府债务余额超过了 20 万亿元，并且保持着较快的增长速度。与此同时，政府偿债能力却明显不足，融资和抗风险能力减弱。

此外，我国经济在经历了前面几个阶段的高速增长后，也暴露出大量问题：房地产价格居高不下，土地财政难以持续；环境问题突出，治理资金不足；国有体制投资浪费严重，投资效率相对较低等。解决上述问题，单靠政府财政力量远远不够，于是国家再一次高度重视社会资本。党的十八届三中全会明确提出"允许社会资本通过特许经营等方式参与城市基础设施投资和运营"，PPP 作为社会资本参与基础设施建设运营的代表模式，也再一次重获高度重视，并得到国家的全面推广。2014 年起，中国 PPP 发展进入深化阶段。

这一阶段国务院、中央部门、地方政府出台了大量 PPP 政策，这些政策的目的主要有三个：一是希望通过 PPP 减轻地方政府的融资负担，化解债务风险。将政府或有负债转为 PPP 项目公司的企业负债，并通过债务重组等操作将近期负债转变成企业长期负债，化解当前地方政府偿债压力。二是希望通过 PPP 创新地方政府融资渠道，从而达到维护经济稳定增长的目的。在剥离融资平台公司的政府融资职能后，PPP 就成为除城投债之外筹集当地项目建设资金的一种现实可行的选择方式。三是将 PPP 作为构建政府投资项目管理新体制的契机。通过推广运用 PPP 模式，建立一套全新的涵盖基础设施、社会事业和公共服务的政府项目融资、建设和运营管理的新机制。

（二）政策核心内容

这一阶段，中央和各地政府的 PPP 政策出台达到"井喷"状态，2014 年中央层面出台了 20 多部 PPP 相关的政策文件，2015 年这一数据达到将近六十部，而在之前的三个阶段，每年出台的 PPP 政策都只是个位数而已。这一阶段除了国务院外，财政部、发改委及其他一些部门也成为 PPP 政策的发文单位，且地方政府的 PPP 政策在中央的带动下也纷至沓来。主要 PPP 政策如下所示。

1. 中共中央与国务院的政策法规

2014 年 9 月，国务院发布《关于加强地方政府性债务管理的意见》，围绕建立规范的地方政府举债融资机制，剥离了融资平台公司政府融资职能，明确提出要推广使用 PPP 模式，将 PPP 项目中的财政补贴等支出按性质纳入相应政府预算管理。该文件是规范地方政府性债务管理的重要文件，与 2014 年修订的《中华人民共和国预算法》有关内容相互呼应与衔接。此后，PPP 模式迅速得到推广，并成为地方政府对外融资的有力抓手。

2014 年 11 月，国务院发布《关于创新重点领域投融资机制鼓励社会投资的指导意见》，提出在生态环保、农业水利、市政、交通、能源、信息、社会事业等七大领域鼓励社会资本进行投资，同时支持开展特许经营权、购买服务协议预期收益质押贷款等融资创新机制，并鼓励金融机构对民间资本举办的社会事业提供融资支持。该文件对 PPP 模式的专章论述，以及与之有关的政策措施的后续安排，是 PPP 模式相关政策依据的重要来源。此外，文件提出在基础设施和基础产业"大力发展债权投资计划、股权投资计划、资产支持计划等融资工具"，为 PPP 项目资产证券化作了政策铺垫。

2015 年 5 月，国务院办公厅转发财政部、国家发展改革委、人民银行三部委文件《关于在公共服务领域推广政府和社会资本合作模式指导意见的通知》。该文件鼓励在能源、交通运输、水利、环境保护、农业、林业、科技、保障性安居工程、医疗、卫生、养老、教育、文化等公共服务领域采用 PPP 模式，吸引社会资本参与。同时，强调了政府与社会资本在 PPP 模式中的平等地位，提出订立合同的双方应平等协商，法律地位平等，权利义务对等，互惠互利；注重全生命周期的绩效评价与监管以及公众知情和监督；为地方融资平台公司参与 PPP 项目指明了出路；提出在立法、财税、土地、金融、预算等方面予以支持或配套。在一定程度上，该文件是对当时出台的 PPP 相关政策法规的一次全面总结与深化，集中体现了财政部对 PPP 模式的理解与定位，将 PPP 提高到一定的战略高度。

2016 年 7 月，中共中央、国务院发布《关于深化投融资体制改革的意见》，文中两次提及政府与社会资本合作，提出未来政府资金的投向将以非经营性项目为主，对确需支持的经营性项目，政府主要采取资本金注入方式投入，也可适当采取投资补助、贷款贴息等方式进行引导。换言之，经营性项目的投资主体应当是社会资本，这对于着力于吸引社会资本投资的 PPP 模式而言，无疑是一个相当正面的政策信号。

2017 年 11 月，国资委特别印发《关于加强中央企业 PPP 业务风险管控的通知》，该通知明确提到央企要审慎开展 PPP 业务，明确自身 PPP 业务财务承受能力的上限，对 PPP 业务实行总量控制。2017 年的 PPP 相关政策预示着我国 PPP 发展在全面推广的背景下逐步走向理性。

2018 年 10 月，国务院办公厅发布《关于聚焦企业关切进一步推动优化营商环境政策落实的通知》，提出进一步减少社会资本市场准入限制。该文件要求全面实施新版市场准入负面清单，推动"非禁即入"普遍落实；尽快在民航、铁路、公路、油气、电信等领域，落实一批高质量的项目吸引社会资本参与；规范有序推进 PPP 项目建设，在核查清理后的 PPP 项目库基础上，加大对符合规定的 PPP 项目的推进力度，督促地方政府依法依规落实已承诺的合作条件，加快项目进度；组织开展招投标领域专项整治，消除在招投标过程中对不同所有制企业设置的各类不合理限制和壁垒。

2021 年 10 月，国务院办公厅发布了《关于鼓励和支持社会资本参与生态保护修复的意见》，鼓励和支持社会资本参与生态保护修复项目投资、设计、修复、管护等全过程，围绕生态保护修复开展生态产品开发、产业发展、科技创新、技术服务等活动，对区域生态保护修复进行全生命周期运营管护。重点鼓励和支持社会资本参与以政府支出责任为主（包括责任人灭失、自然灾害造成等）的生态保护修复。同时，该文件对社会资本参与生态保护修复的参与方式、参与程序、重点领域和相关支持政策作出了详细规定。

2. 财政部的规章及规范性文件

财政部从地方债控制和预算管理两方面切入，从组织、立法和示范项目 3 个层次依次推进 PPP 相关工作，相继出台了一系列的规章及规范性文件，从概念梳理、适用范围、操作流程以及政策红线的划定等几个方面给予了 PPP 项目参与各方（特别是地方政府）非常明确具体的指导意见，从而获得各省市的群起响应，PPP 的发展态势也为之一新。目前，财政部提出并倡导的 PPP 项目实施方案、财政承受能力论证和物有所值评价已经成为绝大多数

PPP 项目的标配，PPP 项目的政府要求也逐渐得到认可和执行。

2014 年 9 月，财政部出台《关于推广运用政府和社会资本合作模式有关问题的通知》，要求地方财政部门充分认识推广运用政府和社会资本合作模式的重要意义，积极稳妥开展示范工作，通过试点项目总结经验，切实有效履行财政管理职能，加强对 PPP 项目的财政管理监督，加强财政部门组织和能力建设，推动 PPP 模式的应用。这是部委级别首次正式提出"政府和社会资本合作"的标准说法，也是首次专门就 PPP 模式发布的框架性指导意见。

2014 年 11 月，财政部发布《关于印发〈政府和社会资本合作模式操作指南（试行）〉的通知》。该文件是针对 PPP 项目全生命周期的规定，阐述了 PPP 项目识别、准备、采购、执行、移交等各环节的操作流程，是财政部此前有关 PPP 模式制度化设计的阶段性总结，并很快成为地方政府、咨询机构实施 PPP 项目的主要依据之一。但该文件确立的以财政部门作为 PPP 项目牵头部门的评审机制与国内长期以来的由发改部门负责项目审批的管理体系之间存在协调方面的问题。

2014 年 12 月，财政部发布《关于印发〈政府和社会资本合作项目政府采购管理办法〉的通知》。该文件对《关于印发〈政府和社会资本合作模式操作指南（试行）〉的通知》中的"项目采购"作了呼应和落实，在政府采购的整体法律框架下，全面规范了 PPP 项目政府采购行为。明确 PPP 项目采购方式包括公开招标、邀请招标、竞争性谈判、竞争性磋商和单一来源采购。项目实施机构应当根据 PPP 项目的采购需求特点，依法选择适当的采购方式。为保证 PPP 项目采购的成功率以及项目采购的质量和效果，该文件在采购程序中为 PPP 项目采购设置了强制资格预审、现场考察和答疑、采购结果确认谈判等环节。

2015 年 4 月，财政部发布《关于印发〈政府和社会资本合作项目财政承受能力论证指引〉的通知》，在识别阶段规定了物有所值评价和财政承受能力论证两个程序，其中财政承受能力论证指在 PPP 项目实施之前，需要识别、测算 PPP 项目的各项财政支出责任，科学评估项目实施对当前及今后年度财政支出的影响，为 PPP 项目财政管理提供依据。该文件规定了 PPP 项目全生命周期中财政支出责任的计算公式，并明确要求年度 PPP 项目（包括新旧项目）的财政支出占一般公共预算比例不超过 10%。

2015 年 12 月，财政部发布了《关于印发〈PPP 物有所值评价指引（试行）〉的通知》，在《关于印发〈政府和社会资本合作模式操作指南（试行）〉的通知》发布之后，物有所值论证体系一直缺乏系统性的规定，各地操作也不尽相同。根据《关于印发〈PPP 物有所值评价指引（试行）〉的通知》，物有所值评价是判断是否采用 PPP 模式代替政府传统投资运营方式提供公共服务项目的一种评价方法，包括定性评价和定量评价。现阶段以定性评价为主，鼓励开展定量评价。定量评价可作为项目全生命周期内风险分配、成本测算和数据收集的重要手段，以及项目决策和绩效评价的参考依据。应统筹定性评价和定量评价结论，作出物有所值评价结论。物有所值评价结论分为"通过"和"未通过"。"通过"的项目，可进行财政承受能力论证；"未通过"的项目，可在调整实施方案后重新评价，仍未通过的不宜采用 PPP 模式。

2016 年 10 月，财政部发布了《关于在公共服务领域深入推进政府和社会资本合作工作的通知》，提出要严格区分公共服务项目和产业发展项目，在能源、交通运输、市政工程、农业、林业、水利、环境保护、保障性安居工程、医疗卫生、养老、教育、科技、文化、体育、旅游等公共服务领域深化 PPP 改革工作。

2016 年 11 月，财政部发布了《关于印发〈政府和社会资本合作项目财政管理暂行办法〉的通知》，延续了《关于在公共服务领域深入推进政府和社会资本合作工作的通知》的适用范围，对 PPP 项目财政预算管理做出了明确规定，并和《中华人民共和国预算法》等规定进行了衔接，解决了以往 PPP 项目签约和预算批准周期错配的问题，并允许在不影响所提供服务稳定性和公共安全的前提下，社会资本方可以在运营期内全部或部分退出。

2017 年 4 月和 5 月，财政部联合相关部委先后出台《关于进一步规范地方政府举债融资行为的通知》《关于坚决制止地方以政府购买服务名义违法违规融资的通知》，对地方政府举债融资和 PPP 的规范和约束更是达到了空前严格的地步。

2017 年 11 月，财政部又出台了被称为 PPP 项目最严新规的《关于规范政府和社会资本合作（PPP）综合信息平台项目库管理的通知》，旨在纠正当前 PPP 项目实施过程中出现的走偏、变异问题，进一步提高项目库入库项目质量和信息公开有效性，更好地接受社会监督。

2018 年 4 月，财政部发布了《关于进一步加强政府和社会资本合作

（PPP）示范项目规范管理的通知》，对核查存在问题的 173 个示范项目分类进行处置，要求引以为戒，加强项目规范管理，切实强化信息公开，接受社会监督，建立健全长效管理机制。

2018 年 11 月，财政部发布了《关于加强中国政企合作投资基金管理的通知》，要求高度重视 PPP 规范管理工作。要不折不扣贯彻落实相关政策文件，不断推动各方规范参与。要严控项目投资标准，投资满足融资结构合理、签约主体合规、建立按效付费机制、有一定经营性收益等条件的"真 PPP"项目，做真股权、真融资、真风险管理。同时，要完善内部控制体系，建立健全投后管理体系，加强项目投后跟踪督导，确保项目运营安全。

2019 年 3 月，财政部下发《关于推进政府和社会资本合作规范发展的实施意见》对 PPP 项目规范操作提出要求。总体上，该文件认可并重申 PPP 模式作为国家重大决策部署的积极作用，且延续规范 PPP 项目实施、防控地方政府隐性债务风险的基本精神。但相较于以往 PPP 相关政策，该文件规范力度更大、导向性更加明显、影响更为深远，更加突出强调 PPP 的稳健发展。该文件作为 2019 年度开篇规范 PPP 项目操作的"重磅文件"，在延续多部政策文件精神的同时，对当前形势下的 PPP 项目规范实施和监管要求作了更为具体明确的规定。综合当前投资机遇相关的社会经济发展需求和参与公益性项目的合规要求来看，未来很长一段时间内，PPP 模式仍将在基本公共服务领域发挥不可替代的作用，但其适用范围将逐步收缩至运营属性较强、有一定收益的公益性项目。放眼长远，《关于推进政府和社会资本合作规范发展的实施意见》无疑将会进一步引导市场回归理性，基于市场运营需求导向加强相应能力储备与提升，而这也将从根本上促进和保障 PPP 市场的健康发展。

随后，财政部陆续出台了《关于印发〈政府会计准则第 10 号——政府和社会资本合作项目合同〉的通知》《关于印发污水处理和垃圾处理领域 PPP 项目合同示范文本的通知》《关于加快加强 PPP 项目入库和储备管理工作的通知》《关于全国 PPP 综合信息平台（新平台）上线运行的公告》《关于印发〈政府和社会资本合作（PPP）项目绩效管理操作指引〉的通知》《关于印发〈政府会计准则第 10 号——政府和社会资本合作项目合同应用指南〉的通知》《关于修订发布〈政府和社会资本合作（PPP）综合信息平台信息公开管理办法〉的通知》《关于开展全国 PPP 综合信息平台项目信息质量提升专项行动的通知》等一系列文件，贯彻了《关于推进政府和社会资本合作规范发展的实施意见》的理念，进一步规范 PPP 发展。

3. 国家发展改革委的规章及规范性文件

国家发展改革委对 PPP 模式的推广主要着眼于促进投融资机制改革。尽管从已经出台的规范性文件来看，财政部的相关规范性文件较为全面、系统并具备较强实操性，但国家发展改革委从项目端入手，在推动项目落地、优化管理、提高审批效率等方面更具优势。特别是在国务院常务会议确认两个部委在 PPP 领域的主管职能分工之后，国家发展改革委已着手在其主管的传统基础设施领域大力推广 PPP 模式，出台了若干重要文件，并在推动 PPP 项目与资本市场对接方面进行了非常积极地尝试，引起业内极大反响。现将其中主要规定梳理如下。

2014 年 12 月，国家发展改革委发布《关于开展政府和社会资本合作的指导意见》，要求合理确定 PPP 项目范围，建立健全 PPP 工作机制，加强 PPP 项目规范管理，积极推进 PPP 项目工作，强化 PPP 模式政策保障机制，制定《政府和社会资本合作项目通用合同指南》涵盖 PPP 项目合同基本内容。该文件是国家发展改革委在 PPP 领域出台的一份纲领性文件，开创性地将 PPP 项目分为经营性项目、准经营性项目和非经营性项目 3 个类别，基于项目收费对投资成本的覆盖程度，对不同类别的项目分别建议了不同的适用模式，思路更为清晰。但是该文件与《关于印发〈政府和社会资本合作模式操作指南（试行）〉的通知》相比，在 PPP 项目的发起准备实施程序、操作模式、分类方式、出发点和适用范围等方面存在一定差别。

2015 年 4 月，国家发展改革委、财政部、住房和城乡建设部、交通运输部、水利部、中国人民银行六部委联合发布《基础设施和公用事业特许经营管理办法》，并于 2015 年 6 月 1 日起实施。该文件总结了《市政公用事业特许经营管理办法》出台以来的特许经营项目实践经验，并吸收了以往特许经营项目中被长期忽视的平等性、去行政化等诉求，体现了对投资者权益的保护，也体现了控制政府支出、重视经营绩效等理念。《基础设施和公用事业特许经营管理办法》因由 6 家重要部门联合发布，被业内称为 PPP 领域内的"超级部门规章"。尽管如此，受限于其效力层级，该文件仍然无法解决特许经营乃至于 PPP 项目发展所需要的制度建设问题，但对 PPP 项目各方了解特许经营模式的适用范围、基本要素和操作方式具有很好的指导意义。

2016 年 8 月，国家发展改革委发布了《关于切实做好传统基础设施领域政府和社会资本合作有关工作的通知》，对能源、交通运输、水利、环境保护、农业、林业及重大市政工程等基础设施领域推进 PPP 工作作出框架性的规定，提出建立基础设施 PPP 项目库、建立发展改革委与相关部门对项目的联审机制，要将项目是否适合 PPP 模式的论证纳入可行性研究论证及决策，鼓励探索从多角度建立社会资本投资合理回报机制，特别强调了构建社会资本多元化退出机制，以及发挥金融机构的作用。

2016 年 10 月，发改委发布了《关于印发〈传统基础设施领域实施政府和社会资本合作项目工作导则〉的通知》，将其适用范围确定为"在能源、交通运输、水利、环境保护、农业、林业及重大市政工程等传统基础设施领域采用 PPP 模式的项目"，明确了该等 PPP 项目的操作流程，并力图解决困扰 PPP 操作实践中的一些争议焦点和难点问题。例如，一般性政府投资项目审批流程的简化、项目法人变更、二次招标豁免等问题，并提出在现有投资项目在线审批监管平台（重大建设项目库）基础上，建立各地区、各行业传统基础设施 PPP 项目库，以逐步建立国家发展改革委传统基础设施 PPP 项目库。该文件体现了"简洁高效、科学规范、兼容并包、创新务实"原则，是当前传统基础设施领域 PPP 项目实施的主要指导性文件。

2016 年 12 月，国家发展改革委发布了《传统基础设施领域政府和社会资本合作（PPP）项目库管理办法（试行）》。该文件落实了《关于印发〈传统基础设施领域实施政府和社会资本合作项目工作导则〉的通知》第六条的规定，对传统基础设施领域的"PPP 项目库"作出进一步细化的操作规定，具体包括填报单位、填报信息、对信息的审核和项目推介等。据此，国家发展改革委和财政部分别建立了相互独立的 PPP 项目库。

2016 年 12 月 21 日，国家发展改革委、中国证券监督管理委员发布了《关于推进传统基础设施领域政府和社会资本合作（PPP）项目资产证券化相关工作的通知》其发文依据是《关于深化投融资体制改革的意见》和《关于创新重点领域投融资机制鼓励社会投资的指导意见》，发文目的在于创新 PPP 项目融资方式，适用范围则是在传统基础设施领域。根据该文件，资产证券化制度对接的主要是 PPP 项目存量资产，这为盘活存量资产，打通 PPP 项目融资渠道提供了很好的思路。该文件也对可进行资产证券化的 PPP 项目的范围和条件进行了规定，明确了三大保障机制（风险监测、违约处置和市场化增信）的建设。

2017 年 4 月，国家发展改革委办公厅发布了《关于印发〈政府和社会资本合作（PPP）项目专项债券发行指引〉的通知》，提出 PPP 项目专项债券是指由 PPP 项目公司或社会资本方发行，募集资金主要用于以特许经营、购买服务等 PPP 形式开展项目建设、运营的企业债券。现阶段支持重点为：能源、交通运输、水利、环境保护、农业、林业、科技、保障性安居工程、医疗、卫生、养老、教育、文化等传统基础设施和公共服务领域的项目。同时规定了相应的发行条件、审核要求、信息披露和投资者保护。

2017 年 7 月，国家发展改革委发布了《关于加快运用 PPP 模式盘活基础设施存量资产有关工作的通知》，要求充分认识运用 PPP 模式盘活基础设施存量资产的重要意义；分类实施，规范有序盘活基础设施存量资产；规范管理，实现投资良性循环；加强协同合作，保障基础设施存量资产盘活工作顺利实施；总结经验，发挥示范项目的引领带动作用。

2017 年 11 月，国家发展改革委发布了《关于鼓励民间资本参与政府和社会资本合作（PPP）项目的指导意见》，制定和完善 PPP 咨询业务操作标准规范，以解决 PPP 项目工程技术、招投标、投融资、项目管理、法律和财务等方面的难题，为民间资本 PPP 项目提供优质高效的咨询服务。

2019 年 6 月，国家发展改革委发布了《关于依法依规加强 PPP 项目投资和建设管理的通知》，要求全面、深入开展 PPP 项目可行性论证和审查；严格依法依规履行项目决策程序；严格实施方案审核，依法依规遴选社会资本；严格执行国务院关于固定资产投资项目资本金制度的各项规定；依法依规将所有 PPP 项目纳入全国投资项目在线审批监管平台统一管理；加强 PPP 项目监管，坚决惩戒违规失信行为。

2020 年 7 月，发改委与中国证监会联合发布了《关于做好基础设施领域不动产投资信托基金（REITs）试点项目申报工作的通知》，明确规定了 PPP 项目需要满足的申报条件。

2021 年 2 月，国家发展改革委关于印发《引导社会资本参与盘活国有存量资产中央预算内投资示范专项管理办法》的通知，明确提出支持采用 RE-ITs、PPP 等方式盘活国有存量资产，将净回收资金主要用于新增投资，且具有较强示范性和创新性的项目。

（三）政策阶段特征

深化阶段，我国 PPP 发展进入前所未有的战略高度，PPP 政策的出台也进入高度密集状态。这一阶段的 PPP 政策相对于前面几个阶段具有明显的数量多、行业全、操作性强的特点。数量多体现在 2014 年至今中央各部门和地方政府出台的 PPP 政策文件是前面几个阶段政策总和的好几倍。这一阶段 PPP 政策的发文主力由国务院变成了财政部和发改委，同时发文单位还包括工信部、住建部、科技部、国土部、水利部、交通运输部、人民银行、农业部、环保部、文化旅游部等，几乎涵盖了大部分行业的部门。发文主力部门的转变意味着在普及阶段的 PPP 政策旨在解决我国各行各业领域内的基础设施建设融资问题，这一阶段的 PPP 政策多是针对 PPP 项目实践的具体指导和应用细则，中央和地方政府通过这些具体政策和应用细则对我国基础设施建设和各行业公共服务领域 PPP 项目的开展作了具体的从"识别—准备—采购—执行—移交"的全流程操作指导。

基于这一时期众多的政策法规，以及政策法规内容的快速变化，这一阶段的 PPP 政策法规演变可进一步细分为四个小阶段。2014 年为初步规范阶段，继《关于加强地方政府性债务管理的意见》颁布后，财政部和国家发改委于同年紧密颁布多份规范性政策文件，这些政策文件形成了 PPP 模式最初的操作指南及指导意见。2015～2016 年为全面规范阶段，各类政策文件频出，从融资支持、操作细则、模式推广等各个层面对 PPP 模式进行了推广，是 PPP 政策法规出台最密集的时期。2017～2018 年为冷静调整阶段，行业的高速发展带来了一些泛化和异化的操作方式，为这类 PPP 项目的合规性埋下隐患，因此政策法规重点偏向对 PPP 实践问题的调整优化。2019 年至今为稳定成熟阶段，经过高速发展后的冷静调整，行业内的各参与方对 PPP 模式形成了更理性的认知，《关于推进政府和社会资本合作规范发展的实施意见》打破了政策层面模糊性和不确定性的僵局，为 PPP 模式迈入政策稳定期与成熟期打下了良好的基础。

五、PPP 政策法规演进特点总结

国家发改委和财政部 PPP 专家库双库专家丁伯康认为，PPP 政策演进具有如下典型特征。

（一）融资是主要的推动力

PPP 在中国的发展虽然主要是由地方政府的融资需求和债务化解需求所推动的，但是一个重要的特点还是为了融入资金以进行基础设施和公共服务设施的建设。无论从改革开放初期的引进外资（包括香港资金），还是鼓励民间资本进入政府投资领域，包括 2000 年前后的收费公路特许经营与公用事业市场化改革，以及推行 BOT、TOT 等。这些关系 PPP 运作的政策出台，无疑为 PPP 的良好发展起到了积极的促进作用，在优化 PPP 政策环境的同时，为我国 PPP 的发展清除了许多障碍。

（二）政策的密度逐步加大

从 1994 年我国 PPP 发展正式进入试点阶段到今天的近 30 年发展历程里，通过对每个阶段政策环境演进特点的分析，可以看出我国 PPP 发展的政策环境演变大致具有以下特点：从发文频率上看，我国 PPP 政策的颁布整体上具有从间断松散到低密集颁布再到高密度发布的演进特点。

20 世纪 80 年代初期到 90 年代中期，PPP 政策数量少，并且发布年份也不连贯，具有间断松散的特点。90 年代中期到 2008 年金融危机期间的 PPP 政策，数量较之前有了明显的提升，并且发文频率加快，基本保持每年都有政策出台，政策发布进入低密集时期。金融危机之后，PPP 政策数量进一步增多，发布频率进一步加快，特别是 2014 年至今达到 "井喷" 状态，年均政策出台量超过十位数，PPP 政策的出台也进入高密度发布时期。

（三）从行业推动走向政府面上推动

从发文单位上看，具有由国务院主导到具体行业部门主导到发文部门多样化演进的特点。一开始的 PPP 政策发布一直由国务院主导，到了试点阶段和推广阶段，原国家计委、交通部、建设部等中央部门开始崭露头角，成为政策发文主力。尤其在 2000 年前后，以交通部主导的收费公路特许经营和建设部主导的公用事业市场化改革，使中国的 PPP 发展到了一个新的阶段。这个阶段大部分的 PPP 文件是规范收费公路和公用事业领域特许经营的。进入深化阶段，发文部门则更加多样化，国务院、财政部、发改委以及其他中央部门和地方政府都在自己的职责范围内出台了大量的 PPP 政策。

从发文内容上看，也具有从最早鼓励外商投资政策到大力推进收费公路和公用事业市场化与民间投资再到对地方实施 PPP 进行规范和限制，以及对 PPP 模式进行鼓励，对 PPP 项目作具体的全流程操作指导和规范的演进特点。政策内容由粗到细，由框架到细节，由与 PPP 相关联到对 PPP 的直接指导。

从政策运用上来看，我国 PPP 政策则经历国务院粗线条的宏观经济指导政策到具体行业部门的政策工具再到现在政府解决社会发展紧急融资和债务问题的政策工具的转变。一开始国家并未针对 PPP 出台专门政策，试点阶段的 PPP 相关政策只是中央为了促进国民经济发展，鼓励外商投资的宏观经济指导政策。随着我国 PPP 的进一步发展，中央开始出台针对具体行业 PPP 项目的政策指导文件，PPP 政策开始成为解决我国行业基础设施建设融资问题的政策工具。

（四）PPP 政策已上升到中央政府层面

PPP 发展到今天，其在我国经济发展中的作用被进一步认识和重视，PPP 政策已成为我国创新融资机制体制，解决地方建设融资难题，化解地方政府债务危机，保持地方经济稳定与和谐增长的重要政策工具。

从发文动机上来看，中央 PPP 政策的出台则存在着明显的从被动回应到积极推进再到全面主导的演进特点。一开始试点 PPP 并未得到中央政府的重视和推广，PPP 政策的出台只是被动地适应或回应行业或地方在建设基础设施及公共事业项目中的某些需要，包括在 PPP 项目中暴露的问题。随着 PPP 作用的进一步凸显和中央的进一步重视，PPP 政策的出台已转变为中央政府的主动推进。到今天，PPP 政策已由中央政府全面主导，数量和指导价值有了质的飞跃，并且不断完善着我国 PPP 的政策环境，助力国内一轮又一轮的 PPP 热潮。

（五）从规范治理逐步走向理性发展

自 2017 年 3 月 5 日，李克强总理在"两会"上提出深化政府和社会资本合作以后，PPP 运作的规范和深化问题，已逐步受到社会各界的广泛关注和重视。一系列规范 PPP 发展的监管政策频频出台，从 2017 年上半年开始持续不断。从党的十九大精神到中央经济工作会议，也都能看到规范发展 PPP 的信号。特别是《基础设施和公共服务领域政府和社会资本合作条例（征求意见稿）》《关于推进政府和社会资本合作规范发展的实施意见》等文件的公开发布，体现了中央政府推动 PPP 理性发展的新思维和新要求。这既表示离我国PPP的统一立法更近了一步，也看到了社会各界在推进PPP立法和推广PPP模式方面需要更加的理性。可以预见，未来PPP政策关注点将从PPP项目落地率转向规范性，宁愿放慢脚步也要规范透明。中国PPP发展的历史阶段也将逐步从全面推广阶段走向理性发展阶段。可以预见，中国的PPP也只有在经历了规范和理性的发展阶段以后，才能够真正进入一个相对成熟的阶段。

第二节　中国PPP政策法规体系的基本框架

经过长时间的积累，我国已经逐步形成了一个以政府采购法、财政预算法、招投标法为核心的，辅之以部门规章、行政性规范文件和地方规章制度，自成体系的PPP管理、指导和监督体系。在PPP的监管服务中则基本形成了以财政部和发改委并存的二元监管体系。

一、中国PPP政策体系的基本框架

前面已经梳理了中国PPP政策法规的演变历程，并对主要PPP政策内容进行了介绍，在此对现行的PPP政策体系基本框架进行简单梳理，并区分中央政策体系框架和地方政策体系框架进行阐述。

（一）中央政策体系框架

1. 政策指导类

国务院、相关部委及行业主管部门都积极出台了政策推进PPP，鼓励和引导PPP发展。比如，《国务院办公厅转发财政部、发展改革委、人民银行关于在公共服务领域推广政府和社会资本合作模式指导意见的通知》，发改委发布《国家发展改革委关于开展政府和社会资本合作的指导意见》，财政部出台《关于推广运用政府和社会资本合作模式有关问题的通知》等。

此外，相关部门还出台了系列PPP操作指南和管理办法，以指导PPP具体实践。比如，《关于印发〈政府和社会资本合作模式操作指南（试行）〉的通知》《关于规范政府和社会资本合作合同管理工作的通知》《关于政府和社会资本合作项目政府采购管理办法的通知》《关于印发〈政府和社会资本合作项目财政承受能力论证指引〉的通知》《关于规范政府和社会资本合作（PPP）综合信息平台运行的通知》《关于印发〈PPP 物有所值评价指引（试行）〉的通知》《关于印发〈政府和社会资本合作项目财政管理暂行办法〉的通知》《关于印发〈政府和社会资本合作（PPP）项目绩效管理操作指引〉的通知》《关于印发〈政府会计准则第 10 号——政府和社会资本合作项目合同应用指南〉的通知》等。

2. 行业指导类

为了更好地推进 PPP 在各行各业的应用，政府对于各主要行业都有关于 PPP 应用方面的政策。

例如，在农业方面出台了《关于推进农业领域政府和社会资本合作的指导意见》，提出了农业领域 PPP 的重点领域与路径。在重点领域方面，重点支持社会资本开展高标准农田、种子工程、现代渔港、农产品质量安全检测及追溯体系、动植物保护等农业基础设施建设和公共服务；引导社会资本参与农业废弃物资源化利用、农业面源污染治理、规模化大型沼气、农业资源环境保护与可持续发展等项目；鼓励社会资本参与现代农业示范区、农业物联网与信息化、农产品批发市场、旅游休闲农业发展。

在林业方面出台《关于运用政府和社会资本合作模式推进林业建设的指导意见》，重点支持创新产权模式，引导各方面资金投入植树造林和国土绿化；支持金融创新和产品开发，大力推进国家储备林建设合作；支持精准扶贫、精准脱贫，大力推进木本油料产业发展合作；支持深化林业改革，加快推进林区经济转型发展；支持开展林业旅游休闲康养服务；支持开展野生动植物保护及利用，并提出完善扶持政策意见。

在文化产业方面出台了《关于在文化领域推广政府和社会资本合作模式的指导意见》，鼓励社会需求稳定、具有可经营性、能够实现按效付费、公共属性较强的文化项目采用 PPP 模式。重点包括但不限于具有一定收益性的文化产业集聚发展、特色文化传承创新、公共文化服务、非物质文化遗产保护传承以及促进文化和旅游、农业、科技、体育、健康等领域深度融合发展的文化项目。

在养老服务业方面出台了《关于运用政府和社会资本合作模式支持养老服务业发展的实施意见》，重点引导和鼓励社会资本通过 PPP 模式，立足保障型基本养老服务和改善型中端养老服务，参与以下养老服务供给：养老机构、社区养老体系建设和"医养健"融合发展。

3. 资金支持类

财政部《关于在公共服务领域推广政府和社会资本合作模式的指导意见》提出，引导设立中国政府和社会资本合作融资支持基金；探索通过以奖代补等措施，引导和鼓励地方融资平台存量项目转型为政府和社会资本合作项目；落实和完善国家支持公共服务事业的税收优惠政策；鼓励地方政府在承担有限损失的前提下，与具有投资管理经验的金融机构共同发起设立基金。

财政部《关于实施政府和社会资本合作项目以奖代补政策的通知》对中央财政 PPP 示范项目中的新建项目，财政部将在项目完成采购确定社会资本合作方后，按照项目投资规模给予一定奖励；对符合条件、规范实施的转型为 PPP 项目的地方融资平台公司存量项目，财政部将在择优评选后，按照项目转型实际化解地方政府存量债务规模的 2% 给予奖励。

财政部《关于加强中国政企合作投资基金管理的通知》要求中国政企合作投资基金股份有限公司和中国政企合作投资基金管理有限责任公司要加大对健康、文化、科技、养老、教育、体育、旅游等公共服务行业投入；注重区域、领域均衡性，加大对西部偏远区域、东北省份的支持力度；对贫困地区给予重点支持；对民营企业参与的政府和社会资本合作（PPP）项目要给予倾斜。

4. 示范项目类

截至 2021 年底，财政部已推出 4 批 PPP 示范项目。

2014 年 11 月，财政部发布了《关于政府和社会资本合作示范项目实施有关问题的通知》，公布了首批 30 个政府和社会资本合作示范项目，涉及供水、垃圾处理、交通等多个领域。2015 年 9 月，财政部发布了《关于公布第二批政府和社会资本合作示范项目的通知》，推出第二批 206 个 PPP 示范项目，总投资金额 6589 亿元，河南、内蒙古、云南上报的项目量位居前列。

2016 年 10 月，财政部发布了《关于联合公布第三批政府和社会资本合作示范项目加快推动示范项目建设的通知》，推出第三批 516 个 PPP 示范项目，计划总投资金额 11708 亿元。第三批 PPP 示范项目的特点是地方对 PPP 的积极性很高，文件准备更加专业，财政部甚至对地方申报项目的数量进行了限制。此外，第一、第二批示范项目是财政部单独推出的，第三批则联合其他部委共同推出。20个部委首次参与，在后期评审中各部委都派了专家和观察员，将行业的要求直接反映到了评审之中。发改委也选取部分推广效果显著的省（区、市）和重点项目，总结典型案例，建立案例库，组织交流推广。

2018年2月，财政部发布了《关于公布第四批政府和社会资本合作示范项目名单的通知》，推出第四批396个PPP示范项目，涉及投资额7588亿元。与第三批PPP示范项目相比，第四批示范项目入选的项目数量减少了120个，入选投资额也减少了4120亿元。这是源于针对此前PPP实施过程中出现的不规范的现象，2017年调整政策密集出台。第四批示范项目评审时，财政部还动员了有关行业的部委选派行业专家为评审出谋划策，相比前几批评审严格得多。第四批项目数量的转折，反映出PPP也在"去产能"。但同时，项目质量也在提升，在第四批示范项目中，民企参与项目有143个、投资额2429亿元，占比分别为57.9%和51%，高于前三批落地项目46.9%的民企参与率。

5. 管理服务类

在信息发布平台方面，财政部出台了《关于规范政府和社会资本合作（PPP）综合信息平台运行的通知》，开发建设了政府和社会资本合作PPP综合信息平台，各级财政部门可依托互联网通过分级授权，在信息管理平台上实现项目信息的填报、审核、查询、统计和分析等功能；在信息发布平台上发布PPP项目相关信息，分享PPP有关政策规定、动态信息和项目案例。开发建设综合信息平台旨在促进PPP市场科学、规范和可持续发展。

随后，为进一步规范综合信息平台的管理运行，财政部又陆续发布了《关于印发〈政府和社会资本合作（PPP）综合信息平台信息公开管理暂行办法〉的通知》《关于印发〈政府和社会资本合作（PPP）咨询机构库管理暂行办法〉的通知》《关于规范政府和社会资本合作（PPP）综合信息平台项目库管理的通知》《关于全国PPP综合信息平台（新平台）上线运行的公告》等政策文件。

在组建专家智库方面，财政部《关于印发〈财政部政府和社会资本合作（PPP）专家库管理办法〉的通知》，规定了PPP专家的遴选、入库和PPP专家库的组建、使用、管理活动。财政部PPP中心在财政部PPP工作领导小组办公室指导下，负责PPP专家库的日常运行管理工作。文件还规定了PPP项目专家的入库条件、工作职责、权利义务和清退情况等。

（二）地方政策体系框架

在我国 PPP 的发展过程中，各省（区、市）颁布了多项鼓励 PPP 发展以及规范特许经营的地方性规章制度，还零星地颁布了针对特定项目的特许经营许可（比较典型的是上海市 1994 年颁布的《延安东路隧道专营管理办法》）。总体上来说，这些地方性规章和政策与国家的法律、行政法规、部门规章还有行政性规范文件的制定思路是一脉相承的，只是在部分细节问题上结合了本地特色，并有所细化和调整。从效力上来说，地方规章与制度要低于国家法律和行政法规。因而，在本节不对这些地方性规章的内容作深入阐述，中国 PPP 主要地方政府规章及政策如附表 2 所示。

1. 简政放权

为落实中央政府简政放权、审批制度改革政策，各地纷纷出台了《政府核准的投资项目目录》，简化并下放行政审批事项和权力，几乎各地都对简化 PPP 项目审批程序做出相关规定，依情况出台了差异化的优化审批程序。

2. 财税支持政策

为鼓励社会资本参与提供公共服务，全国多数地方政府制定了相应的财税支持政策，如在财政政策支持方面，一些地方规定了社会资本平等获得财政支持的权利，给社会资本创造与其他资本主体公平的竞争环境；一些地方还规定了相关 PPP 项目奖励条款等。

3. 融资、土地等配套政策

许多地方通过设立财政专项资金实现对本区域内 PPP 项目的融资支持，有些还设立了 PPP 发展基金。为鼓励和支持社会资本参与公益性项目建设，地方出台了土地配套支持条款，优先安排基础设施建设用地，还根据《全国工业用地出让最低价标准》实施相应优惠政策。

二、中国 PPP 法律体系的基本框架

截至目前，我国尚没有出台任何有关 PPP 的直接立法。相关立法机构也曾尝试过对 PPP 进行专门立法。2015 年，由国家发展改革委牵头起草的《基础设施和公用事业特许经营法》为拟报全国人大通过的法律，但由于条件并不成熟，先以规章的形式出台了《基础设施和公用事业特许经营管理办法》。

2017 年 7 月 21 日，国务院法制办、国家发展改革委、财政部起草《基础设施和公共服务领域政府和社会资本合作条例》，全文由国务院法制办公布，征求社会各界意见。但至今这一条例未能正式发布，这主要缘于 PPP 模式较为复杂，我国在 PPP 模式方面的相关理论与操作经验仍旧不足，法律体系的构建必须慎之又慎。因此，从目前的情况来看，我国尚未形成专门针对 PPP 的立法，PPP 项目法律规范体系还尚未完全构建完毕。但目前有部分相关法律适用于 PPP 模式，本节针对现行 PPP 相关法律法规的主要内容进行阐述。

（一）PPP 相关的法律

我国目前制定的与 PPP 相关的法律主要有《中华人民共和国政府采购法》《中华人民共和国招标投标法》《中华人民共和国预算法》《中华人民共和国公司法》《中华人民共和国行政许可法》《中华人民共和国公路法》《中华人民共和国环境保护法》《中华人民共和国价格法》《中华人民共和国企业国有资产法》《中华人民共和国土地管理法》《中华人民共和国城乡规划法》《中华人民共和国建筑法》《中华人民共和国港口法》《中华人民共和国公共文化服务保障法》等。其中《中华人民共和国政府采购法》《中华人民共和国招标投标法》和《中华人民共和国预算法》与 PPP 项目的识别、审批和招投标直接相关，本书将做详细介绍。

1. 《中华人民共和国政府采购法》

《中华人民共和国政府采购法》（以下简称《政府采购法》）是为规范政府采购行为，提高政府采购资金的使用效率，维护国家利益和社会公共利益，保护政府采购当事人的合法权益，促进廉政建设制定的。由全国人民代表大会常务委员会于 2002 年 6 月 29 日发布，自 2003 年 1 月 1 日起施行，根据 2014 年 8 月 31 日《全国人民代表大会常务委员会关于修改〈中华人民共和国保险法〉等五部法律的决定》修正。

《政府采购法》共九章八十八条，除总则和附则外，分别对政府采购当事人、政府采购方式、政府采购程序、政府采购合同、质疑和投诉、监督检查、法律责任等问题，作出了较为全面的规定。该法第二条第二款规定"本法所称政府采购，是指各级国家机关、事业单位和团体组织，使用财政性资金采购依法制定的集中采购目录以内的或者采购限额标准以上的货物、工程和服务的行为。"PPP 项目本质上是政府吸引社会资本进行公共产品与公共服务的提供，属于政府采购的范围，因而 PPP 项目需要受到《政府采购法》的约束。该法第十五条规定"采购人是指依法进行政府采购的国家机关、事业单位、团体组织"，明确了政府采购的采购主体，采购主体一般是 PPP 项目的发起方。

2014 年 12 月 31 日，国务院第 75 次常务会议审议通过了《中华人民共和国政府采购法实施条例》，对《政府采购法》相关规定事项进行了进一步明确。

2.《中华人民共和国招标投标法》

《中华人民共和国招标投标法》（以下简称《招标投标法》）于 1999 年 8 月 30 日第九届全国人民代表大会常务委员会第十一次会议通过，1999 年 8 月 30 日公布，自 2000 年 1 月 1 日起施行，制定的目的是规范招标投标活动，保护国家利益、社会公共利益和招标投标活动当事人的合法权益，提高经济效益，保证项目质量。2017 年 12 月 27 日，根据第十二届全国人民代表大会常务委员会第三十一次会议《关于修改〈中华人民共和国招标投标法〉〈中华人民共和国计量法〉的决定》修正，自 2017 年 12 月 28 日起施行。

根据《招标投标法》，在我国境内进行下列工程建设项目，包括项目的勘察、设计、施工、监理以及与工程建设有关的重要设备、材料等的采购，必须进行招标：大型基础设施、公用事业等关系社会公共利益、公众安全的项目；全部或者部分使用国有资金投资或者国家融资的项目；使用国际组织或者外国政府贷款、援助资金的项目。PPP 项目一般都是基础设施项目，且与社会公共利益、公共安全密切相关，因而 PPP 项目的招标在《招标投标法》的约束范围内。

《招标投标法》中有关招标主体、招标原则、招标方式、潜在投标人资质的规定与《政府采购法》基本一致。《招标投标法》还对投标、开标、评标和中标做了详细规定。

2011 年 11 月 30 日，国务院第 183 次常务会议审议并通过了《中华人民共和国招标投标法实施条例》，该实施条例自 2012 年 2 月 1 日起施行，对《中华人民共和国招标投标法》的相关内容进行了更加细致的规定。

3.《中华人民共和国预算法》

《中华人民共和国预算法》（以下简称《预算法》）于 1994 年 3 月 22 日

第八届全国人民代表大会第二次会议通过，1995 年 1 月 1 日起正式施行。历经四次审议，第十二届全国人民代表大会常务委员会第十次会议在 2014 年 8 月 31 日表决通过了《全国人大常委会关于修改〈预算法〉的决定》，并决议于 2015 年 1 月 1 日起施行。《预算法》制定的目的是规范政府收支行为，强化预算约束，加强对预算的管理和监督，建立健全全面规范、公开透明的预算制度，保障经济社会的健康发展。

《预算法》规定"国家实行一级政府一级预算，设立中央，省、自治区、直辖市，设区的市、自治州，县、自治县、不设区的市、市辖区，乡、民族乡、镇五级预算""预算包括一般公共预算、政府性基金预算、国有资本经营预算、社会保险基金预算"。其中，"一般公共预算支出按照其功能分类，包括一般公共服务支出，外交、公共安全、国防支出，农业、环境保护支出，教育、科技、文化、卫生、体育支出，社会保障及就业支出和其他支出"。PPP 项目一般由各级政府发起，涉及基础设施建设和社会民生保障的各个领域，其支出应当纳入一般公共预算（这一点在《政府采购法》中也有明确规定），受到《预算法》的管辖。至于 PPP 项目的支出列入预算的详细事项，《预算法》并没有明确说明，国务院和财政部颁布的法规、政策和说明则有所体现。

4. 其他法律

《政府采购法》《招标投标法》《预算法》与 PPP 紧密相关，还有部分法律对规范 PPP 有着一定的管辖作用（详见附表 3），仅将这些法律中与 PPP 直接相关的内容列示如下。

《中华人民共和国公司法》规定：公司是企业法人，有独立的法人财产，享有法人财产权。公司以其全部财产对公司的债务承担责任。其中有关"有限责任公司的设立和组织机构""有限责任公司的股权转让""股份有限公司的设立和组织机构""股份有限公司的股份发行和转让""公司债券""公司财务、会计""公司合并、分立、增资、减资""公司解散和清算"都对 PPP 项目公司的设立、运营和管理有直接约束。

《中华人民共和国行政许可法》（以下简称《行政许可法》）规定：行政许可，应当遵循经济和社会发展规律，有利于发挥公民、法人或者其他组织的积极性、主动性，维护公共利益和社会秩序，促进经济、社会和生态环境协调发展；可以进行行政许可的事项有：（1）直接涉及国家安全、公共安全、经济宏观调控、生态环境保护以及直接关系人身健康、生命财产安全等特定活动，需要按照法定条件予以批准的事项；（2）有限自然资源开发利用、公共资源配置以及直接关系公共利益的特定行业的市场准入等，需要赋予特定权利的事项；（3）提供公众服务并且直接关系公共利益的职业、行业，需要确定具备特殊信誉、特殊条件或者特殊技能等资格、资质的事项；（4）直接关系公共安全、人身健康、生命财产安全的重要设备、设施、产品、物品，需要按照技术标准、技术规范，通过检验、检测、检疫等方式进行审定的事项；（5）企业或者其他组织的设立等，需要确定主体资格的事项；（6）法律、行政法规规定可以设定行政许可的其他事项。依法取得的行政许可，除了法律法规规定依照法定条件和程序可以转让的以外，不得转让。《行政许可法》同时对行政许可的程序、时间和费用进行了规定。PPP 项目中特许经营权的授予属于行政许可范畴，受到《行政许可法》的管辖。

《中华人民共和国公路法》（以下简称《公路法》）规定：国家鼓励、引导国内外经济组织依法投资建设、经营公路，开发、经营公路的公司可以依照法律、行政法规的规定发行股票、公司债券筹集资金，依照本法（指《公路法》）规定出让公路收费权的收入必须用于公路建设；公路建设项目应当按照国家有关规定实行法人负责制度、招标投标制度和工程监理制度；国家允许依法设立收费公路，可以依法收取车辆通行费的公路有：（1）由县级以上地方人民政府交通主管部门利用贷款或者向企业、个人集资建成的公路；（2）由国内外经济组织依法受让前项收费公路收费权的公路；（3）由国内外经济组织依法投资建成的公路。交通基础设施领域是 PPP 项目最为集中的领域之一，《公路法》中对社会资本参与交通基础设施（尤其是公路建设）的鼓励，以及对于收费公路的相关规定适用于交通基础设施领域的 PPP 项目。

《中华人民共和国环境保护法》（以下简称《环境保护法》）规定：一切单位和个人都有保护环境的义务；各级人民政府应当加大保护和改善环境、防治污染和其他公害的财政投入，提高财政资金的使用效益。生态建设与环境保护领域是 PPP 模式应用的重要领域之一，这一领域采用 PPP 模式本身就是对《环境保护法》的践行。与此同时，其他领域 PPP 项目的建设、运营等各环节都需要加强对生态环境的保护，受到《环境保护法》的管理。

《中华人民共和国价格法》（以下简称《价格法》）规定：国家实行并逐步完善宏观经济调控下主要由市场形成价格的机制，价格的制定应当符合价值规律，大多数商品和服务价格实行市场调节价，极少数商品和服务价格实行政府指导价或者政府定价；下列商品和服务价格，政府在必要时可以实行政府指导价或者政府定价：与国民经济发展和人民生活关系重大的极少数商品价格，资源稀缺的少数商品价格，自然垄断经营的商品价格，重要的公用事业价格，重要的公益性服务价格。PPP 项目中很多涉及国计民生，如城市供水、供电、道路等，这一类项目的回报机制很多是使用者付费与政府补贴相结合，对于国计民生、重要公用事业和公益事业领域 PPP 项目所提供产品或服务的定价则不能完全交由市场，应该按照《价格法》的规定，接受政府定价或者政府指导价。

《中华人民共和国企业国有资产法》（以下简称《国有资产法》）规定：国家采取措施，推动国有资本向关系国民经济命脉和国家安全的重要行业和关键领域集中，优化国有经济布局和结构，推进国有企业的改革和发展，提高国有经济的整体素质，增强国有经济的控制力、影响力。《国有资产法》对国有企业的成立、运营、考核等事项做了详尽规定。国有企业（国有独资或者国有控股）是 PPP 项目社会资本方的重要组成部分，其本身需要接受《国有资产法》的管理。另外，PPP 项目公司中可能存在国有资金以股权形式投资的情况，这一部分国有资金持股也受到《国有资产法》的约束。

《中华人民共和国土地管理法》（以下简称《国土管理法》）规定：中华人民共和国实行土地的社会主义公有制，即全民所有制和劳动群众集体所有制；国有土地可以依法确定给全民所有制单位或者集体所有制单位使用，国有土地和集体所有的土地可以依法确定给个人使用；国家建设所征用的集体所有的土地，所有权属于国家，用地单位只有使用权。PPP 项目建设过程中往往会涉及土地征用和开发利用等事项，这些都要受到《国土管理法》的约束。

《中华人民共和国城乡规划法》规定：经依法批准的城乡规划，是城乡建设和规划管理的依据，未经法定程序不得修改；城市总体规划、镇总体规划的内容应当包括：城市、镇的发展布局，功能分区，用地布局，综合交通体系，禁止、限制和适宜建设的地域范围，各类专项规划等；规划区范围、规划区内建设用地规模、基础设施和公共服务设施用地、水源地和水系、基本农田和绿化用地、环境保护、自然与历史文化遗产保护以及防灾减灾等内容，应当作为城市总体规划、镇总体规划的强制性内容。PPP 项目的建设要与现有城乡规划相统筹，不能违背已有的城乡规划。

《中华人民共和国建筑法》（以下简称《建筑法》）对建筑许可、施工许可、建筑工程发包与承包、建筑工程监理、建筑安全生产管理、建筑工程质量管理等一般事项进行了规定。PPP项目的建设过程中涉及的建筑相关事项，需要接受《建筑法》的管辖。

《中华人民共和国港口法》（以下简称《港口法》）规定：国家鼓励国内外经济组织和个人依法投资建设、经营港口，保护投资者的合法权益；从事港口经营，应当向港口行政管理部门书面申请取得港口经营许可，并依法办理工商登记；港口行政管理部门实施港口经营许可，应当遵循公开、公正、公平的原则。港口建设与运营也是PPP模式应用的重要领域，《港口法》积极鼓励社会资本参与港口的建设与运营也是对PPP模式运用的鼓励和支持，港口建设与运营领域PPP项目要受到《港口法》的管辖。

《中华人民共和国公共文化服务保障法》（以下简称《公共文化服务保障法》）规定：国家鼓励和支持公民、法人和其他组织兴建、捐建或者与政府部门合作建设公共文化设施，鼓励公民、法人和其他组织依法参与公共文化设施的运营和管理。公共文化服务设施也是PPP模式应用的重要领域，这一领域PPP项目的建设运营需受到《公共文化服务保障法》的管辖。

（二）PPP相关的行政法规

行政法规是国务院为领导和管理国家各项行政工作，根据宪法和法律，并且按照《行政法规制定程序条例》的规定而制定的政治、经济、教育、科技、文化、外事等各类法规的总称。行政法规一般采用条例、办法、实施细则、规定等形式，行政法规的效力次于法律。

在推动PPP模式发展应用中，国务院也制定了一系列的行政法规，比较有代表性的有《政府采购法实施条例》《招标投标法实施条例》《政府投资条例》《国务院关于深化改革严格土地管理的决定》《公共文化体育设施条例》《收费公路管理条例》《外商投资电信企业管理规定》《城镇燃气管理条例》《国内水路运输管理条例》《城镇排水与污水处理条例》等。其中，《政府采购法实施条例》《招标投标法实施条例》《国务院关于深化改革严格土地管理的决定》是对《政府采购法》《招标投标法》和《土地管理法》的进一步明确与细化，《公共文化体育设施条例》有关问题设施建设的内容已经融入

《公共文化服务保障法》，在此不作过多介绍。本部分将对除了上述四个行政法规以外与 PPP 相关的行政法规进行介绍。

1. 《政府投资条例》

目前，国家没有出台专门针对 PPP 的法律法规，而《政府投资条例》是目前我国法律效力最高、与 PPP 关系十分密切的行政性法规。

比如，《政府投资条例》明确"对确需支持的经营性项目，主要采取资本金注入方式"。据统计，已公示社会资本方中标人的 PPP 项目中，大部分采用了资本金注入方式，包括了市政、交通、能源、环保、农林、水利、教育、卫生、旅游、养老等经济社会发展的主要领域。从这个意义上说，《政府投资条例》对 PPP 项目投资和建设管理作出了更系统、更明确、更严格的规定，为 PPP 发展提供了全面、稳定、高层次的法律制度框架。此外，《政府投资条例》是行政性法规，它的强制性和严肃性也远高于一般的部门规章和规范性文件。

《政府投资条例》明确要求"平等对待各类投资主体，不得设置歧视性条件"。这有利于为参与 PPP 项目的民营企业创造一视同仁、公平竞争的环境，推动民间资本更好地参与 PPP 项目投资建设，符合政府和社会资本合作的本质要求。

《政府投资条例》规定"国家完善有关政策措施，发挥政府投资资金的引导和带动作用""政府投资资金应当投向市场不能有效配置资源的社会公益服务、公共基础设施、农业农村、生态环境保护、重大科技进步、社会管理、国家安全等公共领域的项目"。这些公共领域是 PPP 项目比较集中的领域，《政府投资条例》为社会资本参与政府投资项目提供了广阔空间和制度保障。

2. 《收费公路管理条例》

《收费公路管理条例》规定：收费公路的经营管理者，经依法批准有权向通行收费公路的车辆收取车辆通行费；建设收费公路，应当符合国家和省、自治区、直辖市公路发展规划，符合本条例规定的收费公路的技术等级和规模；县级以上地方人民政府交通主管部门利用贷款或者向企业、个人有偿集资建设的公路（以下简称"政府还贷公路"），国内外经济组织投资建设或者依照公路法的规定受让政府还贷公路收费权的公路（以下简称"经营性公路"），经依法批准后，方可收取车辆通行费；经营性公路建设项目应当向社会公布，采用招标投标方式选择投资者；经营性公路的收费期限，按照收回投资并有合理回报的原则确定，最长不得超过 25 年，国家确定的中西部省、自治区、直辖市的经营性公路收费期限，最长不得超过 30 年；经营性公路的收费标准，由省、自治区、直辖市人民政府交通主管部门会同同级价格主管部门审核后，报本级人民政府审查批准；转让收费公路权益的，应当向社会公布，采用招标投标的方式，公平、公正、公开地选择经营管理者，并依法订立转让协议。

有关收费公路的相关规定，《公路法》对收费公路的设立情形进行了规定，《收费公路管理条例》则进一步明确了经营性收费公路投资者的招标方式、收费期限、收费标准和收费权转让等事项。

3. 《外商投资电信企业管理规定》

《外商投资电信企业管理规定》规定：外商投资电信企业，是指外国投资者同中国投资者在中华人民共和国境内依法以中外合资经营形式，共同投资设立的经营电信业务的企业；外商投资电信企业可以经营基础电信业务、增值电信业务；中国香港特别行政区、澳门特别行政区和台湾地区的公司、企业在内地投资经营电信业务，比照适用本规定（即《外商投资电信企业管理规定》）。该规定还对外商投资电信企业的标准、审批流程、经营范围等具体事项进行了规定。

外商资本（含港澳台资本）是我国 PPP 项目中社会资本的重要来源之一，电信行业作为一个技术门槛高、附加值丰厚的行业，是外商资本最为偏好的行业之一。外商资本通过合资经营的方式参与电信行业，须受到《外商投资电信企业管理规定》的约束。

4. 《城镇燃气管理条例》

《城镇燃气管理条例》规定：政府投资建设的燃气设施，应当通过招标投标方式选择燃气经营者，社会资金投资建设的燃气设施，投资方可以自行经营，也可以另行选择燃气经营者；国家对燃气经营实行许可证制度，从事燃气经营活动的企业，应当具备下列条件：符合燃气发展规划要求，有符合国家标准的燃气气源和燃气设施，有固定的经营场所、完善的安全管理制度和健全的经营方案，企业的主要负责人、安全生产管理人员以及运行、维护和抢修人员经专业培训并考核合格，法律法规规定的其他条件；禁止个人从事管道燃气经营活动。

城市燃气供应与经营是市政工程的重要内容，也是 PPP 项目最为集中的领域。该领域 PPP 项目的建造运营需要接受该条例的约束。

5.《国内水路运输管理条例》

《国内水路运输管理条例》规定：国家运用经济、技术政策等措施，支持和鼓励水路运输经营者实行规模化、集约化经营，促进水路运输行业结构调整；申请经营水路运输业务，申请人应当符合下列条件：具备企业法人条件，有符合本条例第十三条规定的船舶，并且自有船舶运力符合国务院交通运输主管部门的规定，有明确的经营范围，其中申请经营水路旅客班轮运输业务的，还应当有可行的航线营运计划，有与其申请的经营范围和船舶运力相适应的海务、机务管理人员，与其直接订立劳动合同的高级船员占全部船员的比例符合国务院交通运输主管部门的规定，有健全的安全管理制度，法律、行政法规规定的其他条件；外国的企业、其他经济组织和个人不得经营水路运输业务，也不得以租用中国籍船舶或者舱位等方式变相经营水路运输业务，香港特别行政区、澳门特别行政区和台湾地区的企业、其他经济组织以及个人参照适用前款规定，国务院另有规定的除外；水路运输经营者应当在依法取得许可的经营范围内从事水路运输经营。

水路运输是公路运输的重要补充，是交通运输的重要方式之一。该领域的 PPP 项目需要受到《国内水路运输管理条例》的约束。

6.《城镇排水与污水处理条例》

《城镇排水与污水处理条例》规定：国家鼓励采取特许经营、政府购买服务等多种形式，吸引社会资金参与投资、建设和运营城镇排水与污水处理设施；城镇污水处理设施维护运营单位应当依照法律法规和有关规定，以及维护运营合同进行维护运营；排水单位和个人应当按照国家有关规定缴纳污水处理费；污水处理费应当纳入地方财政预算管理，专项用于城镇污水处理设施的建设、运行和污泥处理处置，不得挪作他用。污水处理费的收费标准不应低于城镇污水处理设施正常运营的成本，因特殊原因，收取的污水处理费不足以支付城镇污水处理设施正常运营的成本的，地方人民政府给予补贴。

城镇污水处理是 PPP 模式应用的重要领域之一，《城镇排水与污水处理条例》对城市污水领域特许经营的授予、运营、收费进行了明确规定，该领域的 PPP 项目需要严格遵照执行。

第三节　中国 PPP 管理与服务框架

PPP 的管理与服务职责本质上内嵌于行政职责之内，基本上在 PPP 发展状况比较好的国家都是内嵌于行政体系内的，我国也不例外，PPP 的管理服务职责也是由各级行政机构所履行。具体来说，在中央层面，财政部和发改委是 PPP 管理与服务的两大牵头部委，中国政府和社会资本合作融资支持基金作为一家国务院授权成立的公司制基金则主要负责对 PPP 项目提供必要的融资支持；在地方层面，地方政府也设立了诸如政府与社会资本合作办公室、地方 PPP 基金之类的机构对本地的 PPP 项目进行管理和服务。本节将对包括财政部、发改委、中国政府与社会资本合作融资支持基金和部分地方 PPP 管理服务机构进行简要介绍。

一、中央 PPP 管理服务框架

（一）财政部及其下属政府和社会资本合作中心

财政部是我国中央政府的重要组成部门，是国家主管财政收支、财税政策、国有资本金基础工作的宏观调控部门。PPP 是基础设施建设和社会公共服务领域的重要模式，与政府采购、公共支出和国有资产有着紧密联系，天然与财政部的职责有交集，因而将 PPP 的管理与服务职能纳入财政部也是情理之中的事情。

我国财政部在推动 PPP 的发展过程中扮演了重要角色，承担着重要的 PPP 管理与服务职能。为了进一步推动 PPP 发展，加强对 PPP 的专职管理与服务，2014 年 5 月 25 日，财政部成立了 PPP 工作领导小组，财政部副部长担任领导小组组长，财政部金融司、经建司、条法司、预算司、国际司和中国清洁发展机制基金管理中心相关负责人为工作领导小组成员，办公室设在金融司。2014 年 12 月 3 日，财政部政府和社会资本合作中心（PPP 中心）正式获批，该中心成为财政部主管 PPP 的主要对口部门。

财政部 PPP 中心主要承担 PPP 相关的政策研究、咨询培训、能力建设、融资支持、信息统计和国际交流等工作。具体职责包括以下几个方面。

（1）收集整理国内外 PPP 相关的理论与案例分析，研究 PPP 项目实践中政府采购、预算管理、投融资机制、风险控制等问题；

（2）制定 PPP 操作指引、合同指南，协助政府筛选适用 PPP 的行业、选择合适的 PPP 模式、制定规范的 PPP 项目流程等，开展 PPP 示范项目建设；

（3）开展咨询培训，在 PPP 项目识别、评估、招标采购、合同管理等环节，为政府提供技术支持；开展培训提高 PPP 工作人员的业务能力；

（4）通过股权、贷款和担保等方式支持 PPP 项目融资，推动融资便利化；

（5）建立 PPP 信息平台，完善统计制度；

（6）开展与国际组织和机构的 PPP 工作合作与交流。

PPP 中心的成立，将为进一步推进 PPP 工作提供必要的技术支撑和组织保障，更好地促进 PPP 规范健康发展。

（二）发展和改革委员会及其固定资产投资司

发展和改革委员会（以下简称"发改委"）是我国中央政府（即国务院）的重要组成部门，是综合研究拟订经济和社会发展政策，进行总量平衡，指导总体经济体制改革的宏观调控部门。我国为实行社会主义市场经济的社会主义国家，在基础设施建设和公共服务领域引入 PPP 模式，毫无疑问与发改委的职责定位有着密切的关联，因而发改委履行自身职能，发挥自身业务专长，进行 PPP 的管理与服务也是理所应当之事。而事实上，在我国推行 PPP 之初，很多支持性政策文件也是出于发改委的前身（原国家计委）之手。

发改委内部专门负责 PPP 管理与服务的是固定资产投资司，固定资产投资司的具体职责包括以下几个方面。

（1）监测分析全社会固定资产投资状况，加强投资运行趋势研判，拟订全社会固定资产投资总规模和投资结构的调控目标、政策、措施。

（2）研究提出深化投资体制改革、拟订政府投资项目审批目录、修订政府核准的投资项目目录和投资审核范围、标准、程序的建议，起草固定资产投资管理有关法律法规草案。

（3）提出中央财政性建设投资的规模，分行业、分部门、分地区的使用方向和安排意见，编制并下达中央财政性建设投资计划。

（4）参与、协调、审核重大建设项目和生产力布局，衔接平衡中央政府投资、重大建设项目和有关专项规划，提出中央财政性建设投资配置意见。

（5）按规定负责中央财政性建设投资项目的概算管理工作；指导工程咨询业发展，委托咨询评估评审机构对中央财政性建设投资项目和重大项目进行评估、评审；引导民间投资的方向；参与提出企业债券的发行总量和资金投向；负责汇总重大项目信息和固定资产投资管理信息系统建设。

（6）会同有关方面拟订城镇基础设施、政府保障性住房建设发展规划和重大政策；参与研究建筑业发展战略和重大政策；按国务院规定权限，审核重大城镇基础设施项目；安排中央财政性建设投资对城镇基础设施、政府保障性住房建设等项目的补助投资。

（7）按国务院规定权限，审核中直系统、全国人大、国务院各部门、全国政协（含民主党派）、高检、高法机关建设和事业发展项目，安排以上方面及公检法司、国家安全等设施的中央财政性建设投资；会同有关方面审核和安排需综合平衡中央财政性建设投资的特殊事项。

另外，需要注意的是，在中央层面，除了财政部、发改委两大 PPP 牵头部门以外，包括住建部、交通运输部、水利部、农业农村部、国家体育总局、国家能源局、国家林业和草原局等国务院直属部门、国务院直属机构、国务院部委管理的国家局对各自分管领域的 PPP 项目也有一定的管理服务职责。

（三）中国 PPP 基金

中国政府和社会资本合作融资支持基金（以下简称"中国 PPP 基金"），是经国务院批准，由财政部、全国社会保障基金理事会、中国建设银行股份有限公司、中国邮政储蓄银行股份有限公司、中国农业银行股份有限公司、中国银行股份有限公司、中国光大集团股份公司、交通银行股份有限公司、中国工商银行股份有限公司、中国中信集团有限公司、中国人寿保险（集团）公司共同发起设立的公司制基金。

中国政企合作投资基金股份有限公司于 2016 年 3 月 4 日正式成立，注册资本为 1800 亿元，作为社会资本方参与 PPP 项目投资，坚持市场化、专业化运作，主要通过股权、债权、担保等方式，为纳入国民经济和社会发展规划、基础设施和公共服务领域专项规划及党中央、国务院确定的其他重大项目中的 PPP 项目提供融资支持。

中国政企合作投资基金管理有限责任公司于 2016 年 7 月 14 日正式成立，标志着中国 PPP 基金工作重点全面转入 PPP 项目投资。基金管理公司是一家 PPP 项目专业投资公司，主要业务是接受中国政企合作投资基金股份有限公司和其他机构委托资金，通过市场化运作和专业化管理，实现其管理基金的稳健、高效运行，促进 PPP 项目的落地。

中国 PPP 基金由中国政企合作投资基金股份有限公司（母基金）和中国政企合作投资基金管理有限责任公司（母基金管理公司）共同完成对 PPP 项目的融资支持工作。

1. 主要特点

中国 PPP 基金致力于引导社会资本和金融资本积极参与 PPP 项目，致力于为规范的 PPP 项目创建发展环境，致力于解决 PPP 项目的信心和融资问题，致力于推动中国 PPP 事业蓬勃、健康、可持续发展，努力发挥着在 PPP 发展过程中的引导、规范、增信作用。

与其他基金相比，PPP 基金主要有以下六个特点。

（1）增信作用强。

作为唯一的国家级 PPP 基金，中国 PPP 基金的参与能有效增强项目相关方对项目成功实施的信心，降低项目综合财务成本及项目相关方的违约风险。

（2）投资期限长。

中国 PPP 基金投资期限是与项目 PPP 合作期相匹配的，可以覆盖项目的"建设期＋运营期"，最长可以达到"建设期＋30 年"，能够匹配项目的投资运营需求，缓解项目净现金流前低后高的压力。

（3）合作模式灵活。

倡导以同股同权方式投资，共担风险、分享收益，既可以股权方式直接投入项目公司资本金，也可通过夹层基金、资管计划等方式实现股权或债权投资引导社会资本方、金融资本方及政府方重诺守信，降低项目履约风险。

（4）投资决策高效。

人员精干、管理扁平，决策链条短，PPP 项目的接洽、谈判、尽调、投决等关键环节，一般可在 1～2 个月内完成。

（5）管理团队专业。

基金管理团队主要来自中央部委、国有大型银行、证券公司、基金公司、建筑、施工单位等机构，具备较高的 PPP 理论政策水平和丰富的 PPP 项目投资经验，能提供全方位的服务。

（6）资源整合能力强。

股东单位实力雄厚，资源丰富，可有效发挥强大协同优势，与 PPP 领域众多国企、民企、上市公司等已建立合作关系，与主要 PPP 咨询机构、知名律师事务所、审计师事务所等中介机构长期配合，有能力为项目发起方整合咨询、设计、施工、融资、经营等相关资源，提供"一站式""全链条"服务，有效加快 PPP 项目落地速度。

2. 经营范围与宗旨

中国 PPP 基金公司的经营范围为：股权投资、债权投资、证券化资产投资、基金投资、企业管理、咨询服务及法律法规准许的其他业务。

中国 PPP 基金公司的经营宗旨是：在财政部的指导下，积极创新公共服务供给机制，支持政府和社会资本合作（PPP）模式发展，作为社会资本方参与 PPP 项目，提高项目融资的可获得性。基金以纳入国民经济和社会发展规划、基础设施和公共服务领域专项规划以及党中央、国务院确定的其他重大项目中的 PPP 项目为投资目标，主要通过股权、债权、担保等方式，合理运用资金投资于能源、交通运输、水利、环境保护、农业、林业、科技、保障性安居工程、医疗、卫生、养老、教育、文化等公共服务领域，并以结构化投资等多元化技术适当在战略性新兴产业、健康养老、能源资源、绿色环保等符合国家产业升级、结构调整战略范畴的产业和领域进行布局，提高投资收益和实现现金流的多样化安排，通过委托基金管理公司专业化运作，努力在为股东创造良好回报的同时，引导和规范 PPP 项目合作，培育高效、规范、透明、统一的 PPP 市场，实现政策导向与市场运作的有机结合。

3. 投资原则、标准与要素

中国 PPP 基金会的投资原则有四点：一是健全性原则，投资管理须覆盖投资业务的全过程，涵盖决策、执行、监督、反馈等各个经营环节；二是安全性原则，健全投资决策机制和投资风险管理制度，最大限度地保障投资安全；三是有效性原则，结合实际需求，建立科学合理的投资决策流程，并适

257

时调整和不断完善，确保投资决策快捷高效；四是收益性原则，提高经营管理绩效，降低运作成本，更好地实现基金保值增值。

中国 PPP 基金潜在的投资项目一般应具备以下条件：在签署正式投资协议前需纳入财政部全国 PPP 综合信息平台项目库或国家发改委 PPP 项目库；投资区域属于国务院批准设立的地级市（含市辖区）以上、百强县及经济实力较强的县；有重大政治、社会意义和模式推广价值的项目；债权类投资具有能够完全覆盖投资风险的担保措施；产权结构简单，收益预期良好，退出渠道清晰，管理团队优秀。

在投资方式的选择上，PPP 基金以股权投资为主，包括出资入股、增资扩股、股份受让等；部分项目在特定条件下，可以股东借款等债权方式投资，或以优先股、可转债等夹层工具投资。在投资额度上，基金投资总额不超过项目总投资额的 10%，同时股权投资不超过项目资本金的 30%。投资期限上，最长可达 30 年（不含建设期）。在投后管理上，目前较少参与项目日常经营管理，但保留对重大事项的知情权和股东投票权；视情况决定是否派出董事。在收益要求上，股权投资收益率结合项目风险与收益情况确定，通常不高于项目所在地合理的市场化资本金融资成本，倡导采取同股同权方式，也可根据项目相关方要求，协商确定其他回报机制。反对重建设轻运营的利润转移做法。在退出方式上，股东方之间或政府方按照招标文件或公司章程约定退出；IPO 或资产注入上市公司后退出；股东间或向第三方转让股权；资产证券化等。在显名股东上，基金至少有一部分投资以股权方式直接投资于 PPP 项目公司，作为显名股东直接持有部分项目公司股权。

4. 公司治理

股东大会是中国 PPP 基金公司的权力机构。基金公司设董事会，其成员为七人。董事会设董事长一名，由董事会选举产生。基金公司设监事会，其成员为九人，其中，股东代表监事共五名，职工代表监事共四名，监事每届任期三年，连选可以连任。基金公司设立投资审核委员会。基金公司设总经理一名，根据董事长的提名由董事会决定聘任或解聘。

二、地方 PPP 管理服务框架

地方政府在推动 PPP 发展过程中也设立了一系列有关 PPP 的管理服务机

构，包括河北省财政厅政府与社会资本合作管理处、山西 PPP 促进会、河南省财政厅政府和社会资本合作管理中心、陕西省政府和社会资本合作中心、新疆维吾尔自治区政府与社会资本合作中心等。地方性的 PPP 管理服务机构可以分为两大类：一类是设立在地方财政或者发改系统的政府实体机构，履行着 PPP 的管理职责，典型代表是河北省财政厅与社会资本合作管理处；另一类则是以社会组织形式或者企业形式存在的、被政府赋予了部分 PPP 管理服务职能的实体，如山西 PPP 促进会。还有一些省份，并没有设立专门的 PPP 管理服务机构，而是将 PPP 管理服务职能添加到了地方财政、发改或者其他相关机构。

2014 年以后，随着中央大力推广 PPP 模式，省一级或者重要地市基本都设立了专门的 PPP 管理服务机构，或者在原有机构设置中增设了 PPP 相关职能。这些机构的设置、职能定位大同小异，因涉及的机构众多，在此不做过多介绍。

| 第十三章 |

中国 PPP 发展中的政策
法规价值及存在问题

第一节　PPP 政策规制与立法规制的
价值和方向研判

2014 年以来，我国 PPP 模式进入深化阶段，各项政策法规密集出台，基础性 PPP 制度框架基本建立，政策法规建设对我国 PPP 发展的作用与意义十分重大。

一、PPP 政策规制的价值

PPP 政策规制在我国的 PPP 发展过程中发挥了关键性的作用。通过 PPP 政策，党和国家关于公共产品与服务相关产业的路线、方针得到了最为直接的贯彻，由于政策的制定主体与国家相关行业的决策主体往往是一致的或者是存在隶属关系的，这种顶层意志直接转化为规制政策的方式最"原汁原味"地保留了决策层最原始的宗旨甚至将其表述直接运用到规制文件的表达中。

但是，如果从一个更宏观的角度来审视 PPP 的政策规制的话，不难发现政策这种手段在整个规制体系框架之中应当处于法律之下、其他手段之上的"中间地带"。政策的效力并不能取代法律所蕴含的国家强制力，而应更多地倾向于触及现实中较为基层的实际问题，其局限性在于政策本身柔性引导的治理思路。那么 PPP 政策规制的功能应该如何体现呢？

政策是一种指引性极强的规范，因为与法律规范的强制性效力不同，政策规范更多地体现为一种方针、策略或者方法，政策本身也更加偏向一种柔性的引导或者劝告，给更加细化的 PPP 规范提供基本的方向。政策可以在法律规定的框架之下进行更加细致的分析和解释，结合各个不同的领域的专业性对 PPP 进行较为综合和详尽的规制。同时，PPP 政策可以指导更为细化的指南、指引等文本的制定以及具体实施，为 PPP 的实际执行标明方向，并且在遇到没有具体规定依据的问题时，提供基本的解决方案。总的来说，PPP政策规制的功能在于通过其在 PPP 规制体系中的效力位阶以及为决策者"代言"的天然优势，扮演对 PPP 其他规制手段进行衔接的角色，在整个 PPP 规制框架中，承上启下，成为"催化剂"和"润滑剂"。

二、PPP 立法规制的价值

相比于 PPP 政策规制，立法规制的功能或许更加必要，或者说，与当下较为充实甚至稍显烦琐的政策规制相比较，立法规制显得更为薄弱和紧缺。作为国家意志的体现，立法也应该作为 PPP 规制的最高准则。PPP 立法需要以更加宏观和冷静的视角，通过对 PPP 所涉及的各个领域的长远发展进行深入分析和审慎权衡，来确定整个 PPP 事业的总体发展方向。此外，由于政策规制在规制主体、规制目的等方面存在着诸多局限，PPP 规制体系需要通过立法的形式进行总体的架构，对除立法之外的各种规制模式和路径进行有效的统领。同时，以立法规制为其他规制手段设定红线，使 PPP 的规制不会因为短期的、功利的目标陷入盲目规制的困境之中。因此，PPP 立法规制的功能应该是"一上一下"的："上"是指在制度效力体系的顶端对各项其他规制手段进行引领，"下"是指坚守 PPP 规制的底线，防止滥用规制所带来的风险。当前专门立法的缺失给 PPP 模式的发展带来了极大的困扰，加快 PPP立法，对我国 PPP 发展的作用与意义十分重大。

（一）检验现有 PPP 理论

理论界研究 PPP 是从社会治理的角度出发的，受到了新公共管理理论和网络技术发展两个因素的影响。从社会治理角度来说，这对 PPP 并没有明确的定义，研究中着重强调了双方合作中的组织与管理问题。正因为如此，PPP 被认为是 20 世纪 80 年代新公共管理运动的一种延伸，或者说是新公共管理理论实践所需的一种工具。除此之外，另一个影响因素就是网络技术的发展。21 世纪以来，网络技术的迅速发展使得政府和私人部门之间的联系日益密切，双方之间的依赖程度不断提高，以往由政府主导的治理格局也逐渐被打破。基于 PPP 理念的政府与社会的共识模式正在形成，以共同治理理念推动 PPP 立法的呼声越来越高。在理论界，PPP 立法对 PPP 相关理论研究的影响主要体现在以下几点。

（1）从公共产品理论来讲，一般来说，公共物品只能由政府部门供应，而政府部门供应公共物品主要是两种渠道，第一种是通过税收等手段筹集资金以生产公共物品；第二种是私人部门参与进来，通过开展 PPP 来提供产品和服务。公共物品理论从经济学的角度解释了 PPP 模式存在的必要性。立法确保了政府和社会资本方之间的平等地位，对于风险分担和收益分配机制也做出了相应的保障。社会资本参与提供公共产品的渠道更加广阔和合理，能够发挥双方各自的优势，实现"1＋1＞2"的效果。同时，风险通过合理分担得到控制，能实现"帕累托最优"。

（2）从政府失灵理论来说，正因为在公共物品的供给中存在着政府失灵的情况，社会资源很有可能造成极大的浪费。立法说明了私人部门参与 PPP 的必要性，对研究政府失灵理论有着重要意义。

（3）从委托代理理论来说，在 PPP 项目的委托代理过程中，政府通过与企业签订一份契约，企业根据契约组织实施，通过企业的努力，排除外界负面因素，得到的产出包括社会福利与运营收入，企业根据契约获得其固有收益和提成，其余利润归政府所有。立法表明了政府通过激励约束和竞争机制，规范和引导社会资本行为，使之与公共利益最大化相吻合，确保整个机制的"激励相容"。

（4）从信息不对称理论来讲，在 PPP 项目中，如果没有做到信息公开透明，那么就永远存在着信息不对称的情况。政府参与社会资本组成项目公司能够更好地掌握建设运营等信息，通过立法，确立信息公开透明机制，能够有效改善信息不对称问题。

（二）规范当前 PPP 运作

PPP 项目参与主体众多，法律关系、交易结构复杂，涉及投融资、特许经营、招投标、预算等众多法律门类，但 PPP 顶层立法的缺乏给 PPP 运作带来障碍。从我国 PPP 运作模式看，典型的做法是政府与社会资本方共同合作，双方签订相应的合同，通常情况下由政府负责项目前期工作，社会资本方负责融资、投资建设、运营，待合作期满后社会资本方再将项目移交给政府。这样的运作模式如果没有立法方面的保障将很难解决双方之间在开展合作过程中遇到的问题。如 PPP 项目的运作需要在法律层面上对政府和社会资本在项目中应承担的责任、义务和风险等进行明确界定，以保护双方的利益。政府部门希望成功运作 PPP 模式，应建立对 PPP 投资良好的收益预期和收益保障，增强社会资本信心，不仅需要政策法规的引导，还需要法律保障。

出台 PPP 法能有效规范当前 PPP 运作流程，使其"规范、公开、透明"。依据 PPP 法能够合规地发起项目、充分论证项目、选择合作伙伴、组建项目公司、制订和履行项目合同、制定风险分担和收益共享机制等。从最终运作的效果来看，立法能有效改变政府和社会资本独立做事、缺乏沟通协作的情况，能够使双方"共舞"，最终实现"政府、社会资本、其他参与方共赢"的目标。

（三）引导未来 PPP 发展

当前，我国 PPP 发展还存在着无统一立法，法律层次低、效力不高，法律体系不完整，可操作性不强等法律适用问题，PPP 立法就要考虑并解决这些问题，引导我国未来 PPP 发展更上一层楼。可从政府、社会资本和社会的角度分析 PPP 立法的引导作用。

（1）从政府的角度看，出台 PPP 法不仅弥补了顶层立法的缺失，更完善了我国法律法规体系的建设，充分体现了国家立法部门和政府部门作为法律法规制定者和支持者角色下所履行的义务和践行的责任。PPP 法律的出台将使我国 PPP 模式发挥其最大效益，有效缓解政府的财政支出压力。政府能通过未来更可观的运营收入增加对社会资本方的适当补贴，增强社会资本方参与项目全生命周期的兴趣，营造我国 PPP 发展的良好合作氛围。

（2）从社会资本的角度看，立法从法律意义上肯定了其与政府之间平等合作伙伴的地位，从法律上对其收益进行了保障，这相当于给了企业一颗"定心丸"，使其放下许多顾虑参与合作，对促进投资主体的多元化，加快PPP项目建设的步伐，传播最佳管理理念和经验有重要意义。不仅如此，立法确定了我国PPP模式及其范围，拓宽了企业的发展空间，社会资本方不再只是局限于传统行业的发展，可以延伸到基础设施等领域，业务布局实现进一步拓展。

（3）从社会角度看，通过立法界定我国PPP模式，将彻底突破传统的政府和社会资本的分工边界。公共产品的新产权关系将重新构建，政府的政策措施、社会目标及社会资本的运营效率、竞争压力等一系列优势将结合起来，充分提高公共产品的供给效率。

三、PPP政策法规制定方向分析

面对国内外环境的复杂多变和"十四五"发展要求，PPP的规范化运作将会越来越受社会各界的广泛关注和重视，PPP也将在规范和创新中砥砺前行。根据中国现代集团在第14届中国城市建设投融资论坛暨2020年全国城投产业合作组织年会上发布的《2021年中国PPP发展趋势研究报告》可总结出未来PPP相关政策的制定方向。

（一）全面进入理性发展新阶段

PPP相关政策出台将更加理性和谨慎，入库筛选更加理性和严格，项目实施更加理性和慎重。同时，累计项目数量及投资金额将进一步稳步提高，PPP数量及投资金额出现大幅波动的现象将不复存在。项目入库退库工作有条不紊地进行，入库程序将进一步优化，退库项目数量将持续减少。

（二）补短板强弱项

我国国内外经济发展依旧存在诸多不确定性，做好"稳投资、稳经济、补短板"工作仍将是贯穿今后的主要任务之一。特别是PPP在"乡村振兴"、公共服务等短板领域的项目建设中一直具有较高活跃度，随着短板和弱项领域项目的建设需求进一步增加，PPP也将进一步发挥重要的带头作用。

（三） PPP + REITs 模式示范

为了促使 PPP 与 REITs 高效结合，一方面，要尽快解决 PPP 与 REITs 结合的法律方面问题；另一方面，要贯彻 PPP 在今后发展中坚定不移地走规范化发展道路，重视运营以确保项目产生更多且稳定的现金流。

（四） 创新项目融资管理

随着地方政府性债务管理的政策持续收紧，公共项目所需的建设和运营资金的来源逐步被限缩和规范。在一系列政策的规范约束下，PPP 的运作空间也受到压缩。因此可以预见，汲取 PPP 先进运作理念的授权—建设—运营模式（ABO）、融资—设计—采购—施工一体化模式（F + EPC）等投融资模式会越来受到地方政府的重视。与此同时，各方也要在严控隐性债务的前提下合法合规使用这些新型投融资模式，以保证项目的合规性。

（五） 绩效执行精细提升

2021 年，PPP 绩效执行将进入精细化发展阶段。一是继续探索分行业 PPP 项目的核心绩效指标和标准体系，构建科学合理、细化量化、可比可测、动态调整、共建共享的绩效指标库；二是各地方政府基于具体 PPP 项目，通过各种举措积极贯彻落实绩效考核工作，减少简而化之甚至忽略不计的情形。

（六） 信用环境建设

未来 PPP 模式将愈来愈重视参与各方的信用水平建设，这需要政府方、社会资本方、中介机构等各方共同合作，依法履行责任与义务，通过信用信息平台、信用约束机制等规范相关主体行为，保障 PPP 项目规范、可持续发展。

第二节　中国 PPP 政策法规的现存问题

一、中国 PPP 政策现存问题

（一） 缺乏明确的 PPP 牵头部门

目前出台 PPP 政策的领导机关有国务院、发改委、财政部和地方各级政府等。由于它们自身的职能不同，所以对于 PPP 政策出台的角度不相同。国务院是最高国家权力机关的执行机关，也是最高国家行政机关，并最早出台了 PPP 的政策规定；财政部是中华人民共和国国务院的组成部门，是国家主管财政收支、财税政策、国有资本金基础工作的宏观调控部门，制定与 PPP 相关的政策理所应当；PPP 作为重要的融资手段，发改委也是非常有必要进行相关政策的制定与协调的。当前国家还没有具体明确规定 PPP 的牵头部门，所以三部门之间为了分管的 PPP 工作顺利推进，出台的相关政策存在一定程度的重叠和交叉。

（二）政策出台频率过高

国务院在大力倡导推行 PPP 模式后的 2014 年，财政部就成立了 PPP 工作领导小组，并出台了不少关于 PPP 的政策性文件，还公布了 4 批 PPP 示范项目。而发改委作为综合研究制定经济和社会发展政策的职能部门，政府发起的投资主要由其负责，所以发改委也先后下发了多个关于 PPP 的政策文件。由于发改委和财政部两部门在 PPP 的立法、指导意见、项目推介等方面各有重点，虽然可以看出中央政府各部门对于 PPP 的重视，但是如此频繁地出台政策性文件近百个，确实给地方政府学习和贯彻带来了一定的困难。

（三）配套政策不够健全

PPP 项目的顺利实施，与配套政策是否健全密切相关，虽然 PPP 政策出台的不少，但是大多局限于 PPP 模式在不同领域的应用，与现行投融资、税收、财政补贴机制及 PPP 运作没有形成配套合力。同时地方政府在理解和认知上存在偏差而缩手缩脚、社会资本方因此也疑虑重重、参与度不高，PPP 合作谈得多而结果少，很多项目只停留在申报、谈判、招投标等决策层面上，真正能够落地的项目（指已经融资到位）偏少。当务之急是要加快制度建设，进一步细化部门职责，完善财税、金融、土地、融资等一系列的政策体系，为地方政府指明方向，为社会资本方谋取合理收益。

此外，目前并未出台细致规范的 PPP 项目投资退出制度，没有一个系统、成熟的股份可上市流转的转让市场。现存制度有着严格的审批条件，耗费时间长、退出成本过高。包括缺乏健全的项目资产证券化市场、PPP 项目产权交易平台，这些提高项目资产流动性的市场不够完善，无法满足股东随时退出转让的需求，使一些投资者望而却步，降低了资源的配置效率。

（四）PPP 政策连续性较弱

由于 PPP 投资大、周期长、操作复杂等原因，政策的连续性非常重要。但是，在现行的官员政绩考察制度和外部约束条件没有完善的情况下，无论是中央还是地方政府在制定 PPP 政策时，往往会缺少连续性。地方政府对短期政绩的片面追求，如为了加快推动地方经济发展，需要增加该地方的道路和桥梁时，地方政府受困于财政压力，往往会采取 PPP 模式，甚至乱铺摊子，毫不顾忌下届政府的偿还能力。为了吸引社会资本方，政府部门往往会信誓旦旦地许诺优惠政策。一旦 PPP 项目的投资不到位，地方政府不仅会将原有的优惠政策打折甚至取消，而投资者也会成为某些管理部门牟取利益的对象。由此形成一届政府一套 PPP 政策，一任领导一种 PPP 运作思路，相互之间各行其是。

（五）缺乏独立的 PPP 行政机构

目前，在中央及各地方政府成立了 PPP 中心，该机构主要负责研究制定 PPP 政策、提供项目咨询、案例披露、国际交流等。尽管 PPP 中心的成立为推进 PPP 模式的发展起到了很好的指引规范作用，但不可不注意到其独立性问题。现阶段的 PPP 中心隶属于地方财政部，其独立性不足，且与发改委门下的 PPP 信息综合管理部门的职能有交叉重复。财政支出、人员配置等隶属于当地政府，难免会受到项目实施机构与当地政府的影响，在合同履约、项目监管与纷争解决中出现多头执法、行为标准不统一等问题。

在规章制度、政策措施制定层面，由于政府不同职能的需求不同，通过的规范性条文难免倾向个体部门利益，缺少全局观与平衡性。一个职能统一的 PPP 行政机构的缺位加剧了部门文件林立的现状，使政企双方更加无所适从。在实体工作层面，就政府方的履约行为来说，有权成为 PPP 项目合同的政府主体形式多样，各县级以上政府部门、行业主管部门、有资格的事业单位等都可能成为 PPP 项目的公主体（public entity）方。不同主体的专业程度、部门主管人员的水平差异、相关项目在该部门的推进成熟度不同均导致了公主体的履约范式不同，存在约束困难的瓶颈问题。

二、中国 PPP 立法现存问题

（一）PPP 顶层专门立法缺失

虽然我国现行的关于 PPP 的法律法规比较多，但绝大多数都是部委规章和地方性的管理办法和规定，并没有专门的 PPP 法，也没有对 PPP 立法的原则、适用范围、PPP 模式、社会资本的投资回报、风险控制等内容进行明确。顶层专门立法的缺失，导致无法以此建立健全 PPP 法律制度体系，也间接导致了部委规定矛盾与地方文件林立的问题。

而且，目前主推 PPP 的两个中央部委——财政部和发改委在 PPP 的发展思路及相关立法上存在着一定的分歧。财政部主张就政府和社会资本合作立法，发改委主张就特许经营立法。前者从政府和社会资本合作的角度切入，强调对政府在 PPP 中的职责定位、财政预算与监管以及社会资本权利保障、风险补偿与社会监督；而后者更加强调自上而下地对民营资本参与基础设施建设进行许可与规范。财政部与发改委在 PPP 立法的根本思路上是有本质差别的。法律依据的缺失，主管部门管理思路的不一致，令地方政府和社会资本在推进 PPP 项目时可能会无所适从，难以抉择。

（二）现行 PPP 法律法规效力有限

现行 PPP 规章或规范性文件，如《关于推广运用政府和社会资本合作模式有关问题的通知》《政府和社会资本采购管理办法》《关于规范政府和社会资本合作合同管理工作的通知》及 PPP 项目合同指南等，对 PPP 项目合同的订立、履行、变更和终止等事项以及 PPP 项目的具体实施做出了专门的规定。但这些规范性文件大多由国务院各部委或地方政府有关部门制定，相关的 PPP 规范性文件大多采用意见或通知形式，存在立法水平低，法律效力不高等问题。

目前国家发改委、财政部围绕 PPP 合同编制、财政承受能力论证、物有所值论证等编制的一些配套的指引性规则也过于粗糙。如《政府和社会资本合作项目通用合同指南（2014 年版）》只是大纲式地提出合同所需具备的要点内容，并没有对各要点内容进行有必要的细化。《PPP 项目合同指南（试行）》中阐述概念性的内容过多，还存在一些法理、文理不通和缺乏严谨性之处，有待进一步修改完善。《PPP 物有所值评价指引（试行）》中目前最大的问题是缺乏充足的实践数据积累，计量模型尚未成熟，物有所值定量评价处于探索阶段。

顶层效力较高的法律，如《政府采购法》《招标投标法》《预算法》，只是在个别条款涉及 PPP 的相关问题，不具有针对性与普适性。同时，因 PPP 涉及的影响因素复杂多变，现有相关法律如《政府采购法》和《招标投标法》在项目适用范围、监管主体及招标方式等方面的规定存在较大的差异，因此政府和社会资本方对两者之间的选择也有较大的分歧。

（三）在风险分担和利益分配方面立法薄弱

PPP 明确了政府和社会资本方是风险共担、利益共享的伙伴关系。然而在实际实施中，如何共担风险、共享利益又是摆在两方面前的一大难题。政府部门希望社会资本方出资并多担风险和责任，同时还不损害自己的利益。社会资本方觉得自己出了资本，政府部门应承担剩下的任务，最终自己的利益也要得到保证。总而言之，两方都在为自己争利益，减责任。在大部分的政策文件中，对于项目风险的防范和分担都只是泛泛而谈，并没有明确界定社会投资者的风险，更没有进一步构建政府和社会资本合作的风险分担矩阵，就拿《政府和社会资本合作模式操作指南（试行）》来说，只是提出建立双方的风险分担框架，并没有进一步细分两者分担的内容，对于社会资本方承担的风险及面临的风险分担没有做明确的界定。对于政府和社会资本方的收益保障、相关政策文件并不是很明确，在《中华人民共和国政府和社会资本合作法（征求意见稿）》中规定，PPP 项目的收益要合理，避免收益过高或过低。然而项目收益的过高或者过低的量化标准又是一大难题，这对社会资本方来说投资是冒着较大风险的，损伤了其参与 PPP 项目的积极性。

（四）项目合同条款设置不完备

当现有法律条文、规范性文件对于 PPP 模式中政府方行为的约束与规范存在规定不足时，项目合同中各条款的约定起到了"准法律"的作用，科学、完善的项目合同如同一本事无巨细的行为指南，为政企双方的行为提供正确指引。尽管各界一直呼吁公私合作中政企双方地位的平等性，但在 PPP 模式中，政府依旧是较为强势的一方，需要更多、更全面的约束机制。然而现有规范性条文对政府方约束的缺失，加上项目合同中对于政府方行为的约束条款设置也不完备，制度性约束层面与契约性约束层面的双重缺失使得 PPP 模式中政府方的行为频出问题。

纠纷解决条款作为 PPP 项目合同的必备条款，为项目的定分止争起到了很好的指引作用。然而我国对于纠纷解决条款的设置大多局限于诉讼途径的选择，简单列明诉诸仲裁的机构抑或约定有权管辖的法院。对于诉讼外的纠纷解决条款设置尚且简略且粗糙，例如，在合同示范文本中仅约定在争议产生时双方可将争议交由项目争议委员会处理。对于再谈判的触发事项、可谈判范围、经谈判后可变更范围等未予以周到的关注，实践中尚未形成一套稳定的框架式的再谈判合同约定机制。这就导致当纷争或不可预见的风险出现时，未有事先约定好的再谈判流程可遵循，社会资本方难免会处于被动地位，不利于纠纷的化解。

| 第十四章 |

PPP 发展的政策建议——政府层面

在中国老龄化和城镇化加快、财政收入增速放缓、政府职能转变的背景下，推动社会资本参与基础设施建设具有重大意义。目前中国的 PPP 发展规模大，但仍处于起步阶段，存在政策法规不明确、管理体系不完善等问题。政府要成功推广 PPP，应积极学习和借鉴其他国家的经验，制定完善的 PPP 政策和战略。以下内容为针对政府层面的具体建议。

第一节　健全 PPP 政策体系和制定机制

一、明确 PPP 政策制定基本思路

完善 PPP 政策制定的体制机制，首要任务即为将政策制定的重点转向解决我国 PPP 发展的目标及功能定位问题。具体而言，PPP 政策的制定应着重关注以下四个方面。

（一）瞄准 PPP 前沿理论

PPP 的产生和发展主要基于"公共物品理论""新公共管理理论""政府失灵理论""委托代理理论""交易成本理论"。由于制度的先进性与理论的先进性具有相互促进、相互发展的关系，因此政策制定要保证先进性，应当以这些理论研究的前沿思想为基本原则和主要方向。

（二）体现 PPP 主要特征

PPP 项目具有公共特征，以融资为目的，强调"物有所值"，需要政企

双方长期合作，且合作关系属于风险共担、利益共享的契约关系，其中政府具有"双重身份"。这些基本特征应当通过有效的政策法规充分体现，也是政策制定的重点和难点。

（三）发挥 PPP 基本功能

对 PPP 模式进行政策规制的重要目的，就是要通过运用政策法规的规范作用，确保 PPP 模式充分发挥其自身功能。PPP 模式有利于转变政府职能、化解地方债务、合理分配风险、提高投资效率、提升服务质量。在制定 PPP 政策法规、配套制度、指引性规则时，应当围绕能否充分发挥以上 PPP 的基本功能，作为衡量 PPP 政策法规制定成功与否的基本标准。

（四）坚持问题导向

当前 PPP 模式在制度层面存在政策冲突明显、政策出台的频率过高、配套政策不够健全、PPP 政策连续性较弱、缺乏独立的 PPP 行政机构等问题，对 PPP 模式进行政策规制，应当从有效化解以上问题入手，以问题为导向，这样有利于提高政策法规的针对性和效率。

二、建立高效的 PPP 综合性机构

PPP 全生命周期涉及 10 年以上，其资质审批、合同管理、投融资环境、价格制定、绩效监管等多领域，关系到多个政府部门，建立一个高效的 PPP 综合性机构应该提到议事日程。即通过跨部门的组织建立，在一个更高的层面上，成立一个日常议事机构。鉴于当前财政部与发改委双体系运行的情况，考虑融合财政部下的 PPP 中心与发改委下的 PPP 负责小组，设立 PPP 项目综合机构。现有的 PPP 机构主要侧重 PPP 的理论研究、政策指导、项目培训、案例公布及国际交流等，可在基础上赋予 PPP 中心参与项目实体运行的权力与职能。

（一）成员组成

从财政部和发改委两个领头部门抽调人员，再吸收若干其他部门的成员。目前我国的 PPP 项目主要集中在市政工程、交通运输、生态建设和环境保护这三个领域，因此，可以适当吸收建设局、交通运输局、生态环境局的人员共同组成管理班子，让多部门能够通力合作。

（二）机构序列设置

可以分为中央和地方两条线。中央级 PPP 单位负责国际、跨省单位的 PPP 项目，并领导省一级 PPP 机构工作。省级的 PPP 中心，负责本辖区内 PPP 项目的建设运营及市一级 PPP 机构的运营。待运营成熟之后，可以进一步考虑将第三方机构、社会团体等融合进来，形成综合统一的 PPP 联合机构。

（三）规章制度

各级 PPP 中心在政府授权下制定相关的规章制度，在国家级 PPP 中心负责总体政策的把控，及时根据下级机构反馈上来的疑难问题在规章制度方面进行回应，同时会同立法部门、财政部门、行业主管部门，以及外部 PPP 专家订立 PPP 相关的规章制度，统一规章等规范性文件的颁布主体，缓解当下关于 PPP 的规范条款杂乱无章，政出多门的现象。

（四）实体工作

由 PPP 中心确定项目合作的公主体，避免当前公主体范围宽广，行为标准不一的现象。逐渐形成统一规范的公私合作主体，在公主体的履约行为层面给予充足的约束，就行政允诺的遵守、行政优益权的行使等形成合规稳定的履约范式。

三、完善 PPP 政策制定与监督机制

完善中国 PPP 政策的制定和监督机制，为全面推广和实施 PPP，提供政策依据和组织保障。

（一）优化 PPP 政策制定机制

建议建立一个高层次的专家委员会，借助社会各界专家的力量，加上民众的讨论，使 PPP 的政策经过充分而系统的论证后再颁布实施。这样可以最大限度减少部门间或领导者个人喜好的因素对 PPP 的政策制定产生影响。同时也能够坚持科学性，立足长远，用智慧和制度来规范中国 PPP 的发展。

同时，要积极发挥行业主管部门的作用，在全国大面积推广 PPP 模式以后，作为行业主管部门来说，其参与 PPP 的程度与发改委和财政部门相比并不算高。但不同行业的 PPP 项目具有差异性，统一的政策并不能满足各类

PPP 项目发展的要求，因此，行业主管部门可以积极参与到 PPP 政策制定领域，在差异化的 PPP 政策制定方面贡献力量。

（二）建立完善的 PPP 监管体系

监管是 PPP 推进过程中必不可少的环节，可以借鉴英国的第三方监管机构，以法律手段建立一个有别于政府 PPP 决策、实施部门且独立地执行监管政策的监管机构。这样的监管机构应该是依据法律授权独立设立的专业性的公共机构，人员构成一般以技术、法律、财务、审计等方面专业人员为主，人员任用选拔不受利益集团的影响并保持队伍的相对稳定。监管机构财权与事权必须双重独立并依法行使，依法定程序不受任何组织的非法干预。实现政府决策和监管的责权分离，必须依法保障监管机构实体化和监管处置权程序化，让监管机构独立享有 PPP 项目监管权并依法承担监管责任。为进一步避免"监管失灵"，还应重视公众的监管力量，做到信息公开，保障公众的知情权，完善公众投诉、公诉建议平台及公众听证会等制度。

四、调整优化 PPP 相关配套政策

PPP 项目能否顺利实施，与配套政策是否健全密切相关。现行投融资、税收、财政补贴机制与 PPP 运作没有形成配套合力，地方政府在理解和认识上存在偏差而缩手缩脚，社会资本方因此也疑虑重重且参与度不高，PPP 合作谈判多而结果少。当务之急是要加快制度建设，进一步细化部门分工，完善金融支持、会计、财政补贴、税收、土地等一系列的 PPP 配套政策体系。

（一）建立 PPP 金融支持政策体系

由于 PPP 的公益属性，商业银行对 PPP 项目提供融资的积极性不高、比例不高，金融机构参与 PPP 的方式以债权为主，已经签约的 PPP 项目基本都是在股东担保的前提下完成融资。PPP 项目的顺利开展离不开金融支持，但当前我国尚未专门出台针对性的 PPP 金融支持政策文件。因此，应进一步完善 PPP 金融配套政策，加强对 PPP 项目的金融支持力度。

首先，监管部门应出台综合完善的金融服务配套支持政策和具体指导意见，明确金融支持 PPP 的政策要求和方式，优化精简审批程序，为 PPP 融资开辟"绿色通道"。其次，鼓励银行、保险公司等金融机构加大金融产品和

服务方式的创新力度，适应市场需求，针对不同类型主体、不同类型的交易结构创新金融产品类型，推广差异化的 PPP 融资服务，选择部分风险相对较低的区域、行业的 PPP 项目进行金融创新试点。最后，相关部门要做好政策兜底，可通过设立政策性担保基金、债券保险等方式，提供一定的融资或增信措施，给予金融机构一定的风险补偿，提高金融机构支持 PPP 发展的内在动力。

（二）完善 PPP 相关会计政策

PPP 项目由于具有投资金额巨大、操作步骤烦琐、建设经营周期长、涉及政府和社会资本等多方利益等特点，其财务管理区别于一般的项目显得尤其复杂。目前我国针对 PPP 项目财务管理指导和规范的规定主要分散在一些综合性 PPP 政策里，并没有专门针对 PPP 项目的相关会计政策。

因此，一方面，要加快推进专门针对 PPP 项目会计相关政策法规的制定，重点加强对 PPP 项目风险识别及控制体系、资金预算管理和成本控制、完善定价机制、合理确定收益水平等方面的政策指导，确保处理 PPP 财务问题时有章可依、有证可循。另一方面，需要对现有的 PPP 政策涉及财务管理的部分进行补充、完善、修订，完善并统一内涵、统计口径与方法、合理的范围与水平等，方便 PPP 项目的高效推进，减少财务管理方面的争议。

（三）规范调整 PPP 财政补贴政策

当前我国 PPP 财政补贴政策力度还是比较大的，但是由于 PPP 投资成本过高并且具有项目失败的风险，政府对于 PPP 财政补贴力度过高可能会导致政府债务风险加大，因此完善 PPP 财政补贴政策应以控制合理补贴强度和范围为重点，避免补贴用力过猛，造成财政资金浪费。

首先，要规范 PPP 项目的补贴制度，将不属于基础设施和公共服务领域的纯商业性项目，或者能够完全进行市场化运作的项目，剔除在财政补贴范围之外。其次，适当控制财政补贴的补贴强度，例如，将财政补贴转为"补运营"、减少对 PPP 项目奖励金、取消不必要 PPP 产业基金等，降低政府债务风险，同时提高 PPP 财政补贴信息公开程度。最后，建立 PPP 项目补贴分级机制，具有较高盈利能力和现金流保障的经营性项目，可由政府自主建设，降低适用商业项目的 PPP 财政补贴，节约有限的财政资金。

（四）建立与 PPP 发展相适应的税收优惠政策体系

当前 PPP 项目存在难以享受现行的土地使用税、房产税、契税等针对政府及事业单位的优惠政策的问题，且针对公共服务实施的税收优惠范围又较窄，难以覆盖 PPP 的全方位实施范围，此外税收优惠较短，无法满足 PPP 20～30 年的建设运营周期。因此需进一步完善建立与 PPP 发展需要相适应的税收优惠政策体系。

一方面，完善现有的与 PPP 模式相关的税收优惠政策，将针对政府及事业单位的土地使用税、房产税、契税等优惠政策服务范围扩大到 PPP 涉及的基础设施建设和公共服务领域，同时扩大针对公共服务领域的税收优惠范围，覆盖 PPP 所有的实施领域，并且将优惠期限延长至 PPP 项目结束。另一方面，随着 PPP 模式的推进，应提前应对 PPP 项目移交中可能产生较高税负的问题，需要出台针对 PPP 项目移交阶段的税收优惠政策。对于增值税，可以有针对性地出台 PPP 项目资产移交项目的增值税减免税政策，降低企业负担；对于企业所得税，可以考虑对因移交产生的应纳税所得额采取递延纳税的优惠政策，或者针对 PPP 项目出台相关税收优惠政策以延长其弥补亏损的年限；对于土地增值税，建议出台相关优惠政策减免交付阶段的土地增值税。

（五）进一步细化 PPP 土地政策

对于 PPP 土地使用前提、程序合法性的规定最为直接的政策即为《关于联合公布第三批政府和社会资本合作示范项目　加快推动示范项目建设的通知》。该文件规定 PPP 项目用地应当符合土地利用总体规划和年度计划，依法办理建设用地审批手续，严禁直接以 PPP 项目为单位打包或成片供应土地。该政策的出台将有效遏制通过 PPP 项目违规取得未供应的土地使用权、变相取得土地收益、借未供应的土地进行融资等问题。但与此同时，这种所有 PPP 项目不得打包土地的"一刀切"的做法，可能对市政道路、公园等非经营类、准经营类项目，以及轨道交通、城际铁路等交通项目造成负面影响。

当前，应进一步出台针对不同类型 PPP 项目的特定土地政策细则，避免"一刀切"的问题。探索将宜采用土地资源补偿的非经营性、准经营性项目，以及适合沿线土地综合开发的交通项目排除出禁止土地捆绑之列，将周边土地开发视为 PPP 项目的一部分，与主体项目进行整合，通过协议出让而非招拍挂的方式，将土地出让给项目开发者。

第二节　构建系统的 PPP 法律体系

PPP 立法不是一个单独的立法，必须用法律体系观来审视 PPP 立法。现有的规范性文件层级低、效力低、交叉和冲突较多，还没有形成协调的法律体系，有些操作规则与现有的法律制度存在冲突。亟须加快 PPP 立法进程，建立健全适应中国 PPP 发展的法规体系，使其形成一个完善的法律规范系统。

一、制定出台 PPP 专门性律法

作为成文法国家，通过立法来规制 PPP，为 PPP 项目提供必要的具有清晰性、确定性、权威性，以及连贯性的法律框架，对于保护社会资本的权益、提升其对政府的信任度、降低 PPP 项目的法律风险、约束政府权力等方面具有重要性和必要性。有序推进 PPP 立法进程是大势所趋，也是适合我国国情的。《基础设施和公共服务领域政府和社会资本合作条例（征求意见稿）》回避了不少重大争论，遭到社会各界的广泛诟病，至今没能正式出台。因此，PPP 立法需要直面当前 PPP 存在的争议和矛盾。

（一）选择适合中国国情的立法模式

PPP 立法的模式灵活多样，并没有统一的模式，也没有绝对的优劣之分，其形成和选择与各国的历史传统、法律文化以及法律制度，有时也与经济和社会发展的现状息息相关。结合中国国情，适宜采用统一立法与示范文本相结合的立法模式。建议采用统一立法的原因在于：（1）对于我国这样一个发展中国家，PPP 专门立法对于统一法制意义重大；（2）专门的 PPP 立法的出现表明政府对于国内民间资本参与 PPP 项目的积极态度，激励更多的私人资本投资于基础设施建设；（3）通过立法将当事人的权利、义务固定化、透明化，不仅保障了私人投资者的利益，而且对于维护国家安全和社会公益也有了法律依据；（4）目前中国 PPP 还处于起步阶段，各方面的配套措施仍不完善，倘若采用标准协议的方式，可大量节约项目的法律服务费和其他成本。因此，建议制定《政府与社会资本合作法》，使其为 PPP 领域的各项目提供指引。

（二）立法明确 PPP 合同性质

PPP 不是公私融合的产物，而是公私合作，政府不能将企业财产转为政府财产或者不付费就得到私人部门提供的服务，PPP 的优势在于政府利益和社会资本方利益共存。因此，立法上应当接受学界对于 PPP 合同的定性，认定 PPP 合同为混合合同，并赋予双方当事人灵活的纠纷解决方式。PPP 合同包括了前期准备阶段、政府采购阶段、项目执行阶段以及后期的信息公示公开阶段，处在不同阶段所订立的合同目的倾向性不同也会影响合同的性质，具体问题具体分析，在出现纠纷时先看属于哪一阶段的合同，然后分析合同性质，选择民事途径或者行政途径解决纠纷最为适宜。

PPP 合同中涉及政府具体行政行为、行使行政职权的纠纷属于行政纠纷，如政府对项目实施机构的授权、经营权的授予及强制性提前收回、项目规划及审批、项目产出强制性标准、定价机制的确定及调整、政府接管等。双方当事人应选择行政复议行政诉讼等解决行政纠纷的争议解决方式。而可能涉及的民事纠纷主要有：PPP 合同效力认定、项目设施权属、收益取得及分配方式、投融资方式、施工建设问题、项目移交、违约责任、合同终止及解除等。当事人可以选择调解、诉讼、仲裁等解决民事纠纷的争议解决方式。立法上可以采取概括加列举的方式对因 PPP 合同产生的纠纷的法律性质进行明确，从而解决目前实践中的冲突，使合同双方在签订合同时就能够明确约定双方的争议解决方式，同时为合同双方解决争议提供明确的法律依据。

（三）立法明确界定 PPP 与"特许经营"

《基础设施和公用事业特许经营管理办法》中采用了特许经营的理念，但"特许经营"作为舶来词语翻译的概念，其本身与法律属性无关。从目前的情况来看，我国 PPP 的内涵比特许经营更广泛，对此王守清教授认为，两者之间的差别并没有那么大，都是引进社会资本提供公共产品和服务的一种创新模式，所以并不需要在这两个名词上纠结，只需要在立法和条例中明确这两个用词的内涵和原则，两者有所区分就好，不需要想得那么复杂。特许经营模式作为 PPP 的一种运行模式，可以将《基础设施和公用事业特许经营管理办法》融入 PPP 立法，以求得内容的完整性，使其成为能够统领和约束政府与市场、政府与社会所有合作关系的法律法规。

（四）立法保障合作各方利益

PPP 立法要解决好当前的争议和矛盾，还应切合实际、博采众长，保护公众、社会资本、政府的合法权益。立法既要保护投资者的合法权益，也要把保护公众合法权利放在位置重要，充分体现出运用 PPP 的目标，这需要在立法中明确体现出来。在 PPP 立法中应当对非公有制企业有一定的政策支持，使其参与 PPP 的渠道更加通畅。除此以外，立法也要保护社会资本的资产安全、保障其收益，盈利但不暴利。

二、明晰政府角色定位与分工

（一）明晰政府部门角色定位

在大力推广 PPP 过程中，政府部门应定位好自己的角色，既履行好自身职责，又要避免将手伸得太长。作为顶层设计者，政府要事先制定出相应的工作推进计划，再将计划落实到项目中去，根据工作推进计划对 PPP 项目进行科学筛选和合理排序，同时还应积极总结我国成功的 PPP 项目经验。作为项目审核批准者，在审核批准的过程中要确保使其符合 PPP 工作推进计划，对于国家或者区域性战略项目给予一定支持，避免浪费国家资源。

作为监督管理者，政府的重要课题是如何对不同行业和细分市场的 PPP 项目监管确立一套行之有效的绩效考核指标，以法律法规的形式设立考核标准，创建考核工具及设计监管体系，以推进公共服务 PPP 项目质量监管的精益化管理进程，保障 PPP 项目施工质量和最终提供服务的质量，在最大程度上保障公众的权益，真正做到采购的物有所值。

政府还应根据开展阶段的不同承担不同的角色，做好 PPP 项目的规划和发起工作，在项目建设和运行过程中政府应履行其保障者角色的义务。政府要根据项目实际开展情况转变自己的角色，与社会资本方共同开展好 PPP 项目，促进我国 PPP 的发展。

（二）明晰政府部门合理分工

政府各部门之间职能分工不明确会对 PPP 的发展造成深远影响。尤其是财政部和发改委之间的职能安排上存有一定冲突，这给地方政府部门开展工作带来了诸多不便。

　　我国应借鉴国外在政府和社会资本合作方面的职责分工经验。加拿大和澳大利亚政府设置了统一的、高效率的 PPP 主管机构，并且政府部门之间分工合理。形成了完善的、有层次的、灵活的政府职能管理与协调体系。为了加强政府自身能力建设，还聘请了专门的 PPP 咨询机构提供专业化支持。我国应结合自身实际，在 PPP 立法中明确构建主次分明、各司其职、各尽其责的政府职能体系。建议首先以国务院名义出台正式的《政府和社会资本合作项目管理条例》，更好地统筹各职能部门间的协作，提高执行力，从而构建发改委、财政部门、其他各职能部门间分工明确、协调统一的工作管理体系。

三、健全 PPP 争议解决机制

　　构建一套公平、高效、统一的纠纷解决机制，既关系到各方主体参与 PPP 项目的积极性，也关系到投资者的切身利益，甚至在一定程度上影响到 PPP 模式的发展。

（一）预先制定 PPP 纠纷的裁判规则

　　由于我国正处于 PPP 模式大力发展的阶段，随着 PPP 项目的全面深入推进，PPP 纠纷会不断涌现，与其在个案判例中积累总结，不如预先对 PPP 项目可能出现的纠纷进行较为细致的分类，对不同类别的纠纷进行性质界定，预先制定关于不同性质 PPP 纠纷的解决机制的裁判规则。

　　例如，PPP 模式追求政府与社会资本风险共担、利益共享，关于风险分担、收益分配的约定是解决 PPP 纠纷的主要依据，不合理的约定会损害其中一方的权益，从而可能会进一步阻碍项目的进展。预先建立一个风险分担、收益分配解决机制，可以指导督促双方的履约行为，减少各参与方在合作中的摩擦，从源头上降低发生 PPP 纠纷的数量和概率。

　　首先，应找到一个风险分担和收益分配的平衡点，通过合理的风险分担机制将风险控制在可处理的范围之内，并做到风险和收益相对等。其次，PPP 项目周期较长，项目进展过程中出现的风险形态多样，因此灵活的应变机制是项目顺利进行的重要保障。当现有的风险分担策略不利于项目开展时，公共部门和私人部门可以在不违反合作原则的前提下，对风险分担情况进行改变，双方在充分披露信息、保持稳定合作关系的基础上充分磋商，并根据风险分配的变动情况，相应改变利益分配，以实现公平合作。最后，各参与方应在合同签订时明确约定具体的收益分配机制，均衡各方的利益。合理而具有可操作性的定价机制应结合 PPP 项目的具体情况并考虑社会大众的需求制定，同时应确保社会资本方盈利但不暴利。

（二）设置完备的争议解决升级条款

为了使各方能够顺利开展合作、降低成本、争取物有所值，在 PPP 合同中设立争议解决升级条款很有必要。在争议出现时，可用"三阶段"战略解决。第一阶段即和解、协商或第三方调解；第二阶段即专家建议或决定；第三阶段即根据争议性质提起民事诉讼或仲裁（在争议性质属于民事纠纷时），或者提起行政复议或行政诉讼（在争议性质属于行政纠纷时）。通过 PPP 合同中争议处理升级的逐层安排，合同有关方在争议发生后可以按照完善的争议处理条款妥善地处理争议。

（三）立法明确行政机关在解决纠纷中的职权范围

由于 PPP 项目涉及公共利益，因此在产生纠纷时应允许行政机关在一定程度上行使行政职权解决纠纷，以保障 PPP 纠纷不会损害社会公共利益。由于行政机关的职权来源于法律的授权，立法上应当允许行政机关在 PPP 纠纷中行使合理的行政职权，赋予行政机关介入行为的正当性。与此同时，为了保障社会资本的合法权益，立法也应当对行政机关的行政职权进行限制。PPP 纠纷中，行政机关介入民事纠纷领域不可避免，问题的关键不在于限制行政机关介入民事纠纷领域，而是要通过相应的制度设计为其提供正当性基础，并为权力行使设置合理的限度，同时通过法律授权、正当程序、司法审查及行政机关的自我拘束等机制防止权力滥用。

四、规范 PPP 项目操作程序

（一）细化 PPP 各领域相关指引规则

由 PPP 主管部门负责各部委指引规则的衔接和整合，牵头打造一套覆盖项目全生命周期，包括操作指南或手册、VFM 评价指引、财政承受能力论证指引、合同指南等在内，具有良好的操作性和扩展性，且统一、协调的配套指引规制体系，为 PPP 项目的具体落实提供可参考依据，将 PPP 项目运作中的各类风险降到最低。其中，VFM 评价指引应立足中国国情，一是要与我国现行项目管理制度相适应；二是要针对不同行业，实行不同的评价标准；三是依靠各行业的大数据支持，将定性标准定量化。PPP 项目合同指南应针对不同行业、类型的项目，尽可能细化权利义务、运营条款、付费机制、绩效考核、合同变更、履约担保、违约责任等内容及合同期限、回报机制、调价机制等合同边界条件。财政部门在总结各种 PPP 模式的经验后，应当建立项目合同文本数据库，根据不同类型，模块化应用文本范本和格式条款。

（二）适当简化 PPP 项目前期审批程序

在 PPP 前期的工作中，因为存在如方案设计和总投资等不确定的因素，审批程序和原有的一些建设程序等相冲突问题的存在，这也会导致在前期审批程序的规定上比较烦琐。对此建议政府应该适当地简政放权，简化程序，对于前期审批程序应适当予以简化，减少开展 PPP 项目的时间成本。可参照北京市公共服务投资审批改革试点的做法，通过简化项目启动及立项手续、规划许可手续、划拨用地报批手续、施工招投标手续、施工审批手续，以及水影响评价审查手续进行了流程优化，同时简化了交通及水务部门的评估审查、取消了改扩建项目的用地预审、节水设施方案改为备案、取消了人防工程施工图备案、范围外的项目不再开展水影响评价。

（三）进一步强化 PPP 项目运作信息公开机制

PPP 项目运作信息透明一直是各参与方密切关注的方面，社会资本方参与 PPP 项目设施建设，必须建立在对项目具体信息非常了解的基础上。《政府和社会资本合作（PPP）综合信息平台信息公开管理暂行办法》的出台，是保障公众知情权的一个重要举措。在项目的识别、准备、采购、执行、移交等每一具体阶段，都应严格做到信息的公开化与透明化，这样才能改变政府和社会资本方信息不对称、不对等的现状，提高社会资本方参与 PPP 项目的积极性，进而推动 PPP 有序健康地发展。

| 第十五章 |

PPP 发展的政策建议——企业层面

第一节　PPP 失败案例的考察与分析

PPP 模式具有高风险的突出特征，这不仅是基于认识论的主观分析判断，更是基于实践论的客观经验总结。事实上，如若纵览、回溯 PPP 极为宽广但却并不悠久的发展时空，便可发现，无论是在 PPP 运作经验丰富的发达国家，还是在 PPP 运用需求旺盛的发展中国家，都在各自的 PPP 历史实践中出现过一些令人遗憾的失败案例。这些案例一方面以自身独特的失败经历警示着 PPP 模式风险的客观存在，另一方面也通过内在逻辑的抽象关联呈现出 PPP 模式风险的一般特征与普遍规律。①

一、国际失败案例分析

由于 PPP 项目的生命周期较长，因此在项目过程中充满了各种复杂难料的不确定性。从国际视野出发，即便是具有丰富知识支撑与完善制度保障的发达国家，也曾为不甚成功的 PPP 项目付出过不菲的代价。通过分析考察这些超越时空、跨越疆域的典型失败案例，总结审思其中的共同教训，有助于企业明确 PPP 风险防控的核心重点，并提升应对风险的自觉意识。

---

① 部分案例资料选自：潘萍，江帆. 破局：PPP 模式风险与政府风险应对策略［M］. 北京：法律出版社，2018. p327.

（一）L海峡隧道项目

1. 项目概况

L海峡隧道全长50公里（含海底隧道39公里）。1986年2月，A、B两国签署条约，确定了项目合作开发计划的基本框架，并明确表示两国政府均不会使用任何的公共资金支持隧道建设。同年，两国政府通过招标确定采用C海峡隧道集团与D股份有限公司联合提出的三洞隧道方案，并于1986年3月与C集团和D公司共同组建的合伙制E隧道公司签订特许权协议，授予E隧道公司55年（包括7年预计建设期）的特许经营权，由其自主决定通行收费价格，两国政府不提供担保，并至2020年以前不再修建第二条具有竞争性的固定线路隧道。

1986年9月，E隧道公司与其部分股东成员组成的F联营体签订工程建设承包协议，具体包括：采用固定总价模式的固定设备工程合同（含站台建设、设备安装及所有机电系统配置）；采用目标费用模式的掘进工程合同（含隧道等地下结构建设）；采用成本加酬金模式的采购项目合同（含牵引机车、穿梭列车等运输设备采购）。由于该协议同时规定作为建筑承包商的F不承担因设计更改、政府干预、施工条件与预计不符而产生的一切损失，即实际由E隧道公司承担项目大部分的建造风险，进而也就导致了诸多问题的发生。

2. 项目历程

（1）索赔和争议。

成本加酬金模式的采购项目合同缺乏足够激励，系列采购任务出现延迟与成本超支。固定设备工程合同缺乏详细的设计基础，但却仍然采用固定总价模式，因而导致后续争议不断。并且，作为E隧道公司的股东，F公司在以高昂报价取得了建设总包权后，并未特别关注未来公司运营的长期收益，项目参与动机明显集中于获取建造利润，几乎任一导致建造成本增加的情形都成为其向E隧道公司提出索赔的理由。而E隧道公司作为非独立业主，与F公司的索赔谈判自然异常艰难、弱势明显。截至1994年4月，其支付给F公司的索赔额已高达12亿英镑。

（2）成本增长。

基于两国条约，A、B两国政府不仅未对项目建设提供必要支持，同时还在工程建设期间提出了安全管理与环保措施方面的新要求，并与施工条件错综复杂、技术匹配难度极高等客观因素共同作用，导致了项目建设的成本增加与工期延迟。其后，政府行政审批的效率低下也影响到项目公司运营许可证的及时发放，原定于 1993 年 5 月的隧道开通时间最终推迟至 1994 年 5 月 6 日。针对政府的变更要求，E 隧道公司提出了索赔请求，并使政府将项目的特许经营期由 55 年延长至 99 年。但是，特许期的延长并不能直接化解项目公司因成本超支和工期延迟所带来的巨大财务压力。E 隧道公司长达 8 年之久的建设工期已经使项目投资从最初计划的 48 亿英镑飙升至 105 亿英镑。

（3）运营时间延迟。

进入运营期后，海峡运输市场中轮渡公司与航空公司的价格大战迫使 E 隧道公司不得不降低收费标准、减少利润空间，隧道运营的现实情况远不如前期市场预测那般令人乐观。同时，股东或为建筑商、或为金融机构的项目公司实际上也缺乏项目运营的经验和能力，运营绩效长期并不理想。由于前期经营管理不力，隧道直至 1998 年都未能实现全面正常经营，诸如铁路运输等核心服务的延迟提供亦直接影响了项目的现金收益。

（4）资金缺口致企业破产。

长期的财务压力与利润缺口也使项目公司出现了一些违反融资协议的行为，银行对项目剩余信用额度的支付由此受到影响，并导致公司财务危机的不断升级。与此同时，规模庞大的隧道项目涉及众多的关系方和当事人，公司内部关系复杂、管理困难，合作各方在长期财务压力下的利益冲突更加尖锐乃至难以调和。虽然 E 隧道公司曾于 1998 年进行过财务重组，但项目整体的财务状况并未因此发生根本性好转。2007 年 1 月，E 隧道公司破产，2007 年 7 月，E 隧道公司所属集团取代其负责 L 海峡隧道的后续运营。

（二）M 地铁项目

1. 项目概况

G 国作为地铁交通的发源地，其 1863 年开通运营的 M 地铁在第二次世界大战后收归国家所有，由国营地铁公司负责运营，地铁设施维护保养、更新改造的资金主要来源于政府。1994 年后，G 国逐年削减交通投资预算，M 地铁因资金不足出现设施维护与更新的迟滞，安全隐患较为严重。在巨大的资金压力下，原交通部于 2002 年开始探索运用 PPP 模式实现地铁设施的改造与升级，并通过招投标，分别与 I、J 联合体签署了期限 30 年的 PPP 合作协议，由二者承担 M 地铁不同线路基础设施的全面维护和升级，但地铁的运营与票务定价权仍归属于国营地铁公司。政府每年将支付 11 亿英镑的购买服务费用，同时允许联合体提出总额不超过 3.6 亿英镑的额外管理费用。但一切政府费用都必须从合同执行开始至第 7.5 年之后，才由国营地铁公司与两大联合体按照"政府付费 + 绩效考核"机制结算和支付。

2. 项目特点

M 地铁项目的合作关系极其复杂，花费 4.5 亿英镑签订的 PPP 庞大合同体系设计了诸多"创新"机制。比如，项目绩效考核标准除了预先明确规定的任务时间进度表外，还包括一些定量的考核指标，如车辆单程运营时间、乘客延误时间以及车辆和车站环境状况。具体考核方法除由国营地铁公司采用实时监控手段进行全天候跟踪与评估外，还首次引入了乘客问卷调查，将乘客的反馈意见作为车辆和车站环境状况指标考核的重要内容。再如，考虑到长期合作中服务标准、考核标准和各种合作影响因素的动态变化，以及这些动态变化又无法在 PPP 初始协议签订之时即被完全预见，M 地铁项目还内嵌了定期审核机制，允许各方在 PPP 合作框架内，每隔 7.5 年可以就某些条款重新约定。为了保证定期审核的独立性与权威性，促进协议的顺利执行，项目还设计了专门的仲裁机制，由运输大臣任命一位独立仲裁者，核心职能是对后续阶段项目公司的服务确定一个经济且有效的价格。

3. 项目风险

但是，M 地铁项目的设计与运作仍然存在较为明显的合作风险。首先，从政府方面来看，由于项目规模巨大，响应采购竞标的私人部门有限，所以政府与联合体缺乏竞争的直接谈判微妙复杂且不透明；政府为确保项目的顺利推进，在项目公司信用评级仅为 BBB + 的情况下，仍对贷款银行做出了高达 95% 的债务担保，因此实际承担了大部分成本高昂的融资风险。同时，政府并不直接参与项目的运营管理，无法准确获知项目公司的各种核心信息与成本数据，因而看似理想的绩效考核与仲裁审核机制也并未增强政府对项目公司的实际监控能力。

其次，从私人部门角度看，地铁运营与基础设施维护升级工作的相互分离使整个项目运作缺乏内在激励机制，地铁设施出乎意料的老化程度与复杂施工条件也增加了项目公司工作绩效达标的难度。与此同时，两大联合体均由数家公司组成，彼此的利益冲突与不断争议使项目公司内部管理混乱，管理者频繁更迭，行动力与执行力均大打折扣。而倚仗政府 95% 的债务担保承诺，负债率高达 88.3% 的项目公司融资结构既降低了私人部门的成本意识，也减弱了银行的贷款风险意识。而且，J 联合体采用了缺乏竞争性的"内部供应链"模式，成本控制的动力不足、能力极差。通过数年的"内部供应"，股权投资仅为 3.5 亿英镑的 I 联合体成员的收益已是"稳赚不赔"（其 2003 ~ 2007 年的服务供应收入累计达 30 亿英镑），因而不仅不在乎与政府的关系维护，甚至不在意联合体的倒闭风险。

4. 项目失败

2007 年，因累计成本超支 10 亿英镑、项目负债率过高致债权人拒绝放贷，I 联合体宣告破产，政府为此蒙受了超过 41 亿英镑的损失。J 联合体虽然通过了第一个 7.5 年的定期审核，并与政府就后续的合作内容和政府付费水平进行了调整，但 2010 年，当其要求政府为其负责更新的两条地铁线路支付 68 亿英镑的费用时，政府通过仲裁审核只认定了 44 亿英镑。J 联合体随后主动宣告破产，政府又支付了约 3.1 亿英镑以回购其股份。至此，M 地铁项目的 PPP 模式全面失败。

（三）K"共用场地"医院项目

1. 项目背景

N 国的医疗服务有公费与自费两种机制，且只有约 40% 的公民能够享受医疗费用全免的待遇，剩余近 60% 的公民需要自费购买商业医疗保险，以弥补免费额度之外的医疗费用支出。由政府投资运营的公立医院是承担公费医疗服务的主要机构，其全部 11500 个床位中的 80% 应按政府计划供给公费病人使用。然而，自费病人显然比公费病人更能产生盈利，同时自费病人也青睐选择技术更加雄厚、价格更加实惠的公立医院。由此，经常出现的情况是：公立医院的公共床位资源被自费病人大量挤占，许多公费病人需要在漫长的排队中等待入院。

为解决矛盾，N 国卫生部于 2005 年发布"共用场地"医院项目实施方案，试图引入私人部门投资，在公立医院附近建设"共用场地"医院，并负责接收由公立医院转入的自费病人，以帮助公立医院腾出更多公共床位，解决公费病人入院困难的问题。在政府看来，该项目方案是切实可行并相对可承受的——私人部门的投资将减轻政府为扩大公立医院床位容量而需短期投入巨额资金的压力，政府只要在项目协议中详细考虑私人部门可能出现的违约行为，通过惩罚性条款确保其必须接收从公立医院（包括政府急救中心）转送的所有自费病人，并由公立医院继续负责后续同一水准的治疗，就可以迅速改变公立医院床位紧张的局面。

2. 项目历程

（1）谈判僵局。

方案推出后，N 国卫生服务行政处运用竞争性对话方式进行项目采购，并于 2007 年 7 月选定 O 医疗集团与 P 医疗公司作为优选竞标人。但公私部门后续的细节性对话却陷入了冗长的僵局。O 集团和 P 公司提出，实施方案中的"无偿终止"条款，即私人部门如未完成合同义务，政府可无偿收回项目资产的规定，将可能使政府借此以相当简单的方式终止合作，并导致他们无法通过这一可能被政府无偿收回的项目获得银行方面的贷款。O 集团和 P 公司原本相信政府将对这一条款予以修改，但 N 国卫生服务行政处坚持该条款内容在法定的竞争性对话程序中不能变更，除非 O 集团和 P 公司能够提供确切的证据证明银行拒绝提供资金支持的理由就是因为这一条款的存在。

（2）运营收益无法保障。

与此同时，N 国政府虽然在许多行为细节方面表现出了推动该项目落地建设的决心和努力，但实际却并未详细考虑一个关乎未来项目运营的关键要素，即商业保险公司是否愿意把他们的自费病人转移到"共用场地"医院。而在占有 N 国商业医疗保险市场 80% 份额，同时也承担着国家公费医疗保险业务，并在财务方面已经出现较大困难的医疗保险公司 Q 看来，这种转移对自身并没有任何好处：由其支付费用的病人中 50% 购买了商业保险，任何病人的数量增加都将扩大其保费的支出而减少分红的收益，同时其市场占有份额已高达 80%，也不会因为这种转移而得到大规模增加。因此，Q 公司发表声明宣称：目前 N 国已经有足够的医院容量来接受自费病人，Q 公司不会把由他们支付费用的自费病人转移到"共用场地"医院。这一声明使项目未来运营收益出现了更大的不确定性。O 集团和 P 公司必须进一步考虑，"共用场地"医院最终究竟能在何种程度上依赖公立医院的病人转移来实现项目的运营收益？

（3）外部环境变化。

除此之外，2008 年爆发的国际金融危机也对项目进展造成了重大的不利影响。在危机的作用下，金融市场的情势变化影响了 O 集团和 P 公司的实际融资能力。同时，2011 年 2 月，N 国组建新一届政府。而随着政治局势的变化，有关项目的政治态度风向亦发生转变。2011 年 3 月，当项目融资计划规定的最终截止期限已至，O 集团和 P 公司仍未能完成相应任务安排之时，N 国政府撤销了这一谈判耗时超六年之久，各方花费已达数千万欧元的"共用场地"医院项目。

（四）R 电厂项目

1. 项目背景

R 电厂位于 S 国经济最为发达的 T 地区，项目发起者——U 公司是全球最大的能源商，早在 1983 年就试图推动 T 政府启动该工程建设。20 世纪 90 年代初，受中国、马来西亚、菲律宾等多国电厂项目成功案例的启发，S 国政府加快了能源系统领域的市场化改革，迅速批准了一系列电厂项目的建设计划。这些计划不仅同意给予外商投资者以较高的固定回报率，还同意辅以政府的信用担保，以实现更多、更快引入外资的政策目标。

2. 合作模式

优厚的政策条件激发了 U 公司的投资热情，并与 T 政府迅速展开了具体的合作谈判。谈判过程中，U 公司主导设计了诸多有利于自身的合作细节，以使项目风险最大化地转移给 T 政府。而受快速推进的政策目标驱使，欠缺经验的 T 政府在并未对项目可行性进行充分研究的情况下，便与 U 公司签署了 BOT 合作协议，并由 T 电力局签署了购电协议。这些协议的主要内容是：U 公司投资约 30 亿美元建设 R 电厂；T 电力局负责购买电厂建成后 20 年内的产出电力，同时以固定的最低购买量确保 U 公司的最低投资收益；电费以美元结算，价格按照"成本加成"的原则确定、调整；合同履行争议将在 V 国以仲裁的方式解决；T 政府为协议履行提供担保，S 国政府为 T 政府的担保提供反担保。

3. 项目历程

（1）政治经济环境恶化。

R 电厂动工后的建设过程并不顺利。其间，执政党的频繁交替与政党间的利益冲突影响到该国政府的政策稳定；中央与地方的分权政体在赋予该国政府宏观政策制定权的同时，也默认了 T 政府对该项目的极大控制权；各级政府间的互不买账与相互扯皮导致了政令不统一与行政效率低下，进而造成了系列配套政策跟进延迟。与此同时，1997 年爆发的亚洲金融危机也使该国的经济发展受到极大冲击，经济状况的恶化、经济政策的调整成为影响项目建设的主要因素。直至 1999 年，R 电厂的一期工程才正式投产运营，二期工程的建设也刚刚接近尾声。

（2）最低投资回报无法兑现。

工期的延误大幅增加了发电的成本，亚洲金融危机又在 1997 年造成了卢比对美元的汇率迅速贬值 40% 以上。这些因素使 R 电厂的售电价格接近于其他来源渠道电价的两倍。其后，伴随世界能源价格普遍上涨，该电价差距于 2000 年进一步扩大到接近四倍。但按照购电协议的约定，即便 T 电力局不购买 R 电厂的产电，也仍然需要支付巨额的固定费用以实现 U 公司的最低投资回报。并且，T 电力局的运营状况本就不容乐观。一方面，它要承担该国政府给予农业用电的电费补助，弥补农业用电定价仅为一般市场价格 1/3 而导致的巨大政策性亏损。另一方面，它还要为执政党支付大笔的政府补贴费用，以兑现其在竞选时为获得的选民支持而作出的电费补贴承诺。此外，该国的电力输配系统管理较为混乱，存在颇为严重的用户偷电与拖欠电费等问题，输配电过程中的电力损耗据称高达 30%～40%，全国电力系统至 2000 年的累计债务规模超过 250 亿美元。因而，长期不良的财务状况导致 T 电力局实际根本无力支付高额的购电费用，并随 R 电厂的投产生产而迅速地走向了破产边缘。

（3）合作失败。

2000 年 11 月，T 政府与 S 国政府先后拨付给 R 电厂部分的购电款项以兑现担保承诺，S 国政府还试图为 R 电厂寻找其他用户以实现购电协议的继续履行。但正如该国总理所说的，谁又会购买如此昂贵的电？因而，两级政府最终不得不放弃履行担保责任，由此不仅使得 R 电厂的运营陷于停顿，同时还使该国政府吸引外资的努力遭遇沉重挫折。由于资金的不到位，R 电厂二期工程最后阶段的工作也被迫停止。U 公司则因为 R 电厂项目的投资失败，以及其他项目中的系列运营失误，于 2001 年陷入债务危机，并提出破产保护申请。

二、国内失败案例分析

作为一种具体的、历史的鲜活实践，PPP 的项目运作显然具有独特的国情特征、地域特点与文化特色。因而，有关 PPP 失败案例的经验总结不仅需要宽广的国际视野，同时也不能缺乏精准的本土视角。从中国的 PPP 实践出发，坚持以史为鉴、以国为本，深入剖析发生在中华文化语境下的典型失败案例，从本土的负面实例中汲取更为直观的深刻教训，正是当代中国政府和企业不可或缺的重要功课。

（一）h 污水处理厂项目

1. 项目概况

2000 年 3 月，通过 a 市政府的项目招商，b 公司与 a 市排水公司签订《合作企业合同》，约定由 b 公司投资 3200 万美元设立 c 水处理有限公司，与 a 市排水公司合作经营期限为 20 年的 h 污水处理厂项目。2000 年 7 月，a 市人大通过的《a 市污水处理专营管理办法》规定：a 市排水公司负责供应污水，污水处理厂处理污水后，由 a 市自来水公司向用户收取污水处理费并上缴至 a 市财政局，再由 a 市财政局拨付给 a 市排水公司，最后由 a 市排水公司依据《合作企业合同》约定的付费方式向 c 污水处理有限公司支付污水处理费。

2. 项目历程

（1）政府决策变更。

2002 年，a 市政府换届改选。新一届政府认为《a 市污水处理专营管理办法》违背了《国务院办公厅关于妥善处理现有保证外方投资固定回报项目有关问题的通知》《国务院关于加强外汇外债管理开展外汇外债检查的通知》等系列文件精神，违反了《中外合资经营企业法》《中外合作经营企业法》等法律相关规定，遂于 2003 年 2 月 28 日予以废止。受政府态度变化的影响，自 2002 年 6 月起，a 市排水公司开始拖欠污水处理费，并自 2003 年 3 月《a 市污水处理专营管理办法》废止后完全停止污水处理费的支付。截至 2003 年 10 月底，拖欠的污水处理费累计达 9700 万元。

（2）争议和诉讼。

2003 年 8 月，c 污水处理有限公司向 a 市中级人民法院提起行政诉讼，请求法院认定 a 市政府废止《a 市污水处理专营管理办法》的具体行政行为违法并予以撤销，判令 a 市政府支付拖欠的污水处理费并赔偿滞纳金。

a 市中级人民法院审理后认为，《合作企业合同》中存在四条具有固定回报性质的约定：①a 市排水公司每日应当提供不少于 39 万吨污水的标准处理量，若任何一个月污水的实际处理量达不到该月的标准处理量总和时，则按该月标准处理量的总和计算污水处理量的约定。理由是该约定固定了污水处理的保底量，并形成最低污水处理费的固定保底价格。②污水处理费为 0.60 元/吨，自 2002 年 1 月 1 日起，每年的污水处理价逐年上调，且在任何情况下，每两年的上调幅度均不低于 4% 的约定。理由是该约定属于固定保底价格基础上给予外方的固定增加回报。③若结算日的人民币兑换美元的汇价，比出资日的人民币兑换美元的汇价下调超过 5%，则结算日应收的污水处理费应相应上调的约定。理由是该约定属于固定的最低保底汇价。④如因电价的增幅、国家规定的税费增加或税费减免优惠发生变化及省、区、市征收城建费，均按实际发生的额外生产成本和实际支出加在污水处理费之上，由甲方支付给公司的约定。理由是该约定属于固定的污水处理费定价条件。

综上，法院认为，h 污水处理厂项目违反了《中外合作经营企业法》所规定的"利益共享、风险共担"原则，属于国务院办公厅《关于妥善处理现有保证外方投资固定回报项目有关问题的通知》文件规定的保证外方投资固定回报的项目。故判决维持原决定，驳回原告的赔偿请求。2004 年 1 月，c 污水处理有限公司向省级高级人民法院提起上诉。2005 年 8 月，争议双方近两年的法律纠纷，最终以 a 市政府以 2.8 亿元价格回购项目而结束。在此期间，c 污水处理厂全面停产，导致数百万吨污水直接排入 d 江，对 a 市及 d 江下游城市的饮用水源与生态环境造成严重污染。

（二）f 国际体育场项目

1. 项目概况

f 国际体育场是中国首个采用 PPP 模式建设的大型体育场馆，并作为大型国际赛事的主场地，承载着较强的符号意义。e 市政府将项目设计与项目法人招标分离，经全球征集、方案竞赛、专家评审与民意综合，确定体育场设计为最终的建设方案。与此同时，着眼于服务运动会的核心目标，以合作方的建设、融资能力为首要考虑因素，e市政府经公开招投标确定g联合体为项目中标法人。双方约定由g联合体出资42%（项目总投资32亿元），e市国有资产经营管理有限责任公司代表e市政府出资58%组建体育场有限公司，并由g联合体出任法人代表，负责项目的建设、运营、管理工作。g联合体拥有运动会赛后体育场30年特许经营权，运营期间自负盈亏，期满后将项目无偿移交给e市政府。

2. 项目历程

（1）成本超出预算。

2003年12月，f体育场项目开工建设，但于2004年7月30日因项目安全与经济问题而全面停工。2004年12月，经e市政府调整设计后，项目建设复工。为实现e市政府所要求的"体育场必须在2006年12月31日前完工"的刚性目标，弥补因设计变更、施工图纸不能及时提供等原因造成的停工、误工时间损失，g联合体在工期极其紧迫的情势下未能充分、妥善地安排施工组织计划。同时，由于体育场设计结构特殊、系统复杂、施工难度极大，项目实际建设成本超过预算4.56亿元。

（2）运营不力。

2008年3月，体育场全面竣工，并于某大型国际赛事结束后进入商业运营阶段，但该体育场商业运作的市场范围较窄，并存在其他具有低成本、低价格优势的市场竞争对手，对运营者的专业商运能力要求较高。而g联合体作为独立运营商，其三家组成单位中，i集团公司的主要业务集中于金融、实业领域；j城建集团公司是建筑领域的龙头企业；k控股集团公司专长于金融业务。即均存在体育场馆运营思路狭窄，大型赛事、活动操作经验缺乏，商业推广行动不力，无形资产价值提升能力不足的缺陷。

与此同时，由e市政府主导、独立于项目法人招标的体育场设计方案原本具有对赛后商业运营需求考虑不足的弱点。其后，体育场设计方案的变更导致了建设成本超支并提高了后续的运营成本，且使体育场的实际运营面积由12万平方米缩减为6.6万平方米。取消可闭合顶盖设计，降低了体育场的独有特色与竞争能力，不仅令其无法承接全天候的商演任务，同时还影响到其他商业设计的预期收益。并且，该市政府也过度干预项目公司的商业运营，从而影响了项目的运营收益能力。比如，以商业化与公众利益冲突为由禁止体育场的企业冠名；以公共安全难以保证为由限制项目的商业活动运作；强调体育场的公益性质要求项目公司将原设计方案的 2000 个商业停车位减少到 1000 个，并减少商业设施等。

（3）PPP 模式失败。

基于上述原因，该大型国际赛事赛后不到一年的时间内，体育场有限公司的项目运营出现重大亏损，并陷入难以为继的困境。2009 年 8 月 29 日，e 市政府与 g 联合体签署《关于进一步加强体育场运营维护管理协议》。根据该协议，g 联合体放弃 30 年的特许经营权成为体育场有限责任公司的永久股东；公司的董事长及总经理等高管人员皆由 e 市国资委派任；e 市政府成立体育场运营维护协调小组，形成体育场在 e 市政府的主导下，由体育场公司负责运营，e 市各相关部门、属地政府机关全力配合运营的体制，原有的 PPP 模式宣告夭折。

（三）s 跨海大桥项目

1. 项目概况

s 跨海大桥长度为 35.67 公里，仅次于在 2011 年建成的长度为 63.48 公里的 p 海湾大桥，在世界跨海大桥长度比较中位居第三。s 跨海大桥预计可以使用一百年。桥梁车道采用六车道公路设计，计划车速为每小时 100 公里。即使 s 跨海大桥项目工程十分庞大，技术操作具有很大难度，但该工程是该省私人企业投资者和地方政府进行的主要投资。s 跨海大桥项目被正式审批成功后，出现了许多社会私人力量跻身其中的潮流现象。许多银行也看好这个项目并愿意为项目建设提供资金，银行间和私营企业间竞争力量较大。在此背景下，共有 17 家私营企业顺利加入其中，当时社会公众力量所占比例超过项目的一半。社会公众力量的热情加入不仅引起社会和媒体的持续关注，而且还降低了政府财务支出，以及分担建设项目存在的风险。

2. 项目历程

（1）项目收益低于预期。

出于对预期效益的乐观评估，17 家私营企业以 BOT 形式占有 s 跨海大桥发展有限公司的股份，同时 s 跨海大桥项目也成为国家重大交通项目融资的典范。但在项目建成之后，出现资金紧张的情况，2013 年全年资金缺口 8.5

亿元，而作为唯一收入来源的大桥通行费收入全年仅为 6.43 亿元，企业拥有 30 年的收费期限可能无法回收投入资金，导致当初投资拥有股份的企业纷纷转让股份，政府只能通过国企回收 80% 的股份。对于 s 跨海大桥项目，在项目可行性研究报告中，预估计 2010 年大桥车流量超过 1867 万辆，但是实际通车量为 1112 万辆，比预期少了 30% 以上，收益大大降低。对于项目的预期效果产生非常大的偏差，导致企业的决策出现失误，以至于项目没有达到预期经济效果。

（2）成本增加、前景黯淡。

此外，s 跨海大桥项目从规划到建成的 10 年间多次追加投资，前期预算需建设费用 118 亿元，但在大桥实际建设中支出高达 200 多亿元，超出预算的 69.5%。参股的民企已先期投入，只能继续追加，最终被套牢。项目运营初期，投资回报率较高（2009 年营业毛利率为 63.93%）。但 2013 年，q 客运专线和同一海域的第二通道——r 跨江大桥（相隔仅 50 公里左右）相继建成通车，对 s 跨海大桥形成较强分流，致使通行费收入下降，投资回报率下降（2013 年营业毛利率降为 50.44%），并最终引致部分社会资本退出，由政府方授权机构某交投回购其股权。接下来，同一海域第三跨海工程 t 通道在 2014 年底通车，另外还有 3 个新的交通项目也已纳入地方或国家规划，未来车流量将进一步分流，合同与规划的严重冲突令项目前景更加黯淡。

（四）w 水厂项目

1. 项目概况

u 市 w 水厂项目，占地面积约 180 亩，总投资 23 亿元，设计处理能力为每日 50 万吨，是 u 市南水北调配套工程之一，建成后可改善多地供水状况。w 水厂项目是中国第二个水务类 PPP 项目，也是 u 市首个利用外资建设市政设施的 BOT 试点项目，是 u 市城市基础设施建设领域市场化投融资体制的开端。

2. 项目历程

（1）初始联合体退出。

1999 年，项目开始咨询方案设计并进行招标，30 多家外资公司报名参与，最后共 5 家联合体、12 家公司进入招标最终程序。2002 年，经过多轮的竞标，最终由 x 联合体拿下项目，4 月 28 日，项目特许经营协议草签，BOT

模式初具雏形。

2000 年 8 月，u 市颁布《u 市三、四环路内工业企业搬迁实施方案》，2001 年 u 市申奥成功并于 2002 年颁布《u 市奥运行动规划》，大量企业外迁，用水量下降，当时预计到 2004 年 u 市实际用水量将降到 230 万吨/天，而当时供水能力已达到 300 万吨/天，整个 u 市水务市场供需开始倒挂。同时，从 1999 年开始，u 市经历连年干旱，加上邻省的截流，项目规划的水源地水库库存大减，长期维持低水位，水源不足问题突出。此外，2004 年 3 月，u 市机场扩建工程开工，占用了 w 水厂项目部分输水管道的建设用地，输水管道工程迟迟无法开工。面对诸多变故和延迟，2004 年 7 月，x 联合体正式要求终止项目，并向 u 市政府索要 2000 万美元的违约款。

（2）项目面临多重困难。

2005 年，u 市政府决定继续实施该项目，并同意外方退出，决定由 u 市控股集团有限公司和美国咨询公司——y 控股集团组成 z 联合体，对项目进行重组。2007 年 8 月 2 日，z 联合体与 u 市政府正式签订项目的特许经营协议，采用 BOT 方式，特许经营期为 23 年，由 z 联合体进行项目的融资、投资、设计、建设、拥有、运营和维护，其中建设期 3 年。至此，持续了近十年的项目招投标阶段算是告一段落，w 水厂项目貌似开始步入实施的正轨。但由于这个特许经营协议本质上相当于当年招标的延续，为补办程序，当时项目很多边界条件无法确定，水价无法核算，水价只能暂定为中标时的 1.39 元，没做调整。

此时，w 水厂项目也迎来了更多的挑战。2007 年，u 市楼市暴涨带动土地飙升，w 水厂项目所在地原本按划拨形式规划为市政用地的，征地费用也只有 3200 万美元。由于项目未能如期开工，包括征地、拆迁费用在内，这块地的成本已经涨到八九亿元。2008 年，国土部出台新规，要求外商合资企业在中国的用地要通过转让的方式。而项目方认为，w 水厂项目采用 BOT 模式，建的是市政设施最终要无偿转移给政府，用地应按照市政项目性质采用划拨形式，然而这项争论至今未有定论，但项目涉及的一系列证件和手续都要重新办理。此外，项目水源改为南水北调来水后，输水管道也改了路线，新的输水管道所经区域有一起征地纠纷，与项目无关的征地遗留问题硬是"沾上"了水厂，管道开工却"卡住"了，水进不来，项目继续搁置。

2013 年 6 月，项目终于开工建设，但项目的管线施工问题，一直没有特别的进展。在项目实施之初，w 水厂配套的污水排放管道已经修好。但十几年过去，当年的污水管道与市政主污水管之间空了一截，想找当初的图纸设计及施工人员，发现几乎悉数退休了。甲方换了四五回，时间及变动带来的管理成本，比寻常项目多出几千万。原本定于 2015 年 3 月竣工，95% 的主体设施已完工，但因为水迟迟无法引过来，导致 20 亿的资产在晒太阳，仅因此"浪费"的财务成本就是天文数字。随后，该项目得到 u 市领导的重视，被进行了特别批示。依靠这一批示，项目才得以协调接下来的施工地块移交、施工许可证等各个环节的手续。

（3）水价问题仍等待确定。

2018 年期间，u 市自来水集团进厂进行调试运营。2019 年 12 月 31 日，项目建设调试正式完成，项目交由北京自来水集团运营团队进行后期运营。但是，项目虽然投产了，w 水厂的水价还没最终确定。水价问题，其实从 z 联合体接手项目签特许经营时就存在争议，中间企业也一直与政府沟通协调。2010 年政府曾聘请机构，核算过水价。2017 年 6 月，水厂建设差不多的时候，企业又重启水价沟通，2018 年、2019 年一直与 u 市水务局推动着这件事情。但至今，事情还没有最终确定。

第二节　PPP 模式下企业面临的风险分析

对于 PPP 模式的风险性，加拿大国家 PPP 委员会曾经给出过一个极为清醒的基本判断，即 PPP 就是"一个建立在每一方都具备专业技能，并通过合理分配资源、风险和回报，而满足明确、具体定义的公共需求基础上的，介于公共部门和私人部门之间的合作风险体"。站在企业的立场上看，参与 PPP 模式可以促使企业参与到公共设施的建设中，可以拓宽其投资领域，更好地促进企业发展。但是由于 PPP 模式投资额较大、建设运营时间较长，因此潜在的风险也是难以预计和控制的。企业需要着重认识，并保持警惕的是 PPP 模式风险的长期性、复杂性与传导性。结合前述 PPP 模式的典型失败案例与 PPP 独特的合作架构与运作流程，本节重点分析 PPP 模式下企业可能面临的风险类型。

一、国家层面风险

所谓 PPP 项目中企业面临的国家层面风险，是指来源于国家、社会、自然环境方面不可控制的外生风险。这些风险的影响范围宽泛，作用时间往往存续于项目生命周期始终，并构成了 PPP 项目运作的宏观外部环境。具体而言，引发 PPP 项目国家层面风险的事件类型主要包括：政治风险、规制风险、公众反对风险和不可抗力风险等。

（一）政治风险

政治风险可以进一步细分为：政府稳定性风险和政治决策风险。

1. 政府稳定性风险

政府选举换届与组织人事变化将会影响 PPP 长期合作关系，而且由此产生的政策动向转变或决策意志变化，也会在一定程度上干扰 PPP 项目的流程推进与运营稳定。特别是在两党及多党执政的国家，一旦作为执政党之反对派的在野党通过大选组建新政府，既往政府的某些施政重点就可能成为首选的"改革"重点，进而使 PPP 项目的顺利运作出现障碍。

如前述的 R 电厂项目在推进过程中就曾遭遇到政局动荡，该国人民党在大选中获胜，但又因未能掌控议会中的多数席位而最终由人民党联盟组建新政府。其后，新政府曾产生取消项目意向，并使项目一直拖延至 1995 年才开工建设。由此不仅错过了 20 世纪 90 年代初亚洲各国经济迅速发展的最佳建设时期，而且也无从避免地受到亚洲金融危机的多重负面影响，如建造成本上涨、国内经济政策变动等，并一直延迟到 1999 年才部分投产运营。而此时，基于建造成本的增加与汇率的大幅上升，R 电厂的销售电价已经高于其他来源电力两倍，并使得负责购电的 T 电力局迅速陷入破产境地。由此，政府无奈违约，项目失败。

再如，前述的 K "共用场地" 医院项目，也是因为 2011 年 2 月 N 国中左政团工党通过普选成为执政党，新政府随即改变了政治风向，便以私人部门未能按时完成融资安排任务为由，彻底取消了这一谈判耗时 6 年之久、各方耗资已达数千万欧元的项目。

2. 政治决策风险

PPP 高风险的基本特性需要政府在决策前必须进行充分的可行性研究、科学的物有所值评价与客观的财政承受能力分析。在缺乏长远发展规划、缺乏对 PPP 复杂结构深刻理解的情况下，政府若纯凭主观臆想或一味放大某一方面的政治诉求而强行适用 PPP，便会形成足以决定项目运作成败的巨大隐患。

例如，前述的 R 电厂项目中，缺乏经验的 T 政府受到该国政府加速推进能源系统领域市场化改革浪潮的影响，不仅未充分研究项目的可行性问题，也未仔细考虑高额固定回报条件下的购电资金具体来源，并盲目乐观地判断未来经济发展的趋势，一味从吸引外资的目的出发，与 U 公司签署了一份将全部市场风险与汇率风险归于自身的合作协议，由此不仅直接导致项目合作失去客观的可能基础，同时也导致了 U 公司因项目投资失败陷入债务危机，并提出破产保护申请。

再如，前述的 f 国际体育场项目，同样也存在 PPP 模式适用决策是否恰当的问题。该项目在 g 联合体负责运营不到一年的时间内出现巨额亏损，但通过股份改造由政府接管运营后便能迅速实现财务收益平衡，以 PPP 模式运作项目的政府决策便不可否认地存在某种程度的失误。即 e 市政府实质上并没有充分考虑到对于一个公益性突出，且承载着国家政治形象功能的体育场项目而言，PPP 模式重视商业利润与市场逻辑的交易特征必然会使项目在运营阶段存在极为尖锐的公私利益冲突，因而并不适宜以 PPP 模式进行建设。

（二）规制风险

PPP 项目受到多重规制的约束，规制风险大致可以细分为：法律/政策变更风险、审批延误风险、采购程序冗长风险、监管不当风险等。

1. 法律/政策变更风险

作为国家意志、政府理性的主观构造，不管是强调稳定性的法律，还是注重灵活性的政策，必将伴随客观实践的综合发展而呈现出不同程度的变化性特征。因此，在 PPP 长达数十年的生命周期内，公私合作关系的某些基础性要素极可能随着法律的变化与政策的调整而出现有效性障碍甚至合法性危机，并直接或间接地导致项目运行出现阻滞、中止乃至最终失败的风险。

例如，前述的 h 污水处理厂项目失败，最根本的原因是 a 市政府换届改选后，新一届政府直接废止了支撑原 PPP 合作模式的重要政策规定《a 市污水处理专营管理办法》。21 世纪前后，中国许多外商投资的 BOT 项目出现了重新谈判或政府回购，也是因为国务院连续出台了系列有关清理、整顿含有保证外方投资固定回报项目的政策；中国高速公路领域许多公私合作项目在 2004 年后普遍修改合作协议，将特许经营收费期调整缩短，亦是基于该年出台施行的《市政公用事业特许经营管理办法》与《收费公路管理条例》强制规定："特许经营期限最长不得超过 30 年"。

2. 审批延误风险

作为投资规模巨大、合作周期绵长、牵涉领域宽泛的公用事业建设项目，PPP 在整个操作流程中必然要受到多部门与多层级政府机构的规制与管理，许多事项需要接受政府的程序审批。如果审批步骤过于繁多，审批手续过于复杂，或审批部门之间的工作衔接存在阻滞，便可能导致项目的落地建设出现人为拖延。

某些行业里一直存在成本价格倒挂现象，当市场化引入外资或民营资本后，都需要通过提价来实现预期收益。而根据我国《价格法》和《政府价格决策听证办法》规定，公用事业价格等政府指导价、政府定价，应当建立听证会制度，征求消费者、经营者和有关方面的意见，论证其必要性、可行性，这一复杂的过程很容易造成审批延误的问题。以城市水业为例，水价低于成本的状况表明水价上涨势在必行，但各地的水价改革均遭到不同程度的公众阻力和审批延误问题。

如前所述 u 市 w 水厂项目自 1998 年获得立项后，一直拖延至 2012 年才开始动工建设。冗长的准备时间使得项目建设用地无法再通过最初的划拨方式取得，而必须依照新规重新办理系列证件与各项手续。但直至工程正式开工建设之日，该项目也仅是获得了某市建委出具的工程协办单，其他的工程手续则因诸如项目核准批复过期问题、林地占用批准问题及项目用地批复问题等尚未解决而难以正常办理，工程建设的合法合规性长期存在缺陷。类似的水厂一般三年即可建成，复杂的审批论证过程让 w 水厂项目 PPP 模式的推进经受坎坷，历时 16 年才建成，非但未能提高效率，反而增加了政府和企业的成本，得不偿失。

3. 采购程序冗长风险

采购程序冗长是 PPP 模式最受诟病的痛中之痛，同时也是一种发生频率较高的风险。根据 1997～2007 年英国财政部的统计资料，英格兰 PFI 项目的平均采购时间（从招标公告发布到与中标人草签合同）是 35 个月，最长甚至达到 60 个月。该风险的出现或许源自政府一贯的官僚作风，或许源自合作双方均缺乏 PPP 运作的经验和能力，或许源自双方准备并不充分，或许源自谈判过程中彼此的信息不对称与各种机会主义的干扰。一旦实际风险发生后，不仅会直接增加项目的采购成本，同时也可能使项目错过最佳的建设时期，甚或丧失合作的现实基础。

如前述 K "共用场地" 医院项目自 2005 年推出计划，至 2011 年最终被取消，拖沓冗长的项目谈判耗时超六年之久，并使得各方需承受数千万欧元的前期投入损失。再如前述 w 水厂项目，在 1999 年的评标过程中出现了意想不到的状况——排名第一的联合体递交的中文版标书没有签名，但其给出的竞标价格意味着中方每年可节约支出 3000 万元以上。u 市政府想竭力论证这份存在重大瑕疵的标书有效，但花费近一年的时间后，还是考虑到由此可能引发的国际投诉将产生无法预估的国际影响，仍宣布由排名第二的 z 联合体中标。但此时，u 市的水务市场因大批国企外迁出现了供需变化，u 市相关建设规划围绕着 u 市申奥成功的政治主题也发生调整，再加上 x 联合体自身内部的系列矛盾，结果最终导致该项目建设一直拖延至 2012 年才正式动工。

4. 监管不当风险

基于公共责任的不可推卸，政府必须拥有对 PPP 项目进行监管的权力。但是，权力应当存在边界，不能 "越位" 过度干预项目的商业运营，否则便会破坏 PPP 的优势互补机制，影响项目的正常盈利能力。

例如，前述 f 国际体育场项目中，PPP 模式失败的原因就包括 e 市政府过度干预 g 联合体的商业运营，如禁止企业冠名、控制商业设施、限制商演数量、减少商业车位等。当然，除限制性监管外，PPP 亦不能缺乏政府的服务性管理。如前述 L 海峡隧道项目中，A、B 两国政府不仅未对项目进行任何的直接投资，甚至在项目经营许可证的行政审批程序方面也未给予特别对待，由此进一步延迟了隧道开通运营的时间，加重了项目公司的财务困境。

再如，20 世纪 90 年代初，我国城市化进程加快，而财政无力支付巨额基础建设资金，纷纷引入境外投资者并承诺固定回报，原本低回报，以稳定见长的水务在我国渐成暴利行业。为此，国务院于 1998 年下发了《国务院办公厅关于妥善处理现有保证外方投资固定回报项目有关问题的通知》，对此类问题作出了禁止性规定。然而在该通知发出 2 年后，h 污水处理厂项目还能获得审批立项，说明地方政府可能在报批过程中打了"擦边球"，有关部门涉嫌监管不力。

（三）公众反对风险

作为项目产出终端的服务对象与产品消费者，社会公众对 PPP 项目负面意见的形成或许是源自群体非理性的概括抽象反对，或许是基于消费使用后的性价评估不满，但无论何种原因所致的公众抵制情绪与反对行动，都将使 PPP 模式的决策适用与运作成败受到重大影响。

例如，在美国，基础设施建设领域内 PPP 模式推广的最大障碍即来自包括民众、政府雇员公会及政府本身在内的各方反对。美国民众普遍认为，政府将由其负责提供的服务交给私人部门承担是政府推卸公共责任的表现，且在政府将基础设施使用权转移至私人部门的过程中极易滋生腐败。美国政府雇员公会则认为，将公共服务交由私人部门提供的 PPP 模式将会大量削减政府雇员的工作机会。各级政府则担心，本地选民通过 PPP 信息公开渠道得知私人部门从某一项目中获取了大额利润后，将会产生对政府的不信任情绪，进而"用脚投票"。因此，美国大量的"棕地"类 PPP 项目很难获得民意支持，并面临较大政治阻力。

在中国，许多涉及环保问题的 PPP 项目也面临着"邻避效应"的影响与公众反对的压力。例如，由某市政府与某股份有限公司合作建设的垃圾焚烧发电厂 BOT 项目，其污染指标达到了欧盟级别标准，却出现政府回购，并重新规划选址搬迁的问题。主要原因之一是项目所在地的群众受到有关"垃圾焚烧产生的二噁英气体含有致癌因素"消息的影响，产生恐慌情绪，不断投诉、上访，同时项目选址缺乏必要的听证程序，乃至引发群体性事件。

（四）不可抗力风险

不可抗力风险具有极其鲜明的三重特征：一是风险发生的"出乎意料"；二是风险控制的"无能为力"；三是风险损失的"无法回避"。在多数情况下，不可抗力风险大多来自自然环境方面，外观表现通常为地震、风暴、洪水等各类自然灾害或事故等。除此之外，不可抗力风险还可能来自社会环境方面，如国有化/征用、国家战争、地区冲突、国际禁运、瘟疫爆发等。这类风险事件或情况也如同自然灾害或事故一样，既无法在合同签署前予以合理分配，也无法由合作各方加以防范或控制，实际发生时各方均无法回避或克服。

二、市场层面风险

所谓 PPP 模式的市场层面风险，是指在全球或者某一特定国家内的经济市场、建筑市场和项目所在行业市场的潜在风险。这些风险的表现形式多样，发生频率较高，作用路径直接，不同风险的存续时间长短有异，部分风险的存在还具有明显的阶段性集中特征。具体而言，引发 PPP 模式市场层面风险的事件类型主要包括：经济形势变化风险、融资风险、市场需求风险和项目唯一性风险等。

（一）经济形势变化风险

PPP 项目的良性运作必须以项目公司持续稳定的现金流入与平衡有序的财务收支为基础，因而极其依赖于宏观经济环境的稳定向好态势。PPP 长期合作过程中如若出现周期性的经济形势大幅变化，项目运营的可持续性便会受到随之而来的诸如通货膨胀、汇率浮动、成本上涨及保护主义、税收调整等因素的严峻挑战。这些风险均可能影响项目产出的单位成本，进而影响项目运营的总成本。特别是在各风险相互传导并累积叠加的经济危机时期，PPP 项目公司的现金流转与财务状况将面临巨大压力，并可能最终导致项目运营无以为继。

例如，前述 R 电厂项目在 1999 年投产运营时，以美元结算的售电价格之所以会接近于当时 S 国其他来源渠道电价的两倍，是因为 1997 年亚洲金融危机的爆发一方面造成了项目工期的拖延与成本的增加，另一方面则使卢比兑美元的汇率迅速贬值 40% 以上。而到 2000 年，随着世界能源价格的普遍上涨，R 电厂的售电价格进一步扩大为其他来源电价的四倍，由此导致了原本诚意履行担保责任的 T 政府最终不得不放弃维持合作的所有努力。同样，

2007 年的美国次贷危机、2008 年的世界金融危机、2009 年的欧元区（EUR）债务危机也都使许多国家的 PPP 项目遭遇沉重打击，大批项目合作陷入困境，甚至出现了被中止、被撤销的结局。

（二）融资风险

PPP 项目公司的债股比例较高，融资需求规模较大，资金提供往往涉及多方投资主体，融资结构、担保体系的设计通常较为复杂。并且，由于项目的高风险性，缺乏抵押资产担保的 PPP 项目融资成本也相对较高，利率负担较重。按照 PPP 模式的操作流程，政府与社会资本方草签的 PPP 合作框架协议需以融资任务的如期完成作为协议正式生效的前提与要件。因而，如若社会资本方不能在规定的期限内完成相应的融资任务，则政府将取消其中标资格并没收投标保函。

例如，在湖南某电厂的项目中，发展商就因没能完成融资而被没收了投标保函。再如，2012 年，浙江省某养老项目，引入某民营企业投入新建，预计投资 8.5 亿元，总建筑面积 21 万平方米，拟设养老床位 3550 张，集护理、康复、疗养于一体。但是，该项目投资巨大，投资单位为民企，自身的融资功能有限，尚未打开金融机构的融资渠道，所以项目进展缓慢，2015 年进入浙江省财政厅 PPP 项目库，总投资扩大到 13.14 亿元，但是到现在项目还未落地实施。在中国进入老龄化的背景下，社会养老需求旺盛，具有良好的市场前景，但是目前养老 PPP 项目还是"外热内冷"，究其原因，养老项目的投入过大，未来项目的现金流难以保证，导致融资渠道不畅，资金难以到位，项目屡遭搁置。

（三）市场需求风险

PPP 的项目产出能否顺利地通过市场消费转化为项目公司的现金流入，根本上取决于该项目产出的市场需求状态。西方国家在前期的策划、规划、设计等方面工作充分、论证相对科学，即便如此，很多项目依然存在市场需求变化导致的收入与预期偏差较大的问题。对快速发展中的中国而言，市场需求风险更为突出。因而，PPP 的项目决策需要以科学的市场预测为基础，并保持谨慎的态度，否则，便可能导致项目运作陷入困局。

例如，前述 L 海峡隧道项目中，E 隧道公司在 A、B 两国政府均不提供任何资金的严苛条件下，仍然敢于进行如此大规模的投资，即根源于其前期的市场需求预测过于乐观——认为隧道相对轮渡运输具有快速、安全的优势，相对航空运输具有便捷、经济的优势，故开通运营后将分别占有海峡间客运、货运市场份额的 42% 与 17%，且将因运输成本的降低而刺激、创造出新的运输需求。按照该预测的估算，公司在开通运营的首年便可实现 6300 万英镑的利润，到 2000 年利润则可达到 3.65 亿英镑。但实际的情况是，隧道开通前后，轮渡公司与航空公司相互打起价格大战，以大幅减价的方式吸引了大量的运输量，隧道公司的实际收入不仅与预期相距甚远，甚至自 2000 年始，营业额还逐年下滑，除 2002 年实现了微小盈余外，其余年份均严重亏损。

而广东某市某水厂项目的市场预测则更加离谱：合作协议约定的购水量为首年每日不少于 6 万立方米，且逐年不断递增。但某市作为广东省经济发展实力并不突出的县级市，协议签订之时每日的用水量才仅约 2 万立方米。如此失真的市场预测决定了项目必将失败的终局。

（四）项目唯一性风险

对于许多传统基础设施建设类 PPP 项目而言，有关回报机制、风险分配及合作期限等协议安排都是以项目的唯一性作为前提。因而，倘若某一特定时空领域内出现了对该项目形成实质性商业竞争的其他同种或同类项目，则必将引发市场需求发生重大变化，甚或最终导致合作破裂。

例如，s 跨海大桥项目就是由于政府新建或改建其他类似项目，导致对该项目形成实质性商业竞争而产生风险。再如外商投资建设的福建省某大桥项目也有类似的遭遇，该市政府曾作出承诺：保证项目自经营之日起 9 年内，从该市南面出入的机动车辆均需经过项目收费站。如因城市建设发展、路网变化、政策变更等原因发生车辆分流，导致通行费收入严重降低或停收，外商有权要求该市政府按投资本金回收专营权，并按实际经营年限给予年净回报率 18% 的补偿。但其后，随着该市"东扩南进西拓"城市发展战略的加快实施，不收费用，且道路出口与项目收费站相距不到 200 米的二环路三期工程开始提前修建，并于项目合作的第 6 年零 5 个月正式通车。此后，项目公司收益大幅降低并无法保持正常运转，8.4 亿元的投资总额尚存 5 亿多元的亏空。

三、项目层面风险

PPP 模式的项目层面风险，是指在某一特定项目中可能遭遇的潜在风险。这类风险可能出现在项目生命周期的各个阶段，但在很大程度上能够借助各种机制安排与行为规制得到消除，属于企业相对更可自我控制的风险。具体包括工程建设风险、项目运营风险、配套建设滞后风险、技术设备风险和公司治理风险。

（一）工程建设风险

许多研究资料表明，PPP 的突出优势之一是它能为政府节约不少的建设费用，并显著降低工期延误的概率。然而，这并不意味着所有以 PPP 模式建设的项目都能有效解决建设成本的问题。如若某一 PPP 项目的具体规则设计不能有效实现项目建设阶段和运营阶段的风险整合与相应的责任归属一致，不能激发社会资本自觉提高建设效率及降低建设成本的动力与潜力，同样也会出现建设成本的失控——或者建设资金远超预算，或者建设工期长期延误。

如前述 M 地铁项目中，市政府给出的 95% 债务担保承诺，不仅降低了私人部门的成本控制意识，同时也减弱了银行方面的贷款风险意识。而且，私人部门 I 联合体还采用了缺乏竞争性的"内部供应链"模式，其内部成员通过数年政府付费的"内部供应"已实现了项目投资的稳赚不赔，成本控制的动力不足、能力极差，甚至毫不在意联合体的倒闭风险。结果是 I 联合体因在 3 年多的时间内累计成本超支达 10 亿英镑而宣告破产，政府则为此蒙受了超过 41 亿英镑的损失。

还如某高速公路收费站建设过程中，当工程已经完成 70% 以上土建时，省交通厅要求将收费站后移，一方面给项目公司造成损失；另一方面造成收费站不能全省联网收费。后来，省交通厅又要求收费站迁移，以解决全省联网收费和拥堵等问题。数次移站，提高了项目公司的建设成本，给项目公司造成损失。

（二）项目运营风险

项目运营风险可以进一步细分为：运营成本风险和运营能力风险。

1. 运营成本风险

PPP 项目的运营成本包括材料成本、能源成本、设备成本、技术成本、劳动力成本、管理成本、税费成本、保险成本，以及因生产事故、环境污染、健康损害等意外事件引起的赔偿成本等，风险发生的频率较高，且风险源众多。如政府强制提高项目产出标准，CPI、原材料及劳动力价格上涨，技术设备不匹配，费用项目增加甚或单纯的投资规模巨大等因素都可能导致运营成本的大幅提高。

如河南某垃圾焚烧发电厂项目，电厂所在地距郑州市中心仅有 20 多公里，主要建设目的也是处理郑州市产生的生活垃圾，但项目合作方却是荥阳市政府。电厂投入运营后，郑州市在垃圾运输的必经途道上增设了一个收费站，运输垃圾车辆需缴纳 70 ~ 80 元/次的通行费用。为此，该市政府出资 700 多万元新建一条垃圾运输的绿色通道，但项目仍因运输绕行而增加了运营成本。再如河南另一垃圾焚烧发电项目中，原煤价格一年内由 180 元/吨上涨到 350 元/吨，但产出电价却未有相应调整，项目经营陷入困境。

2. 运营能力风险

PPP 项目不允许固定回报的存在，承担运营风险的社会资本要实现其预期的投资收益，必须具备优质的运营能力。但在社会资本的采购实践中，政府的择优标准通常聚焦于竞标者的融资能力与建设能力，运营能力的水平考查则相对不受重视，由此使一些项目虽能较好地完成投资建设任务，但后续的运营却因运营者的能力不足与经验缺乏而陷入困境。

如前述 L 海峡隧道项目中，E 隧道公司仅凭私人力量，便完成了实际投资高达 105 亿英镑的项目建设，融资能力堪称完美。通车时间虽比预期延迟了近 1 年，但考虑到项目建设内容包括三条长达 39 公里的海底隧道，施工环境极其复杂、施工技术难度极高，再加上导致运营延迟的因素也包括政府变更安全技术与环境保护要求，以及行政审批效率低下，因而其建设能力也堪称强悍。

但是，对于项目运营，E 隧道公司存在显见的缺陷——其出资股东不是施工承包商，便是金融机构，毫无任何实体项目的运营经验，且内部管理复杂，矛盾重重，决策力与执行力都较为低下。面对轮渡公司与航空公司的价格大战及实际运量与市场预测的差距，公司几乎缺乏有效的应对措施，反应极其被动。隧道于 1994 年 5 月先期开通货运服务后，由于受成本问题、运输设备的采购延迟，以及安全测试等因素干扰，客运服务的开通一直拖延至半年以后，并直至 1998 年才全面正常运营。

（三）配套建设滞后风险

PPP 以市场化模式进行运作，需要保持整个产出供给服务链条的通畅。若相关基础设施的建设与服务配套的提供存在障碍，将极大地干扰项目的顺利运营。

如湖北某污水处理厂项目，合作主体中区政府的行政级别较低，缺乏协调相关市级建设管理部门的能力，无法解决污水收集管网系统建设的道路规划问题，从而使得投资近 9000 万元的污水处理厂建成后一直闲置。区政府提议由该市水务集团负责该厂的管网建设，但水务集团以开发区超出其建设范围为由拒绝。随后，区政府又提议将包括某污水处理厂的整个开发区的水市场全部交由水务集团运营，但水务集团压低收购价格，要求只有先行证明污水厂的处理水质达到标准，方可予以整体收购。而毫无污水来源的污水厂其实根本无法进行污水处理水质是否达标的测试，因而该方案也陷入谈判僵局。

并且，区政府无力解决的问题还包括污水处理费的合法收取。因为按照该市的政策规定，排污费的收取范围是 7 个中心城区所使用的江水。但污水厂所在的区并非中心城区，同时收集的污水也主要来自湖水。最终，在该项目陷于配套设施建设困局，工厂设施闲置一年多之后，该市政府出面协调将长江水远程引入开发区，并以便于全市统一运行管理为由，决定将污水处理厂整体移交给该市水务集团。但水务集团给出的 6600 万元收购价格与社会资本实际投资的 9000 万元仍存在巨大缺口。

（四）技术设备风险

PPP 项目的建设运营需以工程技术方案的合理、基础设备配置的适当为前提，如果技术方案不成熟、生产设施无法满足项目产出的标准要求，便可能发生安全事故、设备故障、停工误工、环境污染等问题。尤其是对诸如垃圾焚烧发电这类环境影响较大，产出标准较严，设施配置、工艺技术、原料质量要求较高的项目而言，技术设备风险更是较为集中、多发与突出。

例如，广州某垃圾焚烧发电项目中，由于塑料袋等垃圾经燃烧后所产生的酸性物质腐蚀了垃圾焚烧设备，因而多次引起水冷管道破裂，发生造成人身伤害的安全生产事故。又如，山东某垃圾焚烧发电项目使用国产技术和设备建设生产，但因技术并不成熟，设备常因垃圾的成分混乱出现故障，投产运营后一直处于设备频繁维修、生产时断时续的状态，社会资本因无法承受持续亏损而选择退出。

再如，广东中山市中心某垃圾焚烧发电项目中，生产设备较高的原料要求与实际收集垃圾的成分复杂无法相容，焚烧炉的运行经常发生被建筑废弃物、铁片等非生活垃圾卡住的问题，必须由工人钻进焚烧炉中进行人工清理，且每次清理的时间少则半天，多则两三天。此外，该项目的技术问题还包括由于作为焚烧原料的垃圾同时还含有无法燃烧的灰土、砖块等无机物质，从而不仅使得垃圾焚烧时的产热值只能达到设计标准的 4/5 左右，影响了项目的发电能力，并且也使垃圾焚烧后的渣土残余超出了设计的预期标准，造成了对环境的污染。

（五）公司治理风险

PPP 项目公司的组成股东往往数量较多，关系复杂，较易产生内部的治理矛盾，进而影响项目的良好运作。

例如，前述 L 海峡隧道项目中，施工承包商 F 的成员本身也是 E 隧道公司的股东，缺乏招标竞争的施工合同不仅报价高昂，且同时允许 F 施工承包商不需承担因设计更改、政府干预、施工条件与预计不符而产生的一切损失。建造风险的大部分豁免使得 F 施工承包商的主要目标集中于最大化地攫取建造利润，成本控制意识不强，同时每笔建造成本的增加几乎都成为其向 E 隧道公司提出索赔的理由。面对 F 施工承包商的索赔，E 隧道公司谈判立场微妙、协调沟通困难，甚或根本缺乏拒绝赔偿的能力。同时，在长期的财务压力下，E 隧道公司内部的股东利益冲突极为尖锐，很难形成高效一致的内部管理，进而使得项目长期无法全面正常运营。

类似的情况也发生在 M 地铁项目中，I 联合体也是由数家公司组成，股东内部的关系复杂与争议不断使得项目公司的管理者频繁更迭，公司的行动力与执行力均大打折扣。与此同时，I 联合体也采用了缺乏竞争性的"内部供应链"模式，控制成本的动力不足、能力极差。

第三节　PPP 模式下企业的风险应对策略

应对 PPP 项目风险策略可以从风险回避、风险控制、风险转移和风险自留四个方面展开。企业参与 PPP 项目，在完成项目风险分析与评价后，如果发现项目风险发生的概率很高，而且可能的损失也很大，又没有其他有效的对策来降低风险时，应放弃项目以回避风险；有些风险企业可以通过预防、制订应急计划加以控制；有些风险企业可以通过强强联合、政府补贴等将其转移；有些风险通过管理主体采取内部控制措施来化解。具体可以采取以下应对措施。

一、加强 PPP 核心能力建设

当前，在 PPP 项目竞争中，以大型央企为代表的国有企业占据绝对优势。在很大程度上，这是政府基于央企的规范管理能力、综合服务能力、对过程的把控力度，以及运作过程中的责任感所带来的低风险而作出的选择。因此，企业若要有效应对 PPP 模式的风险，首先必须加强参与 PPP 项目的核心能力建设。

（一）注重顶层设计和战略调整

首先，企业战略调整应适应 PPP 项目模式。企业参与 PPP 项目，将拓宽上下游产业，由原来单一角色向多重角色转变，经营业务由单一业务收入向多元收入转变，员工也由原来满足内部管理和技术需要向 PPP 项目模式下的投资、融资、施工、运营管理等人才转变。因此，企业在长远规划中，必须调整企业战略思路，在业务模式、装备、人才等方面作好远期规划，定位要准，才有利于战略实施。其次，顶层设计要创新。采用 PPP 项目模式涉及集团体系、机制、组织结构、业务协调、融资模式等方面。如建筑企业集团要在体系上成立财务公司、信托公司、产业基金等融资平台，满足 PPP 项目前期资金运作需求，也可以发挥协调效应，推动项目的实施。

（二）逐步培养自身运营能力

PPP 项目涉及全产业链，需要较高的运作能力，从而要求企业经营决策更加注重市场规律、更加科学。同时，项目运营移交阶段的风险是最不可控的，特别是经营性和准经营性的 PPP 项目，运营过程中自身的管理能力、运营安全、服务质量、市场需求变化和政府诚信等都将带来很大的风险。运营的成功与否直接决定着 PPP 项目的成败。目前，已有越来越多的企业意识到运营将成为 PPP 项目未来的主战场，进而开始关注运营、重视运营，逐步培养自身的运营能力。

但运营能力的建设与提升非一日之功。当前情况下，企业一般都缺乏 PPP 项目运营的相关经验和能力，无法承担整个生命周期内的运营责任。在此情况下，就需要引入专业的运营管理公司以减少项目运营阶段的风险。特别是在轨道交通、学校医院、养老等专业领域方面，引入第三方运营管理机构是必然的选择，而只有具备创新能力和专业的运营管理经验的运营机构才能够通过专业化运作在项目运营阶段大幅降低项目的运营成本，进而从长远角度上保障社会资本方的投资回报。

（三）引进和培养专业人才队伍

PPP 项目具有复杂性、专业性、长期性特点，企业参与 PPP 项目，必须高度重视项目公司团队构建（重策划、敢担当、控风险），必须具备项目投融资、法务、项目运营和项目维护的专业人才。但人才培养周期长，需要通过多种途径去实现。一是对短期亟须的专业人才，可向社会公开招聘，通过引进成熟的投融资专业和项目运营管理人员，以点带面，培养出一批懂经营、会管理的人才，充实到 PPP 项目中；二是从企业长远出发，通过与高校合作，招收一批投融资和运营管理等专业的大学生，实行订单式培养，储备 PPP 项目专业人才；三是培养 PPP 项目管理复合型领导人才，企业的领导人才不能只精通本行业技术，还要成为懂投融资、运营和维护等 PPP 运作全过程管理的领导人才。对领导人员的培养，可以通过将其派驻到 PPP 项目上进行，也可以委托高校进行相关专业的长短期培训，提升他们的综合管理和应用能力。

二、做足项目前期准备工作

当前 PPP 项目的前期策划甚至到设计，大多都由政府包办，社会资本方主要承担投资、建设和运营的任务。但事实上，前期策划和设计在一定程度上决定了项目的成败和风险大小，对此，企业应做好充分的准备工作，以更好地规避和应对可能出现的风险。

（一）强化项目可行性研究

1. 慎选 PPP 项目

目前 PPP 项目较多，但实质实施的并不多。对企业来讲，优选 PPP 项目至关重要。2014～2015 年，财政部分两批公布了 206 个政府和社会资本合作示范项目，总投资规模约 8389 亿元，涉及交通、新能源汽车、地下综合管廊等多个领域。企业应从降低风险角度出发，从财政部公布的项目中择优选择参与合作项目，同时，要及时关注财政部 "政府和社会资本合作综合信息平台"，了解和掌握 PPP 项目和规章。

2. 重视并做好 PPP 项目的可行性研究

PPP 项目的可行性研究是防范投资风险的关键环节，可行性研究必须在深入调查研究的基础上，对项目背景、项目概况、建设模式、市场需求、合作方意向、融资方案、投资效益和风险分析八个方面进行认真研判。特别对项目风险应认真细致研究，对可能发生的风险因素进行识别，对每一个项目都要作出详尽的风险评估，不留死角，切实找出各种风险点，确定规避风险的措施和手段，在此基础上形成项目初步的可行性研究报告。

3. 确保项目可行性报告的质量

项目初步的可行性报告必须征求企业风险管理和法律事务部门的意见，必要时可向外部风险管理机构进行咨询，也可通过内外部专家进行打分，加强与相关方的沟通、切磋工作，确保可行性研究报告的深度、准确度和可靠性，在此基础上，形成正式的项目可行性报告。

4. 严格履行决策程序

科学决策 PPP 项目，把好项目投资源头关口，对于市场需求分析存在的缺陷、融资方案未能达成意向、投资效益还可以但现金流较差、风险分析不全面，以及重大风险未能有应对策略的项目等，要慎重决择，防止项目上马后，给企业造成重大损失。

（二）联合各方分散投资风险

对于 PPP 项目而言，单一的投资者一般不具备全流程的运作能力，也无法体现专业分工的效率优势。为此，分别具有资金融通、投资管理、勘察设计、工程施工、项目运营管理等能力的各方组成投资人联合体，然后再按照各自的资源、资质优势，分工参与完成具体 PPP 项目，可以填补单个企业资源或技术缺口，共同合作、共享收益，提高整体竞争力，分散、降低经营风险，提升项目整体质量、效益，是一种必要和必然的选择。

因此，企业可采取强强联合的方式，优选诚实守信的合作方，发挥各自优势，达到分散投资风险的目的。一是优选投资公司。企业要主动与资金实力强、有投资管理和运营方面经验、规模大的政府出资设立的投资公司加强沟通协调，与其签订《PPP 项目合作意向书》，诚实守信参与城市基础设施建设；二是优选社会资本其他合作方。如建筑企业集团参与 PPP 项目最主要的目的之一是获得项目施工总承包权，带动主业持续健康发展。项目实施离不开设计单位，所以建筑企业集团要加强与设计信誉好、设计人才多、规模大、经验丰富的大型设计公司沟通联系，吸收其资入股到 SPV 中，这样既能优化设计方案、保证设计质量，又能有效衔接设计与施工中的相关业务，保证施工得以顺利实施。同时，对一些在桥梁、隧道和港口建设等方面专业优势比较明显的大型建筑企业集团也可作为社会资本参与方吸收到 SPV 中，这样可以优势互补，分散施工风险。

三、运用 PPP 规则合理分担风险

如本应由社会资本合作方承担的风险交由政府承担，这样的 PPP 项目模式很难维持下去；如让社会资本合作方承担项目全部风险，一旦风险发生，社会资本合作方将很难应对，必然导致公共服务质量效率降低。因此，平衡、合理分担成本，可以取长补短、相互补充、协同管理，减少防范风险的成本，达到运用 PPP 项目模式实现最优公共服务的目的。

（一）遵守 PPP 风险分担原则

PPP 项目的风险分担应该遵守三条主要原则：第一，对风险最有控制力的一方控制相应的风险；第二，承担的风险程度与所得回报相匹配；第三，承担的风险是一个动态过程且要有上限。一般来讲，PPP 项目中部分政治风险、规制风险、项目唯一性风险由政府承担，项目的工程建设风险、融资风

险、项目运营风险、技术设备风险等由社会资本合作方承担，而项目的经济形势变化风险、市场需求风险、公众反对风险、不可抗力风险等由各主体共同承担。企业在与政府谈判过程中，除本应由政府承担的 PPP 风险外，还应坚持因政府原因增加的安全、环保等额外成本，以及由于重大设计变更等引起的工程造价超支等风险由政府承担。

（二）设置明确且富有弹性的合同条款

PPP 模式下政府与社会资本通过合同结成稳定契约关系，是一种长期合约关系。合同中必须设置各种情况下政府方和社会资本方明确的责任归属，双方应严格地按照法律条款约束履约。对于无法预计到的事项，设定灵活、富有弹性且兼顾各主体方利益的条款，确保项目顺利进行。

1. 通过明确的合同条款落实政府承担责任

对于社会资本方而言，项目合同是最直接的维权工具，对于明确需要由政府承担的风险，均应通过合同条款的形式加以落实，以规避不必要的风险损失。例如，针对项目唯一性风险的应对，可以在项目合同中增加"唯一性条款"，规定在特许期限内，对于新的竞争性开发项目或对某现有竞争性设施进行改扩建的项目，政府原则上不予批准；并在违约条款中，约定政府违反"唯一性条款"的责任，比如，对社会资本方进行赔偿，明确赔偿范围。

s 跨海大桥项目失败的关键原因之一，就是竞争性项目的出现。2008 年 s 跨海大桥建成通车，项目投资回报率较高（2009 年营业毛利率已达63.93%），但是 2013 年两个竞争性交通基础设施项目分别建成通车，对 s 跨海大桥形成较强分流，致使通行费收入下降，投资回报率下降，并引致部分社会资本退出，最终由政府方回购。若在合同订立环节，社会资本方就项目唯一性及违约补偿与政府方达成一致，则至少可以避免市场收益不足问题。

2. 设立重新谈判触发机制和动态调节机制

对于需要合作双方共同承担的风险，在合同内容上设立重新谈判触发机制和谈判原则，或建立动态调节（如调整价格或特许期等）机制，以实现项目参与各方长期的动态公平。

例如，法律变更风险原则上由政府方承担，但考虑到 PPP 的操作性和共担原则，可以由政府方和项目公司双方共担，主要通过设定一个风险影响项目运营程度指标来合理分配，额度以内由项目公司承担，超出额度则由政府进行补偿。在项目合同中，应明确说明当已发生或即将发生的法律变更对项目的正常运营产生影响时，任何一方可致函另一方，表明对其可能造成后果的意见，包括对项目导致的任何收益损失、导致的项目成本变动或是否需对项目合同的条款进行任何变更以适应法律变更等，并根据风险额度指标水平确定双方承担的份额。

再如，通货膨胀风险由政府方和项目公司合理共担。针对通货膨胀风险的应对，首先，项目公司要提前作好测算安排，合理预测通货膨胀率浮动的范围；其次，当通货膨胀率超出一定范围时，应按调价机制来调整收费价格，且一般选择公式调价法。例如，湖北某污水处理厂项目，在 PPP 项目合同中规定"由于通货膨胀导致成本超支的风险，设置根据直接成本因素构建的调价公式进行调整服务费用"，并约定每两年调价一次，当调价系数 K 减去 1 的绝对值大于等于 5% 时，项目公司可以启动调价程序；若小于 5%，补贴单价则不作调整，累积到下一次再调整。

（三）积极采取措施降低自身承担风险

对于明确约定由社会资本方承担的风险，社会资本不能将政府的承诺作为市场的实际需求，需要加强市场调查与预测工作。例如，融资风险主要由社会资本方和项目公司承担。融资风险主要包括融资不及时、金额不足、成本激增等风险，且以银行贷款问题为主。例如，银行拒绝贷款申请、银行后续贷款不能及时提供、政策变化或利率汇率变动导致融资受阻等。对此，可以采取以下措施进行预防。

一是提高前期准备的合规性，包括预算管理、手续、程序、主体等各类因素的合规性。例如，某片区开发项目因手续（前期建设手续尚未收集整理齐全，以及未进行资产评估等）未合规，导致金融机构无法按规定放款。二是开展必要的可融资测试，在签订合同前，项目公司应基于当前的融资条件及能力，以及未来融资环境的变化情况，合理预测项目的融资可行性，并针对预测结果，提出相应的解决办法。三是签订明确的融资交割条款，确保在规定的期限内完成融资。针对贷款银行，还应提供融资期限保证。

四、有效推进资金开源节流

PPP 项目进入建设和运营期，企业要高度关注融资风险和成本风险。一 315

方面，要打通资本市场，确保项目资金到位。另一方面，要强化项目成本控制，尽可能避免项目超支情况的出现。

（一）拓宽产融结合模式

首先，企业要主动承接PPP项目，只要企业能中标经济发展前景好的项目，就不用担心金融机构和非金融机构不放款，因为在国家经济下行压力存在的情况下，金融机构和非金融机构资金都比较充裕，他们也在优选项目。

其次，企业要加强与金融机构、非金融机构和规模大的投资公司的沟通，企业与地方政府签订合作协议后，要主动及时将项目向其推介，通过产融结合使企业有活干、银行或保险公司有钱赚，实现双赢。

最后，在合作方式上，PPP项目投资额较大、周期长，所以，企业要利用集团优势，以SPV作为融资主体，包括政府、企业在内的其他合作方提供信誉担保，通过组建银团融资模式，保证项目建设和项目初期运营所需资金。也可引进金融机构、非金融机构和大型民营企业投资入股到SPV中，共同分担融资风险。

（二）发挥资金杠杆作用

仅由企业内部自有资金解决PPP项目资金需求是不现实的，还需要借鉴政府发起成立产业基金的模式，吸引更多的金融资本和社会资本，拉动资金效应，即发挥资金杠杆的作用。

如2015年，财政部联合中国建设银行股份有限公司等10家机构，共同发起设立中国政府和社会资本合作（PPP）融资支持基金，基金总规模1800亿元，作为社会资本方重点支持公共服务领域PPP项目发展，提高项目融资的可获得性。湖北省由省财政出资400亿元设立湖北省长江经济带产业基金（母基金），"母基金"组建以后，再通过向金融机构、大型国有企业、知名投资机构等定向筹集1600亿元，对"母基金"的资本再放大，最终达到财政出资资金10倍左右的放大效应。

企业也可根据企业内部资金状况，设立一定额度的产业引导基金，再通过向银行、信托、保险等金融和非金融机构和有实力的投资公司筹集资金，利用资金杠杆原理，放大资金效应。通过规范的基金运作，实现在PPP项目甄选和资本运营等方面更加精准、更加专业、更加贴近市场。

（三）强化成本控制能力

企业管理者应该高度重视对成本的控制，提升企业成本控制管理理念，转化传统成本控制管理意识，树立统筹性、全局性、整体性的管理意识。一方面，可以引入风险管控、预算管理、完善成本控制管理方法。成本控制管理方法是成本管控的具体手段，制定成本控制方法需要考虑全面，主要结合企业整体实际要求进行设定。另一方面，充分发挥财务职能作用，让财务部门起到承上启下、监督与服务的作用，财务工作与其他部门都有交集，可以直接或间接向其他部门宣传成本控制理念，构建"以财务部门为主导，企业全体员工共同参与"的成本控制模式，调动集体力量，分工协作，共同管理。不断提升企业财务管理能力，将财务工作从会计核算向财务管理职能方向转化，让财务参与项目运作经营管理之中，切实做到"理论联系实践""业务结合财务"提升财务实战能力和管理能力，更好发挥财务监督与服务作用。

五、择机退出以及时止损

在 PPP 项目长达 10～30 年的合作期内，存在着诸多政企双方不可预见的风险。当项目运作模式存在合规性硬伤或政企双方无法就项目后续实施方案达成一致意见的情形下，社会资本只能寻求其他退出路径以实现自身的及时止损。

（一）常见的 PPP 退出路径

在实践和理论探讨中，PPP 项目中社会资本退出主要有股权转让、项目公司上市和资产证券化三种路径。

1. 股权转让

股权转让是指社会资本通过转让其所持有的项目公司股权实现退出。股权转让的对象包括项目公司的其他股东或股东以外的第三人，待股权转让完成，作为转让方的社会资本即不再参与项目的后续实施，除双方另有约定外，其权利和义务均将由受让方所承继，因此该方式也成为 PPP 项目实施过程中最为常见的方式之一。但是，在具体实践过程中需注意，PPP 相关规范政策已明令禁止由政府或政府指定机构回购社会资本投资本金或兜底本金损失，因此，如在合同中存在有关政府方股权回购义务等违规安排的，都可能面临被要求整改的风险。另外，为了保证公共服务提供的稳定性，以及避免不合适的主体被引入项目中，政府方通常在合同中会设置股权变更的限制机制，在合理的期限和限度内限制社会资本方不当变更股权。

2. 资产证券化

资产证券化是指在项目运营阶段，由项目公司作为原始权益人，按照使用者付费、政府付费、可行性缺口补助等不同回报机制类型，以能够给项目带来现金流的收益权、合同债权作为基础资产，发行资产证券化产品，并将募集资金用来偿还银行贷款并提前收回自有资金。

自 2016 年以来，中央就高度重视通过资产证券化方式丰富 PPP 项目的退出渠道，先后出台《关于推进传统基础设施领域政府和社会资本合作（PPP）项目资产证券化相关工作的通知》《关于规范开展政府和社会资本合作项目资产证券化有关事宜的通知》等文件，明确了国家重点鼓励支持的 PPP 项目资产证券化的开展条件、持续运营管理、绿色通道、信息披露、持续监管和风险处置机制等内容。

目前，已有部分 PPP 项目成功发行资产证券化产品，不少 PPP 项目也正在积极谋划中。但需要注意的是，尽管 PPP 资产证券化基础资产包括收益权资产、债权资产和股权资产，但是基于 PPP 项目股权锁定期，以及保障公共服务稳定性等特点，社会资本急切盼望的股权资产证券化实施难度较大。目前的 PPP 资产证券化产品的基础资产主要是 PPP 收益权和 PPP 债权，该等资产证券化业务的开展并未改变社会资本对 PPP 项目公司的实际控制权和项目运营责任，因此社会资本只能通过项目公司收益的提前实现来达到间接退出。

3. 公开上市

对于具备上市条件的 PPP 项目公司，可以通过公开发行股票的方式实现 PPP 项目和资本市场的有效联动，社会资本可借助二级市场交易完成项目退出。对此，证监会在其 2017 年公布的《关于政协十二届全国委员会第五次会议第 2915 号提案的答复》中指出，将积极支持符合条件的 PPP 企业发行上市、符合条件的股份制 PPP 项目公司在新三板通过挂牌和公开转让股份等方式进行股权融资，说明了 PPP 项目更加多元化、市场化的退出渠道已在逐步建立。但是，由于公开上市的标准较高，要求 PPP 项目公司需具备较好的盈利状况、稳定的现金流和良好的发展前景，因此在缺少相关配套支持政策的前提下，目前仍较难形成可复制、可推广的 PPP 项目公司上市案例，社会资本通过公开上市实现退出的难度也较大。

（二）选择适宜的 PPP 退出路径

以 PPP 项目的社会资本方联合体参与形式为例（典型如财务投资人，工程建设单位及运营单位三大类），建议 PPP 项目中的各股东方基于自身的特性，选择合适的退出路径。

1. 财务投资人

PPP 项目中财务投资人主要角色是负责资本金的出资，以及解决综合性的融资需求，一般只参股但不作为实际控制人参与经营管理，股权占比可高可低。大部分 PPP 项目建设和运营边界清晰，一旦项目建设完成，项目的融资需求随之减弱，财务投资人便可以在不影响项目公司其他股东及项目公司运营质量的情况下实现退出。退出时点（股权锁定期）和单次退出比的限制建议都可以作更加灵活的约定。

2. 工程建设单位

实践中，工程建设单位的持股比例一般也不会很高，较有条件通过股权转让的方式实现股权的完全退出。除了股权转让外，资产证券化也可以作为工程建设单位的退出途径。工程建设单位可以将 PPP 项目未来的收费收益权作为基础资产来实现资产证券化，将募集资金用来偿还银行贷款并提前收回自有资金。如中信建投—网新建投庆春路隧道 PPP 项目资产支持专项计划就是以庆春路隧道的收费收益权作为基础资产向投资者发行资产支持计划。与股权转让不同的是，资产证券化并不能直接实现社会资本股权的完全退出，只能通过项目公司收益的提前实现来达到间接退出。

3. 运营单位

项目公司上市对于运营单位来说不失为一个可行的选择。项目公司上市后，除了能实现社会资本方股东的股权流通，还能通过上市保障 PPP 项目的公开透明。项目公司接受市场监管后，运作会更加规范，且可以通过吸纳其项目上下游产业，扩大业务范围，完善产业链。需要注意的是，PPP 项目公司上市最大的问题在于 PPP 项目持续经营假设不成立，项目公司很难实现真正的独立上市。这种情况下，项目公司可以通过被上市公司收购的方式，实现间接上市退出。

（三）完善前期合同设计

社会资本退出路径的选择除了与其本身在项目中承担的角色有关，还与政企双方在签订 PPP 项目合同时的核心设计有关。

首先，联合体中标 PPP 项目时，其各自持有的股权比例需要进行合理分配。除了项目本身的特性之外，还可以综合考虑联合体各股东方退出的难易程度及意愿。对于退出较容易且具有较高退出意愿的股东，可以考虑减少其在 PPP 项目公司的股权比例，对于退出较难且没有强烈退出需求的股东则相反。

其次，目前实施方案普遍对于社会资本设定统一的股权锁定期。应考虑根据社会资本中联合体各方特性对锁定期进行多样化设计。建设单位是 PPP 项目建设期的实际控制人，建设期不宜退出，应将锁定期设置在进入运营期若干年后（具体锁定期限应根据项目能达到成熟运营的期限而定）。运营单位是运营期的实际控制人，对其退出应具有合理的约束和限制，股权锁定期设定应更长，且应规定其在退出后仍保留一定股权比例在项目公司。财务投资人在项目中主要承担融资责任，融资结束后，便可以实现退出。因此对财务投资人可以不设置或设置较短的股权锁定期。

参 考 文 献

［1］北京中咨海外咨询有限公司. 南康区公共服务（三期）PPP 项目财政承受能力论证报告［R］. 2018.

［2］北京中咨海外咨询有限公司. 南康区公共服务（三期）PPP 项目物有所值评价报告［R］. 2018.

［3］财政部 PPP 中心. 全国 PPP 综合信息平台项目库第 7 期季报［EB/OL］. 2017 - 08 - 02.

［4］财政部政府和社会资本合作中心. PPP 示范项目案例选编. 第一辑［M］. 北京：经济科学出版社，2016.

［5］财政部政府和社会资本合作中心. 曹富国：积极运用联合国 PPP 立法成果，加快推动我国 PPP 立法进程［EB/OL］. 2021 - 05 - 26.

［6］曹珊. PPP 运作重点难点与典型案例解读［M］. 北京：法律出版社，2017.

［7］曹珊. 政府与社会资本合作（PPP）模式政策法规与示范文本集成［M］. 北京：法律出版社，2015.

［8］陈昶屹，贾康. PPP 条例立法应不回避现有矛盾问题［J］. 中国政府采购，2017（6）：26 - 27.

［9］陈昶屹，王洁，江畅. 期待我国 PPP 在更有顶层设计和协调下可持续发展——专访清华大学 PPP 研究中心首席专家王守清教授［J］. 中国政府采购，2017（6）：28 - 30.

［10］陈海军. 交易成本理论探析［J］. 会计之友，2005（7）：15 - 16.

［11］陈晓春. 私人产品与公共产品的性质与成因研究［J］. 湖南大学学报（社会科学版），2002（6）：36 - 39.

［12］陈志敏，张明，司丹. 中国的 PPP 实践：发展、模式、困境与出

路 [J]. 国际经济评论, 2015 (4)：68 - 84, 5.

[13] 戴国华. 建筑企业集团参与 PPP 项目风险管控的思考 [J]. 财务与会计, 2016 (12)：8 - 12.

[14] 丁保河. 中国 PPP 立法研究 [M]. 北京：法律出版社, 2016.

[15] 丁伯康, 丁逸, 万文清. 论中国 PPP 发展生态环境 [M]. 北京：中国电力出版社, 2018.

[16] 丁新正. 构建以普通法律立法为引领的我国 PPP 制度体系安排研究 [J]. 重庆理工大学学报（社会科学版）, 2020, 34 (1)：132 - 145.

[17] 杜亚灵, 尹贻林. PPP 项目风险分担研究评述 [J]. 建筑经济, 2011 (4)：29 - 34.

[18] 赣州方信规划设计有限公司. 南康区背街小巷提升改造及城区道路白改黑工程可行性研究报告 [R]. 2018.

[19] 赣州市南康区地方志办公室. 南康县志（明嘉靖三十四年）[M]. 赣州：赣州市南康区地方志办公室, 2021.

[20] 赣州市企业技术创新促进中心有限公司. 和谐大道西延（南康区段）工程可行性研究报告 [R]. 2018.

[21] 工程建设网. PPP 模式的优点和缺点 [EB/OL]. 2016 - 10 - 09.

[22] 韩志峰. 中国政府和社会资本合作（PPP）项目典型案例 [M]. 北京：中国计划出版社, 2018.

[23] 黄景驰, 弗莱德·米尔. 英国政府与社会资本合作（PPP）项目的决策体系研究 [J]. 公共行政评论, 2016, 9 (2)：4 - 24, 204.

[24] 吉富星. PPP 模式的理论与政策 [M]. 北京：中国财政经济出版社, 2017.

[25] 姜璐, 吴泽涛. 国际发展合作 PPP——更有效的发展合作新模式？[J]. 国际展望, 2019, 11 (6)：46 - 67, 151 - 152.

[26] 360 金融 ppp 研发中心. 唐川, 王同金, 孟路路：世行版 ppp 合同指南的三项作用、十项改进 [EB/OL]. 2017 - 09 - 22.

[27] 宋金波, 宋丹荣, 孙岩. 垃圾焚烧发电 BOT 项目的关键风险：多案例研究 [J]. 管理评论, 2012, 24 (9)：40 - 48.

[28] 柯永建, 王守青. 特许经营项目融资 PPP 风险分担管理 [M]. 北京：清华大学出版社, 2011.

［29］李建英，陈昭宇，蔺士杰．民营资本参与 PPP 模式的国际经验与启示［J］．建筑经济，2019，40（9）：52－56．

［30］李建民．原苏联东欧国家的私有化及国有企业改革［J］．东欧中亚研究，1995（3）：8－11，88．

［31］李洁，刘小平．知己知彼——国外 PPP 发展现状及对中国的借鉴［EB/OL］．2015－03－09．

［32］李莹莹．PPP 合同法律性质探析［J］．理论导刊，2016（5）：107－109．

［33］联合国．贸易法委员会公私伙伴关系示范立法条文［EB/OL］．2019．

［34］梁宝华．探析英美民营化浪潮——兼论对我国行政改革的启示［J］．四川行政学院学报，2003（4）：21－24．

［35］刘佳丽，谢地．西方公共产品理论回顾、反思与前瞻——兼论我国公共产品民营化与政府监管改革［J］．河北经贸大学学报，2015，36（5）：11－17．

［36］刘晓凯，张明．全球视角下的 PPP：内涵、模式、实践与问题［J］．国际经济评论，2015（4）：53－67，5．

［37］吕汉阳．PPP 模式：全流程指导与案例分析［M］．北京：中国法制出版社，2016．

［38］南京卓远资产管理有限公司．南康区工业园基础设施建设项目可行性研究报告［R］．2020．

［39］聂辉华．契约理论的起源、发展和分歧［J］．经济社会体制比较，2017（1）：1－13．

［40］PPP 大讲堂．政府和社会资本合作（PPP）模式中社会资本退出机制详解［EB/OL］．2018－05－20．

［41］PPP 导向标．李泽正：2021 年 PPP 进入理性发展阶段后的几点思考［EB/OL］．2017－11－19．

［42］PPP 导向标．李泽正：英法美日四国 PPP 宏观管理体制国际比较：立足国情、分类规制［EB/OL］．2017－11－19．

［43］PPP 政策解读．PPP 的全球现状与国别经验［EB/OL］．2016－08－04．

［44］PPP 知乎．李开孟：我国促进 PPP 模式健康发展的十大举措［EB/OL］．2018 - 03 - 26．

［45］PPP 知乎．孙哲昊，尹少成：PPP 项目发生争议和纠纷怎么办，有哪些解决机制？［EB/OL］．2017 - 09 - 14．

［46］潘萍，江帆．破局：PPP 模式风险与政府风险应对策略［M］．北京：法律出版社，2018．

［47］前瞻产业研究院．2020 年中国及 31 省市 PPP 项目相关政策汇总（全）［EB/OL］．2021 - 02 - 26．

［48］裘丽．英国 PPP 模式管制实践中的制度贡献［J］．新视野，2017（5）：116 - 122．

［49］萨瓦斯．民营化与公私部门的伙伴关系［M］．北京：中国人民大学出版社，2002．

［50］山西 PPP 促进会．公路 PPP 实操案例项目风险分析［EB/OL］．2017 - 12 - 08．

［51］孙洁．PPP 在立法时应切合实际、博采众长［J］．中国政府采购，2017（6）：31 - 36．

［52］王守清，王盈盈．政企合作（PPP）：王守清核心观点（三册）［M］．北京：中国电力出版社，2017．

［53］王天义，韩志峰．中国 PPP 年度报告［M］．北京：社会科学文献出版社，2021．

［54］王天义，刘世坚，罗桂连，邬彩霞．PPP：从理论到实践［M］．北京：中信出版社，2018．

［55］王天义，杨斌．加拿大政府和社会资本合作（PPP）研究［M］．北京：清华大学出版社，2018．

［56］王岩．契约理念：历史与现实的反思——兼论全球化时代的契约文明［J］．哲学研究，2004（4）：79 - 85．

［57］王勇．我国 PPP 立法存在问题及对策研究［J］．特区实践与理论，2016（1）：74 - 77．

［58］威科集团，走出去智库．PPP 模式承接境外投资互联互通建设领域的投资合作指南［R］．2016．

［59］［清］魏瀛，修．［清］钟音鸿，纂．赣州府志（清同治版）［M］．

南昌：江西人民出版社，2018.

［60］吴喜梅，任秋月．联合国国际贸易法委员会现行 PPP 法律规范解读 ［J］．河南教育学院学报（哲学社会科学版），2019，38（2）：82 － 86.

［61］武汉市 PPP 促进会．从 16 个失败案例看 PPP 项目失败的主要风险 ［EB/OL］．2016 － 08 － 01.

［62］现代咨询．丁伯康，万文清：2021 年 PPP 进入理性发展阶段后的几点思考 ［EB/OL］．2021 － 02 － 19.

［63］现代咨询．万文清，孙凤凤：PPP 项目风险的识别与应对 ［EB/OL］．2020 － 03 － 10.

［64］许新．转型国家私有化模式比较 ［J］．俄罗斯中亚东欧研究，2003（4）：34 － 43，95.

［65］余斌．西方公共产品理论的局限与公共产品的定义 ［J］．河北经贸大学学报，2014，35（6）：5 － 8.

［66］喻文光．PPP 规制中的立法问题研究——基于法政策学的视角 ［J］．当代法学，2016，30（2）：77 － 91.

［67］袁璨，朱丽军．全球化视野下的 PPP：政策、法律和制度框架 ［M］．北京：中国法制出版社，2016.

［68］张恺祺．PPP 项目社会资本方股东退出路径分析 ［EB/OL］．2019 － 01 － 05.

［69］张曙光．论我国 PPP 的立法完善 ［J］．内蒙古师范大学学报（哲学社会科学版），2016，45（2）：67 － 69.

［70］张羽，徐文龙，张晓芬．不完全契约视角下的 PPP 效率影响因素分析 ［J］．理论月刊，2012（12）：103 － 107.

［71］赵福军，汪海．中国 PPP 理论与实践研究 ［M］．北京：中国财政经济出版社，2015.

［72］郑传军，徐芬，成虎．PPP 的定义、内涵与特征再认识 ［J］．建筑经济，2016，37（9）：5 － 10.

［73］中国财经报．以高标准制度建设引领 PPP 高质量发展——国内外专家学者热议 PPP 法治建设 ［EB/OL］．2021 － 04 － 13.

［74］中国电建集团中南勘测设计研究院有限公司．赣州港至机场快速路连接线工程可行性研究报告 ［R］．2018.

［75］中国经济时报．徐蔚冰：聚焦 PPP 立法的五大问题［EB/OL］. 2018 – 03 – 13.

［76］中国政府采购网．国外 PPP 中心概览［EB/OL］. 2015 – 06 – 11.

［77］中华人民共和国中央人民政府．2008 年国务院政府工作报告［EB/OL］. 2008 – 03 – 19.

［78］中化建工程集团南方建设投资有限公司．赣州市南康区 PPP 项目可行性研究报告［R］. 2018.

［79］中铁城际规划建设有限公司．南康区农村公路拓宽改造提升工程（PPP）项目可行性研究报告［R］. 2020.

［80］中央财经大学政信研究院．中国 PPP 行业发展报告（2017 – 2018）［M］. 北京：社会科学文献出版社，2018.

［81］周兰萍．PPP 的八喜八忧——六部委《基础设施和公用事业特许经营管理办法》解读［J］. 施工企业管理，2015（8）：70 – 72.

［82］周兰萍．PPP 项目运作实务［M］. 北京：法律出版社，2016.

［83］周月萍，周兰萍．PPP 项目困境破解与再谈判［M］. 北京：法律出版社，2019.

［84］庄学敏，曾富君．基于交易成本理论的 PPP 风险分担问题研究［J］. 建筑经济，2019，40（9）：39 – 45.

［85］Inter Vistas Consulting. 10 – Year Economic Impact Assessment of Public – Private Partnerships in Canada（2003 – 2012）［R/OL］. 2014 – 06 – 10.

附 录

附表 1　中国 PPP 主要中央政府规章及政策一览

发文时间	文件号	政策名称
探索阶段（1978～1993 年）		
1986 年 10 月 11 日	国务院令第 7 号	《关于鼓励外商投资的规定》
发文时间	文件号	政策名称
试点阶段（1994～2002 年）		
1995 年 1 月 16 日	外经贸发函字第 89 号	《关于以 BOT 方式吸收外商投资于基础设施领域的招商和审批做出规定》
1995 年 8 月 21 日	计外资〔1995〕1208 号	《关于试办外商投资特许权项目审批管理有关问题的通知》
1996 年 4 月 6 日	计建设〔1996〕673 号	《关于实行建设项目法人责任制的暂行规定》（失效）
1997 年 4 月 16 日	计外资〔1997〕612 号	《境外进行项目融资管理暂行办法》（失效）
1999 年 10 月 19 日	计外资〔1999〕1684 号	《关于加强国有基础设施资产权益转让管理的通知》（失效）
2000 年 5 月 27 日	建综〔2000〕118 号	《建设部城市市政公用事业利用外资暂行规定》（失效）
2001 年 12 月 11 日	计投资〔2001〕2653 号	《关于引发促进和引导民间投资的若干意见的通知》（失效）
2002 年 4 月 1 日	计价格〔2002〕515 号	《关于进一步推进城市供水价格改革工作的通知》（失效）
2002 年 9 月 10 日	计投资〔2002〕1591 号	《推进城市污水、垃圾处理产业化发展意见》（失效）
2002 年 12 月 27 日	建城〔2002〕272 号	《关于加快市政公用行业市场化进程的意见》

续表

发文时间	文件号	政策名称
	推广阶段（2003～2013 年）	
2003 年 12 月 31 日	国资委财政部令第 3 号	《企业国有产权转让管理暂行办法》（失效）
2004 年 3 月 19 日	建设部令第 126 号	《市政公用事业特许经营管理办法》（2015 年 5 月 4 日修订）
2004 年 7 月 16 日	国发〔2004〕20 号	《关于投资体制改革的决定》
2004 年 9 月 14 日	建城〔2004〕162 号	《城市供水、管道燃气、城市生活垃圾处理特许经营协议示范文本》
2005 年 2 月 19 日	国发〔2005〕3 号	《关于鼓励支持和引导个体私营等非公有制经济发展的若干意见》
2005 年 9 月 10 日	建城〔2005〕154 号	《关于加强市政公用事业监管的意见》
2006 年 5 月 22 日	建城〔2006〕126 号	《关于印发〈城镇供热、城市污水处理特许经营协议示范文本〉的通知》
2007 年 9 月 28 日	国土资源部令第 11 号	《招标拍卖挂牌出让国有建设用地使用权规定》
2007 年 10 月 16 日	交通运输部令 2015 年第 13 号	《经营性公路建设项目投资人招标投标管理规定》（2015 年 6 月 24 日修订）
2008 年 8 月 7 日	财会〔2008〕11 号	《企业会计准则解释第 2 号》
2008 年 8 月 20 日	交通运输部令第 11 号	《收费公路权益转让办法》
2009 年 7 月 18 日	银监发〔2009〕7 号	《项目融资业务指引》
2010 年 5 月 13 日	国发〔2010〕13 号	《关于鼓励和引导民间投资健康发展的若干意见》
2010 年 11 月 26 日	国办发〔2010〕58 号	《关于进一步鼓励和引导社会资本举办医疗机构意见》
2012 年 5 月 23 日	国资产权〔2012〕80 号	《关于印发〈关于国有企业改制重组中积极引入民间投资的指导意见〉的通知》
2012 年 6 月 8 日	建城〔2012〕89 号	《关于进一步鼓励和引导民间资本进入市政公用事业领域的实施意见》
2013 年 5 月 18 日	国发〔2013〕20 号	《国务院批转发展改革委于 2013 年深化经济体制改革重点工作意见的通知》

续表

推广阶段（2003～2013 年）

发文时间	文件号	政策名称
2013 年 7 月 4 日	国发〔2013〕25 号	《关于加快棚户区改造工作的意见》
2013 年 8 月 9 日	国发〔2013〕33 号	《关于改革铁路投融资体制加快推进铁路建设的意见》
2013 年 9 月 13 日	国发〔2013〕35 号	《关于加快发展养老服务业的若干意见》
2013 年 9 月 13 日	国发〔2013〕36 号	《关于加强城市基础设施建设的意见》
2013 年 9 月 30 日	国办发〔2013〕96 号	《关于政府向社会力量购买服务的指导意见》
2013 年 12 月 19 日	财政部令第 74 号	《政府采购非招标采购方式管理办法》

深化阶段（2014 年至今）

中共中央和国务院规范性文件

发文时间	文件号	政策名称
2014 年 9 月 21 日	国发〔2014〕43 号	《关于加强地方政府性债务管理的意见》
2014 年 11 月 26 日	国发〔2014〕60 号	《关于创新重点领域投融资机制鼓励社会投资的指导意见》
2015 年 5 月 5 日	国办发〔2015〕37 号	《关于做好政府向社会力量购买公共文化服务工作的意见》
2015 年 5 月 19 日	国办发〔2015〕42 号	《关于在公共服务领域推广政府和社会资本合作模式指导意见的通知》
2015 年 6 月 15 日	国办发〔2015〕45 号	《关于促进社会办医加快发展若干政策措施的通知》
2015 年 8 月 3 日	国办发〔2015〕61 号	《关于推进城市地下综合管廊建设的指导意见》
2015 年 10 月 11 日	国办发〔2015〕75 号	《关于推进海绵城市建设的指导意见》
2016 年 7 月 4 日	国办发明电〔2016〕12 号	《关于进一步做好民间投资有关工作的通知》

续表

深化阶段（2014年至今）

中共中央和国务院规范性文件

发文时间	文件号	政策名称
2016 年 7 月 5 日	中发〔2016〕18 号	《关于深化投融资体制改革的意见》
2017 年 1 月 12 日	国发〔2017〕5 号	《关于扩大对外开放积极利用外资若干措施的通知》
2017 年 3 月 16 日	国办发〔2017〕21 号	《关于进一步激发社会领域投资活力的意见》
2017 年 5 月 23 日	国办发〔2017〕44 号	《关于支持社会力量提供多层次多样化医疗服务的意见》
2017 年 9 月 15 日	国发〔2017〕79 号	《关于进一步激发民间投资有效活力促进经济持续健康发展的指导意见》
2017 年 11 月 17 日	国资发财管〔2017〕192 号	《关于加强中央企业 PPP 业务风险管控的通知》
2018 年 10 月 31 日	国办发〔2018〕101 号	《关于保持基础设施领域补短板力度的指导意见》
2018 年 11 月 8 日	国办发〔2018〕104 号	《关于聚焦企业关切进一步推动优化营商环境政策落实的通知》
2019 年 11 月 20 日	国发〔2019〕26 号	《关于加强固定资产投资项目资本金管理的通知》
2020 年 9 月 30 日	国发〔2020〕36 号	《关于加强全民健身场地设施建设发展群众体育的意见》
2020 年 12 月 7 日	国办函〔2020〕116 号	《关于推动都市圈市域（郊）铁路加快发展的通知》
2021 年 3 月 7 日	国发〔2021〕5 号	《关于进一步深化预算管理制度改革的实施意见》
2021 年 4 月 8 日	国办发〔2021〕11 号	《关于加强城市内涝治理的实施意见》
2021 年 10 月 25 日	国办发〔2021〕40 号	《关于鼓励和支持社会资本参与生态保护修复的意见》
2021 年 10 月 31 日	国发〔2021〕24 号	《关于开展营商环境创新试点工作的意见》
2022 年 5 月 4 日	国办发〔2022〕15 号	《关于印发新污染物治理行动方案的通知》

续表

深化阶段（2014 年至今）

财政部部门规范性文件

发文时间	文件号	政策名称
2014 年 9 月 23 日	财金〔2014〕76 号	《关于推广运用政府和社会资本合作模式有关问题的通知》
2014 年 10 月 23 日	财预〔2014〕351 号	《关于印发〈地方政府存量债务纳入预算管理清理甄别办法〉的通知》
2014 年 11 月 29 日	财金〔2014〕113 号	《关于印发〈政府和社会资本合作模式操作指南（试行）〉的通知》
2014 年 11 月 30 日	财金〔2014〕112 号	《关于印发政府和社会资本合作示范项目实施有关问题的通知》
2014 年 12 月 15 日	财综〔2014〕96 号	《关于印发〈政府购买服务管理办法（暂行）〉的通知》
2014 年 12 月 30 日	财金〔2014〕156 号	《关于规范政府和社会资本合作合同管理工作的通知》
2014 年 12 月 31 日	财库〔2014〕214 号	《关于印发〈政府采购竞争性磋商采购方式管理暂行办法〉的通知》
2014 年 12 月 31 日	财库〔2014〕215 号	《关于政府和社会资本合作项目政府采购管理办法的通知》
2015 年 2 月 13 日	财建〔2015〕29 号	《关于市政公用领域开展政府和社会资本合作项目推介工作的通知》
2015 年 4 月 7 日	财金〔2015〕21 号	《关于印发〈政府和社会资本合作项目财政承受能力论证指引〉的通知》
2015 年 4 月 9 日	财建〔2015〕90 号	《关于在水污染治理领域推进政府和社会资本合作的实施意见》
2015 年 4 月 20 日	财建〔2015〕111 号	《关于在收费公路领域推广运用政府和社会资本合作模式的实施意见》
2015 年 4 月 23 日	财综〔2015〕15 号	《关于运用政府和社会资本合作模式推进公共租赁住房投资建设和运营管理的通知》
2015 年 6 月 25 日	财金〔2015〕57 号	《关于进一步做好政府和社会资本合作项目示范工作的通知》
2015 年 6 月 30 日	财库〔2015〕124 号	《关于政府采购竞争性磋商采购方式管理暂行办法有关政策的补充通知》
2015 年 12 月 8 日	财金〔2015〕58 号	《关于实施政府和社会资本合作项目以奖代补政策的通知》

续表

深化阶段（2014年至今）

发文时间	文件号	财政部部规范性文件
		政策名称
2015年12月18日	财金〔2015〕166号	《关于规范政府和社会资本合作（PPP）综合信息平台运行的通知》
2015年12月18日	财金〔2015〕167号	《PPP物有所值评价指引（试行）》的通知》
2016年5月28日	财金〔2016〕32号	《关于进一步共同做好政府和社会资本合作（PPP）有关工作的通知》
2016年6月8日	财金函〔2016〕47号	《关于组织开展第三批政府和社会资本合作示范项目申报筛选工作的通知》
2016年9月24日	财金〔2016〕92号	《关于印发〈政府和社会资本合作项目财政管理暂行办法〉的通知》
2016年10月11日	财金〔2016〕90号	《关于在公共服务领域深入推进政府和社会资本合作工作的通知》
2016年10月11日	财金〔2016〕91号	《关于联合公布第三批政府和社会资本合作示范项目加快推动示范项目建设的通知》
2016年11月18日	财金〔2016〕144号	《关于印发〈财政部政府和社会资本合作（PPP）专家库管理办法〉的通知》
2017年1月23日	财金〔2017〕1号	《关于印发〈政府和社会资本合作（PPP）综合信息平台信息公开暂行办法〉的通知》
2017年3月22日	财金〔2017〕8号	《关于印发〈政府和社会资本合作（PPP）咨询机构库管理暂行办法〉的通知》
2017年4月16日	财预〔2017〕50号	《关于进一步规范地方政府举债融资行为的通知》
2017年5月28日	财预〔2017〕87号	《关于坚决制止地方以政府购买服务名义违法违规融资的通知》
2017年5月31日	财金〔2017〕50号	《关于深入推进农业领域政府和社会资本合作的实施意见》
2017年6月7日	财金〔2017〕55号	《关于规范开展政府和社会资本合作项目资产证券化有关事宜的通知》
2017年7月1日	财建〔2017〕455号	《关于政府参与的污水、垃圾处理项目全面实施PPP模式的通知》

续表

深化阶段（2014 年至今）

财政部规范性文件

发文时间	文件号	政策名称
2017 年 7 月 14 日	财金〔2017〕76 号	《关于组织开展第四批政府和社会资本合作示范项目申报筛选工作的通知》
2017 年 8 月 14 日	财金〔2017〕86 号	《关于运用政府和社会资本合作模式支持养老服务业发展的实施意见》
2017 年 11 月 10 日	财办金〔2017〕92 号	《关于规范政府和社会资本合作（PPP）综合信息平台项目库管理的通知》
2018 年 2 月 1 日	财金〔2018〕8 号	《关于公布第四批政府和社会资本合作示范项目名单的通知》
2018 年 4 月 24 日	财金〔2018〕54 号	《关于进一步加强政府和社会资本合作（PPP）示范项目规范管理的通知》
2018 年 11 月 8 日	财金函〔2018〕95 号	《财政部关于加强中国政企合作投资基金管理的通知》
2019 年 3 月 7 日	财金〔2019〕10 号	《关于推进政府和社会资本合作规范发展的实施意见》
2019 年 12 月 17 日	财会〔2019〕23 号	《关于印发〈政府会计准则第 10 号——政府和社会资本合作项目〉的通知》
2020 年 1 月 21 日	财办金〔2020〕10 号	《关于印发污水处理和垃圾处理领域 PPP 项目合同示范文本的通知》
2020 年 2 月 10 日	财政金函〔2020〕1 号	《关于加快加强 PPP 项目入库和储备管理工作的通知》
2020 年 2 月 17 日	财政金函〔2020〕2 号	《关于全国 PPP 综合信息平台（新平台）上线运行的公告》
2020 年 3 月 16 日	财金〔2020〕13 号	《关于印发〈政府和社会资本合作（PPP）项目绩效管理操作指引〉的通知》
2020 年 12 月 17 日	财会〔2020〕19 号	《关于印发〈政府会计准则第 10 号——政府和社会资本合作项目合同应用指南〉的通知》
2021 年 1 月 26 日	财会〔2021〕1 号	《关于印发〈企业会计准则解释第 14 号〉的通知》
2021 年 12 月 16 日	财会〔2021〕110 号	《关于修订发布〈政府和社会资本合作（PPP）综合信息平台信息公开管理办法〉的通知》
2022 年 6 月 8 日	财办金〔2022〕45 号	《关于开展全国 PPP 综合信息平台项目信息质量提升专项行动的通知》

续表

发文时间	文件号	政策名称
		国家发展改革委规范性文件
		深化阶段（2014 年至今）
2014 年 5 月 18 日	发改基础〔2014〕981 号	《关于发布首批基础设施等领域鼓励社会投资项目的通知》
2014 年 12 月 2 日	发改投资〔2014〕2724 号	《关于开展政府和社会资本合作的指导意见》
2015 年 3 月 10 日	发改投资〔2015〕445 号	《关于推进开发性金融支持政府和社会资本合作有关工作的通知》
2015 年 3 月 17 日	发改农经〔2015〕488 号	《关于鼓励和引导社会资本参与重大水利工程建设运营的实施意见》
2015 年 4 月 25 日	国家发改委第 25 号令	《基础设施和公用事业特许经营管理办法》
2015 年 7 月 2 日	发改法规〔2015〕1508 号	《关于切实做好〈基础设施和公用事业特许经营管理办法〉贯彻实施工作的通知》
2015 年 7 月 10 日	发改基础〔2015〕1610 号	《关于进一步鼓励和扩大社会资本投资建设铁路的实施意见》
2015 年 12 月 28 日	发改基础〔2015〕3123 号	《关于做好社会资本投资铁路项目示范工作的通知》
2016 年 7 月 25 日	发改办投资〔2016〕1722 号	《关于印发〈各地促进民间投资典型经验和做法〉的通知》
2016 年 8 月 10 日	发改投资〔2016〕1744 号	《关于切实做好传统基础设施领域政府和社会资本合作有关工作的通知》
2016 年 8 月 10 日	发改办基础〔2016〕1818 号	《关于国家高速公路网新建政府和社会资本合作方式批复复函的通知》
2016 年 9 月 2 日	发改办投资〔2016〕1963 号	《关于请报送传统基础设施领域 PPP 项目典型案例的通知》
2016 年 9 月 28 日	发改投资〔2016〕2068 号	《关于开展重大市政工程领域政府和社会资本合作（PPP）创新工作的通知》
2016 年 10 月 24 日	发改投资〔2016〕2231 号	《关于印发〈传统基础设施领域实施政府和社会资本合作项目工作导则〉的通知》
2016 年 11 月 21 日	发改农经〔2016〕2455 号	《关于运用政府和社会资本合作模式推进林业建设的指导意见》
2016 年 12 月 6 日	发改农经〔2016〕2574 号	《关于推进农业领域政府和社会资本合作的指导意见》

续表

深化阶段（2014 年至今）

国家发展改革委规范性文件

发文时间	文件号	政策名称
2016 年 12 月 21 日	发改投资〔2016〕2698 号	《关于推进传统基础设施领域政府和社会资本合作（PPP）项目资产证券化相关工作的通知》
2016 年 12 月 30 日	发改办基础〔2016〕2851 号	《关于进一步做好收费公路政府和社会资本合作项目前期工作的通知》
2017 年 2 月 20 日	发改投资〔2017〕328 号	《关于进一步做好重大市政工程领域政府和社会资本合作（PPP）创新工作的通知》
2017 年 4 月 25 日	发改财金〔2017〕730 号	《关于印发〈政府和社会资本合作（PPP）项目专项债券发行指引〉的通知》
2017 年 7 月 3 日	发改投资〔2017〕1266 号	《关于加快运用 PPP 模式盘活基础设施存量资产有关工作的通知》
2017 年 11 月 28 日	发改投资〔2017〕2059 号	《关于鼓励民间资本参与政府和社会资本合作（PPP）项目的指导意见》
2017 年 12 月 7 日	发改农经〔2017〕2119 号	《关于印发〈政府和社会资本合作建设重大水利工程操作指南（试行）〉的通知》
2019 年 2 月 19 日	发改社会〔2019〕0160 号	《加大力度推动社会领域公共服务补短板强弱项提高质量促进形成强大国内市场的行动方案》
2019 年 5 月 6 日	发改投资〔2019〕796 号	《关于做好〈政府投资条例〉贯彻实施工作的通知》
2019 年 6 月 21 日	发改投资规〔2019〕1098 号	《关于依法依规加强 PPP 项目投资和建设管理的通知》
2020 年 6 月 28 日	发改办基础〔2020〕1008 号	《关于支持民营企业参与交通基础设施建设发展的实施意见》
2020 年 7 月 31 日	发改投资〔2020〕586 号	《关于做好基础设施领域不动产投资信托基金（REITs）试点项目申报工作的通知》
2020 年 11 月 3 日	发改办投资〔2020〕812 号	《关于征集绿色政府和社会资本合作（PPP）项目典型案例的通知》
2021 年 2 月 22 日	发改投资规〔2021〕252 号	《关于印发〈引导社会资本参与盘活国有存量资产中央预算内投资示范专项管理办法〉的通知》

续表

深化阶段（2014 年至今）

其他部门规范性文件

发文时间	文件号	政策名称
2015 年 1 月 12 日	国能新能〔2015〕8 号	《关于鼓励社会资本投资水电站的指导意见》
2015 年 2 月 3 日	民发〔2015〕33 号	《关于鼓励民间资本参与养老服务业发展的实施意见》
2015 年 2 月 18 日	交政研发〔2015〕26 号	《交通基础设施 PPP 等模式试点方案》
2015 年 5 月 4 日	住房和城乡建设部令第 24 号	《市政公用事业特许经营管理办法》
2015 年 5 月 5 日	交财审发〔2015〕67 号	《关于深化交通运输基础设施投融资改革的指导意见》
2016 年 10 月 13 日	中评协〔2016〕38 号	《关于印发〈PPP 项目资产评估及相关咨询业务操作指引〉的通知》
2017 年 2 月 17 日	深证会〔2017〕46 号	《关于推进基础设施领域政府和社会资本合作（PPP）项目资产证券化业务的通知》
2017 年 7 月 21 日	上证函〔2017〕783 号	《关于进一步推进政府和社会资本合作（PPP）项目资产证券化业务的通知》
2017 年 5 月 4 日	保监发〔2017〕41 号	《关于保险资金投资政府和社会资本合作项目有关事项的通知》
2017 年 10 月 19 日	深证会〔2017〕340 号	《关于发布〈深圳证券交易所政府和社会资本合作（PPP）项目资产支持证券挂牌条件确认指南〉〈深圳证券交易所政府和社会资本合作（PPP）项目资产支持证券信息披露指南〉的通知》
2017 年 11 月 22 日	交办财审〔2017〕173 号	《关于印发〈收费公路政府和社会资本合作操作指南〉的通知》
2018 年 4 月 19 日	文旅旅发〔2018〕3 号	《关于在旅游领域推广政府和社会资本合作模式的指导意见》
2018 年 11 月 13 日	文旅产业发〔2018〕96 号	《关于在文化领域推广政府和社会资本合作模式的指导意见》
2020 年 4 月 13 日	农办计财〔2020〕11 号	《关于印发〈社会资本投资农业农村指引〉的通知》
2020 年 4 月 24 日	证监发〔2020〕40 号	《关于推进基础设施领域不动产投资信托基金（REITs）试点相关工作的通知》

续表

深化阶段（2014年至今）

其他部门规范性文件

发文时间	文件号	政策名称
2021年4月22日	农办计财〔2021〕15号	《关于印发〈社会资本投资农业农村指引（2021年）〉的通知》
2022年4月2日	农办计财〔2022〕10号	《社会资本投资农业农村指引（2022年）》
2022年5月31日	水规计〔2022〕239号	《关于推进水利基础设施政府和社会资本合作（PPP）模式发展的指导意见》

附表2　中国PPP主要地方政府规章及政策一览

省份	发布时间	政策
北京	2018年3月16日	北京市财政局关于进一步加快推动全国政府和社会资本合作（PPP）示范项目建设的通知
天津	2018年1月12日	天津市财政局关于印发《天津市政府和社会资本合作（PPP）项目以奖代补资金管理办法》的通知
重庆	2015年12月11日	重庆市人民政府办公厅关于推进PPP投融资模式改革有关事项的通知
上海	2017年7月21日	上海证券交易所关于进一步推进政府和社会资本合作（PPP）项目资产证券化业务的通知
河北	2017年2月10日	河北省财政厅关于印发《河北省省级政府和社会资本合作（PPP）项目奖补资金管理办法（试行）》的通知
山西	2017年7月10日	山西省发展和改革委员会关于印发《山西省PPP项目操作流程图（试行）》的通知
内蒙古	2020年12月31日	内蒙古自治区政府和社会资本合作（PPP）项目以奖代补资金安全管理暂行办法
辽宁	2022年8月15日	辽宁省推进重点领域盘活存量资产扩大有效投资实施方案
吉林	2018年10月10日	关于印发《吉林省财政厅政府和社会资本合作（PPP）专家库在库专家名单及管理办法》的通知

续表

省份	发布时间	政策
黑龙江	2019 年 11 月 2 日	关于印发《黑龙江省贯彻落实全国深化"放管服"改革优化营商环境电视电话会议重点任务分工方案》的通知
江苏	2021 年 1 月 22 日	江苏省财政厅关于进一步加强政府和社会资本合作（PPP）项目财政承受能力动态管理的意见
浙江	2016 年 12 月 29 日	浙江省财政厅关于印发《浙江省基础设施投资（含 PPP）基金投资退出管理规则》的通知
安徽	2021 年 12 月 13 日	安徽省财政厅关于进一步加强政府和社会资本合作（PPP）项目绩效管理的通知
福建	2017 年 11 月 23 日	福建省财政厅关于加强政府和社会资本合作（PPP）咨询机构管理工作的通知
江西	2022 年 8 月 11 日	江西省人民政府办公厅关于展政府和社会资本参与生态保护修复的实施意见
山东	2020 年 4 月 27 日	山东省财政厅关于开展政府和社会资本合作（PPP）"高质量发展年"活动的指导意见
河南	2019 年 7 月 19 日	河南省发展和改革委员会办公室关于依法依规切实加强切实加强 PPP 项目投资和建设管理的通知
湖北	2021 年 12 月 3 日	湖北省财政厅、文化和旅游厅关于印发《湖北省文化行业政府和社会资本合作（PPP）项目绩效评价指标体系》的通知
湖南	2019 年 9 月 3 日	湖南省人民政府办公厅关于印发《湖南省乡镇污水处理设施建设四年行动实施方案（2019—2022 年）》的通知
广东	2022 年 7 月 15 日	广州市发展和改革委员会关于印发广州市鼓励社会资本参与停车设施建设的实施意见的通知
广西	2020 年 3 月 19 日	广西政府办《关于印发广西进一步加快推进 PPP 工作促进经济平稳发展十条措施的通知》
海南	2021 年 12 月 13 日	海南省人民政府办公厅关于加快推进 PPP 模式高质量发展的通知
四川	2022 年 6 月 15 日	四川省人民政府和社会资本合作（PPP）项目信息公开管理办法（征求意见稿）向社会公开征求意见的公告
贵州	2019 年 10 月 10 日	贵州省人民政府办公厅关于贵州省创建全国体育旅游示范区的意见
云南	2019 年 8 月 12 日	关于印发《云南省城镇污水处理提质增效三年行动实施方案（2019～2021 年）》的通知

续表

省份	发布时间	政策
西藏	2018年2月20日	西藏自治区人民政府办公厅关于进一步激发民间有效投资活力促进经济持续健康发展的实施意见
陕西	2019年8月28日	陕西省人民政府办公厅关于做好稳投资工作行动方案的通知
甘肃	2019年12月31日	甘肃省自然资源厅关于鼓励和引导社会资本参与国土空间生态修复的指导意见
青海	2016年5月11日	青海省人民政府关于在公共服务领域推广政府和社会资本合作模式的实施意见
宁夏	2019年3月26日	宁夏回族自治区人民政府办公厅《关于推进重大建设项目批准和实施领域信息公开的实施意见》
新疆	2017年4月18日	新疆维吾尔自治区发改委印发《关于做好基础设施领域政府和社会资本合作（PPP）有关工作》的通知

附表 3　中国 PPP 主要适用法律一览

法律名称	发布时间	施行时间	最新修订
《中华人民共和国政府采购法》	2002年6月29日	2003年1月1日	2014年8月31日
《中华人民共和国招标投标法》	1999年8月30日	2000年1月1日	2017年12月27日
《中华人民共和国预算法》	1994年3月22日	1995年1月1日	2018年12月29日
《中华人民共和国公司法》	1993年12月29日	1994年7月1日	2018年10月26日
《中华人民共和国行政许可法》	2003年8月27日	2004年7月1日	2019年4月23日
《中华人民共和国公路法》	1997年7月3日	1998年1月1日	2017年11月4日
《中华人民共和国环境保护法》	1989年12月26日	1989年12月26日	2014年4月24日
《中华人民共和国价格法》	1997年12月29日	1998年5月1日	1997年12月29日
《中华人民共和国企业国有资产法》	2008年10月28日	2009年5月1日	2008年10月28日

续表

法律名称	发布时间	施行时间	最新修订
《中华人民共和国土地管理法》	1986 年 6 月 25 日	1987 年 1 月 1 日	2019 年 8 月 26 日
《中华人民共和国城乡规划法》	2007 年 10 月 28 日	2008 年 1 月 1 日	2019 年 4 月 23 日
《中华人民共和国建筑法》	1997 年 11 月 1 日	1998 年 3 月 1 日	2019 年 4 月 23 日
《中华人民共和国港口法》	2003 年 6 月 28 日	2004 年 1 月 1 日	2018 年 12 月 29 日
《中华人民共和国公共文化服务保障法》	2016 年 12 月 25 日	2017 年 3 月 1 日	2016 年 12 月 25 日

附表 4　中国 PPP 主要适用行政法规一览

行政法规名称	发布时间	施行时间	最新修订
《中华人民共和国政府采购实施条例》	2014 年 12 月 31 日	2015 年 1 月 30 日	2014 年 12 月 31 日
《中华人民共和国招标投标法实施条例》	2011 年 12 月 20 日	2012 年 2 月 1 日	2019 年 3 月 2 日
《政府投资条例》	2019 年 5 月 5 日	2019 年 7 月 1 日	2019 年 5 月 5 日
《公共文化体育设施条例》	2003 年 6 月 18 日	2003 年 8 月 1 日	2003 年 6 月 18 日
《收费公路管理条例》	2004 年 9 月 13 日	2004 年 11 月 1 日	2004 年 9 月 13 日
《外商投资电信企业管理规定》	2001 年 12 月 11 日	2002 年 1 月 1 日	2022 年 4 月 7 日
《城镇燃气管理条例》	2010 年 11 月 19 日	2011 年 3 月 1 日	2016 年 2 月 6 日
《国内水路运输管理条例》	2012 年 10 月 13 日	2013 年 1 月 1 日	2012 年 10 月 13 日
《城镇排水与污水处理条例》	2013 年 10 月 2 日	2014 年 1 月 1 日	2013 年 10 月 2 日